PARTI SOCIALISTE FRANÇAIS
COMITÉ GÉNÉRAL

DISCUSSION

SUR

L'UNIFICATION ET L'ORGANISATION

DU PARTI

NOVEMBRE 1900 — FÉVRIER 1901

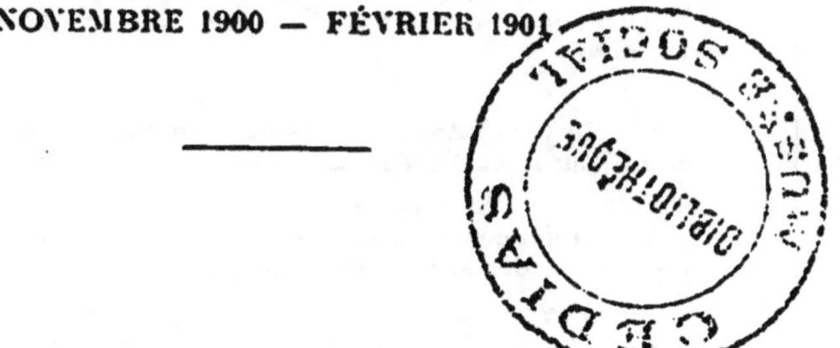

PARIS
SOCIÉTÉ NOUVELLE DE LIBRAIRIE ET D'ÉDITION
(LIBRAIRIE GEORGES BELLAIS)
RUE CUJAS, 17

1901

COMITÉ GÉNÉRAL

SÉANCE DU 21 NOVEMBE 1900

Présidence du citoyen **Blum,** *délégué du P. S. R.*

Présents (personnellement ou par leurs suppléants) :
Bagnol, Bertrand, Blum, Briand, Brunellière, Camélinat,
Clauzel, Dejeante, H. de la Porte, Dubreuilh, Favrais,
Fauga, Fribourg, Gérault-Richard, Imbert, Jaurès, Landrin,
Lenormand, Létang, Lévy, Lignières, Longuet, Paul Louis,
Orry, Patay, Picau, Popard, Poulain, Puges, Renaudel, Reisz,
Révelin, Ser, Stern-Maydieu, Tanger, Toussaint, Willm.

Excusés : Béguin, Donier, Joindy, Krauss, Lepage, Marchand, Parassols, Salembier, Semanaz.

Absents : Bourderon, Carnaud, Chauchoprat, Martinet, Richard.

Le citoyen **Révelin** présente, au nom de la commission
d'unification et d'organisation du parti, le rapport suivant :

Camarades,

Les délégués au congrès national adoptaient, le trente
septembre dernier, la résolution suivante :

*Le congrès socialiste proclame que l'unité définitive et
entière du parti socialiste doit être réalisée dans le plus
bref délai, afin que le prolétariat puisse opposer son unité
de classe à tous ses adversaires.*

*Le congrès, affirmant, malgré des divisions passagères, la
continuité et la permanence d'action du parti socialiste,
décide qu'un nouveau comité général sera constitué par une
représentation proportionnelle des organisations actuellement existantes, selon le nombre de leurs mandats au présent congrès.*

*Le congrès décide que ce nouveau comité général aura
pour mandat essentiel de préparer un projet d'unification*

*complète du parti et de le soumettre à un nouveau congrès
convoqué au plus tard dans six mois.*

Le comité général devra ouvrir sans retard une consultation auprès de tous les groupements politiques et économiques du parti sur le meilleur mode d'organisation et d'unification du parti socialiste, et aussi sur le meilleur mode de convocation du prochain congrès.

Le président.
Arthur ROZIER.

Les assesseurs,
SALEMBIER, Marie BONNEVIAL.

Le secrétaire.
Henri PONSARD.

Conformément à cette décision du congrès national, nous soumettons à votre examen un projet d'unification des forces socialistes.

Les travailleurs, en effet, ne forment, en face de la bourgeoisie, qu'une classe unique. L'unité de classe exige l'unité du parti. A cette condition seulement les travailleurs pourront faire valoir leurs revendications immédiates, préparer et réaliser la transformation de la propriété privée capitaliste en propriété sociale de tous les moyens de production, y compris le sol.

L'unité de doctrine réalisée dès à présent impose l'unité d'organisation. C'est l'expérience elle-même qui a montré que les essais d'unification tentés depuis deux ans ne suffisaient pas.

La constitution du comité d'entente fut comme la première ébauche de l'unité. Mais cette entente était précaire, les organisations anciennes demeuraient distinctes, elles avaient au comité une représentation égale et les décisions devaient être prises à l'unanimité.

Le premier congrès de Paris fondait, l'an dernier, l'Union centrale. Il accordait aux organisations une représentation proportionnelle au nombre de leurs mandats, il reconnaissait l'existence de sept fédérations autonomes. Il constituait un comité général, où la majorité pouvait décider. C'était un progrès considérable.

Mais comment l'Union centrale pourrait-elle subsister, si les groupes ne sont pas fédérés par commune, par circonscription, par département ? L'Union centrale, pour produire avec quelque succès l'unité de doctrine et de tactique, suppose l'union à tous les degrés.

Cette union à tous les degrés, c'est l'unité. Elle ne peut

se faire que par les fédérations. Autonomes ou rattachées à d'anciennes organisations nationales, les fédérations forment en vérité « le système vertébral du parti ». Il suffit seulement qu'elles comprennent à l'avenir tous les groupes du département et de la région et qu'il n'y ait qu'une fédération par département ou par région.

Au congrès national appartient la direction générale du parti. Il sera formé à l'avenir par les délégués des fédérations.

Pour accorder une part équitable aux diverses tendances, les délégués au congrès national seront élus au scrutin de liste avec représentation proportionnelle des minorités par les congrès des fédérations.

Chaque fédération, outre un délégué de droit, a un nombre de voix proportionnel au nombre de ses groupes et des suffrages obtenus aux élections politiques.

Si, dans l'intervalle des congrès, c'est le comité général lui-même, et non sa délégation permanente, qui doit administrer le parti, le nombre des délégués ne peut pas être trop élevé. Il convient cependant d'attribuer à chaque fédération une part d'influence en proportion avec le nombre de ses mandats. Il est nécessaire surtout, pour concilier et satisfaire les tendances diverses, d'accorder une représentation proportionnelle aux minorités, ce qui suppose l'élection au scrutin de liste.

Ces conditions ne peuvent être remplies que si les élections au comité général sont faites par les fédérations groupées régionalement.

Tel est, réduit à ses dispositions principales, le plan que nous proposons à votre examen. Il résulte naturellement des tentatives qui ont été faites depuis deux ans par le parti, de la nécessité qui nous mène de l'entente à l'union, de l'union à l'unité.

Il importe d'ajouter qu'aussi longtemps que les anciennes organisations auront des raisons d'être, elles subsisteront. Elles épuiseront toute la force de propagande qu'elles peuvent contenir. Elles ont créé des liens d'amitié, d'estime et de confiance qui doivent être respectés. Les camarades des organisations seront libres de se concerter, mais la fédération de tous les groupes dans la commune, la circonscription ou le département opérera avec le temps la fusion complète de tous les éléments.

Camarades,

Vous reconnaîtrez, nous l'espérons, que ce projet présente des garanties indispensables aux droits de tous, qu'il respecte toutes les tendances en leur accordant une représentation, qu'il réalise enfin l'unité organique du parti. Vous direz si vous approuvez ce projet, vous nous ferez connaître les modifications qu'il conviendrait d'y apporter.

TEXTE DU PROJET

I. — CONSTITUTION DU PARTI

1º. — Le parti socialiste français est fondé sur les principes suivants :

Entente et action internationale des travailleurs, organisation politique et économique du prolétariat en parti de classe pour la conquête du pouvoir et la socialisation des moyens de production et d'échange, c'est-à-dire la transformation de la société capitaliste en une société collectiviste ou communiste.

2º. — Il se compose des groupes d'études et de propagande, des comités politiques permanents, des syndicats et des coopératives qui adoptent avec ces principes la doctrine et la tactique du Parti.

Les syndicats sont invités à adhérer aux fédérations d'industrie et de métier, et les coopératives ont l'obligation d'attribuer à la propagande une part de leurs trop-perçus.

II. — LES GROUPES ET LES FÉDÉRATIONS

3º. — Les groupes d'une commune ou d'un quartier forment une union de commune ou de quartier.

4º. — Les groupes d'une circonscription législative forment une section unique. Ils peuvent désigner les candidats et nommer un comité de section.

5º. — Les groupes d'une région ou d'un département forment une fédération unique. Les délégués des groupes se réunissent chaque année au congrès de la fédération, et ils élisent un comité fédéral.

6º. — Les groupes du département de la Seine formeront plusieurs fédérations. Ces fédérations seront invitées à constituer un comité interfédéral.

7º. — Lorsque le nombre des groupes d'un département est inférieur à dix, ils ne peuvent former une fédération distincte, et ils doivent se faire admettre à la fédération d'un département voisin. Cette disposition n'aura pas d'effet rétroactif.

8°. — Les décisions du congrès, de la fédération, du comité fédéral, de la section, et de l'union des groupes de commune ou de quartier sont prises à la majorité.

9° — L'élection des délégués du comité fédéral et du comité de section a lieu au scrutin de liste avec représentation proportionnelle des minorités.

III. — LE CONGRÈS NATIONAL

10°. — La direction générale du parti appartient au parti lui-même ; c'est-à-dire au congrès national qui se réunit chaque année.

11°. — Les délégués au congrès national sont élus par les congrès des fédérations au scrutin de liste avec représentation proportionnelle des minorités.

12°. — Chaque fédération aura :

1° Un délégué de droit, et, si elle comprend plusieurs départements, un délégué de droit par département ;

2° Un délégué par 20 groupes ou fraction de 20 groupes ;

3° Un délégué par 5,000 suffrages ou fraction de 5,000 suffrages obtenus au premer tour de scrutin des élections législatives qui précèdent immédiatement le congrès.

13°. — Le congrès nomme les délégués au secrétariat international.

14°. — Le congrès fixera chaque année la subvention qui doit être attribuée à l'organisme central du parti. La part que doit verser chaque fédération est fixée proportionnellement au nombre de ses délégués au congrès.

IV. — LE COMITÉ GÉNÉRAL

15°. — Après la réunion du congrès national il est constitué un comité général dont les pouvoirs durent jusqu'au congrès suivant.

16°. — Les délégués du comité général sont élus au scrutin de liste, avec représentation proportionnelle des minorités, par les fédérations groupées régionalement.

17°. — Le nombre des délégués est pour chacun de ces groupes de fédérations proportionnel au nombre de ses mandats au congrès national.

18°. — Le comité général nomme une commission administrative permanente qui comprend les secrétaires, le trésorier, l'archiviste.

Les délégués qui remplissent ces fonctions reçoivent une indemnité.

19°. — Le comité général se réunit, au moins une fois par mois, en séance ordinaire.

Il remet aux fédérations les cartes d'adhérent des membres du parti. Il reçoit les cotisations perçues au profit de l'organisme central par les fédérations. Il contrôle la presse du parti conformément aux résolutions du congrès de Paris 1899, les élus et tous les militants; mais sa fonction essentielle est d'organiser la propagande générale et l'action d'ensemble du parti.

V. — LE CONGRÈS PROCHAIN. DISPOSITION PROVISOIRE

20°. — Le prochain congrès sera constitué sur les mêmes bases que les deux derniers congrès, avec les modifications suivantes :

Les organisations auront droit :

1° A un délégué par 5 groupes ou fraction de 5 groupes ;

2° A un délégué par 5,000 suffrages ou fraction de 5,000 suffrages obtenus au premier tour de scrutin des élections législatives.

Il n'est pas attribué de voix de droit aux fédérations avant qu'elles soient organisées conformément à ce projet.

21°. — Les groupes devront avoir notifié leur existence au comité général avant le 1er janvier 1901, soit directement, soit par l'intermédiaire de leur organisation.

22°. — Le congrès se réunira à Paris les 7, 8 et 9 avril 1901.

23°. — Les délégués ne pourront recevoir qu'un seul mandat.

DISCUSSION DU RAPPORT

Lenormand. — Il me semble matériellement impossible d'arriver à une représentation proportionnelle au comité général, en forçant les fédérations à se grouper régionalement. Je maintiens la proposition de la représentation directe au comité par fédération départementale. Je suis mandaté pour soutenir cette proposition.

Jaurès. — Un autre projet a été élaboré par des organisations, dont une n'est pas représentée ici. Il est évident que c'est sur les points qui distinguent le projet ainsi élaboré du projet qui vous est soumis, que s'engagera la discussion. Les projets diffèrent sur quatre points. D'abord, sur la question des syndicats. Le projet auquel j'ai fait allusion n'admet pas les syndicats dans les fédérations départementales. Il dit aux syndicats : « Vous ferez partie d'une organisation corporative nationale, par exemple de la confédération du travail, et cette organisation corporative nationale nommera les délégués qui entreront en rapport à Paris avec l'organisme central du parti politique. »

Au contraire, le projet soumis au comité général, prenant acte de l'état de fait d'un grand nombre de fédérations, prévoit que les syndicats ouvriers, à condition d'accepter les principes du parti, seront incorporés dans les fédérations départementales.

Un autre point, sur lequel il n'y a pas accord entre les deux projets, c'est le rôle du comité général pour la distribution des cartes.

Dans l'autre projet, il est entendu que le comité général ne fera parvenir les cartes d'adhérents aux divers adhérents et groupes que par l'intermédiaire des organisations nationales actuellement constituées; en sorte que les organisations nationales actuellement constituées gardent dans ce projet un rôle d'intermédiaire officiel entre le comité général et les fédérations.

Le projet que vous soumet, aujourd'hui, la commission, tout en respectant la liberté des organisations nationales et en permettant aux groupes qui adhéreront officiellement aux fédérations départementales de rester affiliés librement, amicalement aux organisations nationales, ne fait pas jouer ce rôle d'intermédiaire officiel aux anciennes organisations. C'est le comité général qui, directement, transmettra aux fédérations les cartes d'adhérents que les fédérations répartiront entre leurs groupes sans aucune espèce de distinction d'organisations nationales. Voilà deux points importants sur lesquels il n'y a pas accord.

Une autre différence porte sur la base qui doit servir à déterminer le nombre des délégués que chaque fédération doit envoyer au congrès général. Le projet que la commission vous a soumis calcule le nombre des délégués qui sont envoyés au congrès : 1° d'après le nombre des groupes; un délégué par vingt groupes, et 2° d'après le chiffre des suffrages socialistes exprimés aux élections législatives. Il ne tient pas compte du nombre de militants cotisants inscrits à chaque groupe.

Il a paru à la commission qu'il était très difficile de déterminer, avec une sincérité suffisante, le nombre des membres individuellement inscrits; que les cotisations peuvent être, si on veut recourir à des artifices, simulées. Il suffira à un groupe riche d'acquitter les cotisations d'un certain nombre de militants. Il n'y a là aucune garantie, tandis que l'existence de groupes déterminés, visibles, et le nombre des suffrages socialistes sont des certitudes.

Le projet prévoit que la contribution pécuniaire de chaque fédération départementale sera proportionnelle au nombre de ses délégués. Il est bien clair que chaque fédération ne multipliera le nombre de ses groupes que s'ils comprennent réellement un nombre suffisant de militants capables de cotiser; car il y a là un frein à la multiplication factice ou excessive des groupes, puisque les charges pécuniaires de chaque fédération seraient accrues par cette multiplication factice. Il y a là une garantie que la fédération sera représentée au congrès en proportion du nombre des militants cotisants.

Enfin, et c'est la quatrième différence, le projet auquel je fais allusion, tout en paraissant constituer le comité général avec des délégués de fédérations départementales, en réalité, remet presque tout le pouvoir administratif et exécutif à un comité exécutif directement élu par le congrès, et les délégués des fédérations ne paraissent guère former qu'une sorte de couronne administrative autour de ce comité exécutif. Voilà quatre points sur lesquels les projets diffèrent entre eux. Il me semble utile que, dès ce soir, il y ait un échange d'explications sur ces points qui, dès maintenant, ne paraissent pas réaliser un accord absolu entre les militants.

Lignières. — On vous a dit tout à l'heure que le rapport était présenté au nom de l'unanimité de la commission. Il ne faut pas croire que le projet commun élaboré entre le parti socialiste révolutionnaire et le parti ouvrier français nous ait lié les mains, à nous, au sein de la commission d'organisation. Nous y avons travaillé ensemble, et je dois constater que nous nous sommes trouvés animés du même désir sincère d'aboutir. Ne vous étonnez pas de trouver plusieurs projets en présence. Ceux qui ont rédigé le rapport auquel on a fait allusion sont animés des mêmes intentions: ils avaient le désir de ramener le parti ouvrier français, vous nous aviez d'ailleurs presque chargés de cette mission, afin que l'unité socialiste renfermât l'ensemble du parti. (Approbation).

Landrin. — Nos camarades de la commission ont fait

pour le mieux. C'est à l'unanimité qu'ils présentent ce projet; j'en suis heureux, car cela indique déjà un certain accord.

Un autre projet, ainsi que nous le disait Jaurès, a paru dans la presse: il est différent sur plusieurs points.

Jaurès. — J'en ai fixé quatre.

Landrin. — Sur la première question, j'ai entendu le rapporteur dire qu'il y avait des réserves sur l'admission des syndicats dans le parti organisé.

Vous savez que dans notre organisation nous avons toujours combattu l'entrée des syndicats dans le parti organisé. Nous avons eu des discussions très longues à ce sujet au comité d'entente avant la constitution du premier congrès. Battus, nous nous sommes inclinés. Puisqu'il faut aujourd'hui résoudre d'une façon définitive cette question, nous la reprenons et nous la reposerons même devant le congrès, pensant que c'est là une question capitale pour l'avenir du parti socialiste.

Je ne voudrais pas laisser croire que c'est par haine des syndicats ou par suspicion à leur égard que nous avons cette idée ; c'est simplement parce que nous sommes convaincus qu'il y a deux actions à exercer : celle de l'organisation proprement dite, l'organisation économique des syndicats, et celle de la marche du parti socialiste unifié. Il faut qu'il n'y ait pour cette dernière que des socialistes bien convaincus, acceptant tous les bases du socialisme, telles qu'elles sont définies dans le rapport et adoptées par le congrès. Nous avons le droit et le devoir de demander à tous les membres de nos groupes s'ils acceptent sincèrement les principes essentiels du socialisme, s'ils s'engagent à ne jamais y déroger, et même, le jour où ils y dérogeront, nous aurons le droit de les exclure.

Si nous admettons les syndicats, il ne peut plus en être de même. Le syndicat a pour mission de grouper tous les travailleurs d'une même corporation, quels qu'ils soient, et il n'est pas logique, ainsi qu'il est dit dans la déclaration même qui précède le projet d'unification, d'imposer un credo politique à des citoyens qui viennent se grouper parce qu'ils appartiennent à une corporation, comme on peut l'imposer à des citoyens qui se groupent pour une action politique bien déterminée. Le jour où vous imposerez ces conditions-là aux syndicats, vous risquerez d'écarter un nombre considérable de travailleurs, très disposés à défendre leurs intérêts corporatifs, mais qui n'auront pas encore atteint un degré d'éducation socialiste assez avancé pour comprendre et accepter l'action du parti socialiste et ses principes.

Ces mêmes raisons s'appliquent aux coopératives, et peut-être d'une façon plus large encore qu'aux syndicats. La coopérative s'adresse à tous les citoyens. Lorsque vous aurez inséré dans les statuts des coopératives un article exigeant qu'une part de bénéfices soit versée pour la propagande, vous aurez bien agi, mais cela ne signifiera pas que tous vos coopérateurs seront des socialistes. Beaucoup d'entre eux ne viennent aux coopératives que pour les bénéfices immédiats qu'ils peuvent en tirer. Je n'insiste pas davantage. Nous aurons à reprendre cette discussion.

Jaurès a parlé ensuite de la distribution des cartes. Le projet qui nous a été présenté ce soir reconnaît moralement l'existence des organisations; mais on a objecté que ces organisations peuvent chercher à majorer leurs forces — c'est une suspicion très légitime — en donnant un plus grand nombre de cartes qu'elles n'en devraient avoir.

Le remède est celui que nous avons proposé : que les organisations touchent du comité général les cartes pour les adhérents de leurs groupes, mais que les cotisations versées par ces groupes, au lieu d'être versées à l'organisation, soient versées à la fédération départementale. Il y a là un contrôle efficace de la distribution de ces cartes.

J'en arrive maintenant à la différence relative à la représentation au congrès et au comité général entre le projet qui émane de nous et le projet qui nous est présenté ce soir.

Dans le projet qui nous est présenté ce soir, c'est un certain nombre de groupes qui nomment les délégués ; dans l'autre projet, les délégués sont nommés, non par les groupes, mais par les adhérents de la fédération départementale. Nous exigeons, nous, que chaque inscrit dans un groupe paie une cotisation. La cotisation, à mon avis, c'est le moyen le plus sûr de connaître la force d'un parti.

Voici ce que nous préconisons ; qu'au lieu de compter par groupe l'on compte par quantité d'adhérents aux fédérations, quel que soit le groupe auxquels ils appartiennent. C'est, en somme. l'organisation qui existe, ou à peu près, dans le parti ouvrier français.

Si ce système était adopté, le comité général pourrait distribuer aux fédérations des timbres mobiles qu'il vendrait à ses fédérations à un prix minime, puis, dans les groupes, dans les fédérations, on s'arrangerait pour que ce timbre donné par le comité général fût revendu aux adhérents au prix que déterminerait la fédération. Il y a donc là une recette assurée déjà pour le comité général et qui augmenterait en raison du nombre d'adhérents au parti socialiste unifié.

Jaurès exprimait la crainte que les groupes riches prissent un plus grand nombre de cartes qu'ils n'auraient d'adhérents dans le but d'augmenter le nombre de leurs délégués. S'il y a là un danger, il y a, d'autre part, un contrôle certain : le contrôle du parti. Mais ce danger, s'il existe, est le même dans le système présenté par la commission. Vous me faites signe que non, Jaurès ; mais le danger réel, c'est qu'on arrive à subdiviser les groupes pour en avoir un plus grand nombre.

Au lieu d'avoir un groupe de 50 membres, on peut en en avoir 5 de 10 membres. Il est à craindre qu'un certain nombre de groupes prennent plus de cartes qu'ils n'ont d'adhérents. Le même danger peut exister pour une fédération qui aurait de l'argent et qui prendrait plus de cartes qu'elle n'en doit avoir réellement, puisqu'il est facile de diviser des groupes. Vous voyez qu'il n'y a pas plus de garantie d'un côté que de l'autre.

La cotisation versée régulièrement est une garantie. Nous savons tous, certes, les difficultés qu'on a à percevoir les cotisations : eh bien, le jour où on arrivera à les faire verser régulièrement aux groupes, nous aurons fait un grand pas, un pas énorme, parce que nous aurons des adhérents plus conscients de ce qu'ils font, qui mettront une plus grande persévérance dans leur action, et le comité général aura une recette assurée.

Je n'insiste pas davantage, et j'arrive à la représentation.

Jaurès, disait que, d'après le projet présenté, il y avait une commission exécutive qui ferait tout et qu'en somme le comité général ne serait qu'une sorte de couronne autour de ce pouvoir exécutif, qu'il ne serait là que pour la parade...

Ce n'est pas ainsi que nous avons l'intention d'organiser les choses. Si nous demandons que toutes les fédérations puissent être représentées par un délégué au comité général, vous direz que le comité sera trop nombreux pour travailler utilement. Mais remarquez que les fédérations tiennent à être représentées ; il faut tenir compte du désir du parti ; lorsque vous aurez nommé, par exemple, dans le congrès un comité général, quel que soit son nombre, il ne sera pas la représentation directe que les fédérations demanderont, soyez-en certains.

Nous venons concilier les deux projets. Nous disons : « Les fédérations nomment chacune un membre qui fait partie du comité général. A côté de cette délégation trop nombreuse pour se réunir fréquemment, se trouve la commission exécutive qui se réunit toutes les semaines, si besoin est. Or, elle est nommée par le congrès, qui est l'émanation de l'ensemble du parti socialiste. »

Cela ne veut pas dire que le comité général ne se réunirait jamais ; il pourrait se réunir tous les trois mois, si l'on veut. Ce serait un petit congrès ; mais les petites fédérations, qui ne peuvent se faire représenter à chaque réunion, s'efforceraient, au moins, d'envoyer leurs délégués tous les trois mois. Le comité exécutif ne ferait qu'exécuter les décisions votées par le comité général dans ses réunions périodiques.

Voilà les raisons qui nous ont poussés à accepter les décisions qui figurent dans le projet dont on parlait tout à l'heure.

Jaurès. — Quelques-uns de vos amis les plus considérés avaient paru tenir beaucoup à l'idée de la représentation proportionnelle des diverses tendances. Or, je n'ai pas retrouvé ce point dans le projet que vous avez élaboré. Est-ce délibérément que vous l'avez écarté, ou est-ce un oubli ?

Landrin. — Vous dites que si, par exemple, une fédération autonome ne nomme qu'un représentant, la minorité ne sera pas représentée.

Jaurès. — Même pour la désignation des délégués au congrès national ?

Landrin. — Je suis partisan de la représentation des minorités.

Jaurès. — Je vous demande si cela a été omis ou écarté.

Landrin. — Je ne crois pas que cela ait été écarté délibérément : je suis toujours partisan de cette représentation des minorités. Voilà les seules observations que j'avais à présenter ce soir.

J'avais oublié un point relatif aux syndicats : ce n'est pas notre avis personnel, mais celui des congrès de la confédération de Limoges, de Rennes, etc.

A plusieurs reprises, les représentants des syndicats ouvriers se sont prononcés pour une organisation à part, et je tiens à affirmer aussi ce que Jaurès faisait très justement remarquer, à savoir qu'il n'y a pas une barrière absolue

entre l'organisation politique et l'organisation économique.
Au contraire, en engageant les syndicats à se grouper tous
ensemble soit à la confédération du travail, soit ailleurs,
nous voulons créer des rapports constants entre l'organisation politique et l'organisation économique, parce que ces
deux organisations sont appelées assurément à s'aider mu-
tuellement et à avoir quelquefois une action commune,
comme dans une grève, par exemple.

Fribourg. — Si vous n'obligez pas, par la constitution
future du parti, les syndicats à adhérer aux fédérations
départementales, vous recréez, en fait, une fédération nationale des syndicats et vous vous mettez en contradiction
avec les congrès corporatifs, lesquels ont justement détruit
la fédération nationale des syndicats, pour constituer les
fédérations nationales de métiers ou industries, en les engageant à adhérer à la confédération générale du travail, qui
n'accepte qu'avec certaine restriction les syndicats isolés.

Il faut donc qu'en principe on oblige les syndicats à adhérer aux fédérations départementales.

Jaurès. — Les syndicats qui peuvent adhérer au Parti
sont obligés d'aller à la confédération.

Fribourg. — Le projet déclare que l'unité ne peut se
faire qu'avec les fédérations autonomes, c'est-à-dire que
l'autonomie des fédérations devra être la base de la constitution du parti unifié. Il y a là une contradiction, car cela
oblige les fédérations décentralisées à se grouper à nouveau
régionalement pour nommer des délégués.

La commission ne nous objecte qu'une difficulté relativement à la représentation directe numérique de chaque fédération. On pourrait examiner cela, mais l'inconvénient de
grouper les fédérations est beaucoup plus grand. C'est là
une objection présentée par le P. O. S. R., la fédération de
la Nièvre et d'autres fédérations.

Quant à ce que vous appelez la représentation proportionnelle des minorités, j'avoue ne pas comprendre et je
demande des explications complémentaires.

Allemane. — J'ai un mandat très net. Je représente
une fédération qui a fait de l'autonomie, pour ainsi dire,
son principe et qui m'a donné mandat de la défendre. Je
considère donc que la représentation doit être comme
l'entend la fédération elle-même.

Il a été possible à certains groupements fédérés de constituer une fédération régionale : c'est très bien. Que vous
invitiez au besoin les fédérations à se constituer régionale-

ment, je n'y contredis pas ; mais que vous imposiez à des
gens de s'unir avec d'autres personnes ou d'autres groupements, voilà contre quoi je m'élève.

Nous devons inciter les gens à se grouper par affinités.
Il serait, par exemple, très facile à certains départements
de s'allier à d'autres départements ; mais il peut y avoir,
au contraire, pour certains autres comme une espèce d'opposition de nature. Vouloir aller contre, ce ne serait pas
une bonne tactique.

Je suis donc pour la représentation directe de chacune
des fédérations autonomes au comité général. Nous verrons
après dans quelles conditions les faisceaux de départements
peuvent être représentés ; car, d'un côté, on va accorder à
un faisceau de départements une représentation par département et, d'autre part, on voudrait que certains départements ne fussent représentés qu'à la condition de compter
un certain nombre de groupes. On impose un minimum.

Mais si, par exemple, à un faisceau régional, vous accordez autant de délégués que de départements, il faudra
savoir dans quelles conditions vous accorderez la représentation départementale. Supposez, par exemple, que nous
soyons cinq départements et que dans deux ou trois il
existe, au plus, trois ou quatre groupes par unité départementale ; il s'ensuivrait que l'on créerait ainsi des situations
relativement privilégiées.

Au point de vue syndical, je dirai, d'un mot, que je considère également que nous ne pouvons admettre les syndicats en tant que fédération spéciale. Les amis qui ont
constitué les fédérations de syndicats savent qu'ils me sont
sympathiques. Je suis un vieil ouvrier, un vieux syndiqué,
mais nous ne pouvons pas laisser se constituer en face
de la confédération générale une autre fédération.

Nous devons chercher, nous a dit Landrin, à grouper
toutes les unités d'une corporation ; c'est entendu. Mais ne
cherchons pas quels sont exactement les éléments en face
desquels nous nous trouvons. Nous serions dans un très
grand embarras. Ne poussons pas l'examen à fond : cela
vaudra mieux pour tout le monde. Disons que les syndicats
qui adhèrent au parti socialiste sont des syndicats socialistes. En somme, nous ne contraignons personne ; nous
n'avons pas de gendarmes ; nous ne disons pas aux syndicats : « Adhérez sous peine d'être arrêtés ou pendus. »

La fédération départementale est ouverte, vienne qui
voudra. Celui qui nous arrive sera socialiste, puisqu'il jure

sur l'Évangile socialiste. Pour les coopératives, n'examinons pas si elles renferment quelques citoyens qui ne sont pas socialistes. Envisageons les idées de l'ensemble de la fédération, qui est, pour nous, socialiste, puisqu'elle adhère, par tous ses éléments, au principe socialiste. Nous ne pouvons, non plus, constituer une organisation spéciale de coopératives. Nous leurs disons seulement : « Vous êtes un groupe coopérateur socialiste : comme tel vous avez le droit d'entrer dans notre fédération. »

Je conclus que les syndicats et les coopératives devront entrer dans l'organisation socialiste, départementale ou régionale.

J'envisage maintenant la difficulté qui porte sur le grand nombre de délégués au comité général, difficulté qui serait entraînée par la représentation directe pour chaque fédération.

Cette difficulté n'est pas insurmontable.

Si le comité se trouve trop nombreux pour pouvoir se réunir facilement, il suffira de la division en commissions.

En tout cas, l'inconvénient serait plus grave avec une commission composée partie par des délégués élus par le congrès, et partie par ceux des fédérations.

Supposez que les deux éléments ne s'entendent pas.

La commission exécutive ne dira-t-elle pas : « Je suis l'émanation du congrès et, jusqu'à ce qu'un autre congrès m'ait enlevé mon mandat, vous devrez vous incliner devant ma façon de voir... » (Approbation). Voilà une source d'ennuis très grande pour le comité général. Je crois qu'il nous faut être aussi larges que possible.

Nos camarades craignent-ils la gêne des règlements ? Montrons-leur que nous sommes débonnaires et, s'il y a impossibilité matérielle de réunir le comité, ayons la sagesse de nommer la commission pour ne froisser personne. A mon avis, cette commission devrait se subdiviser d'elle-même en deux sous-commissions. Je suis pour la division du travail et je crois que vous partagerez mon avis.

Moi, je vois le comité général divisé en deux commissions : l'une, la commission administrative qui assure la vie matérielle du comité général ; l'autre, une commission d'expansion que j'appellerai la commission d'action et de propagande. Ce sont là deux rouages qui peuvent très bien fonctionner côte à côte.

SÉANCE DU 28 NOVEMBRE 1900

Présidence du citoyen **Andrieux**, *délégué de la Fédération
de Bretagne.*

Présents (personnellement ou par leurs suppléants) :
Bagnol, Béguin, Bertrand, Blum, Briand, Brunellière,
Camélinat, Clauzel, Dejeante, de la Porte, Dubreuilh, Fa-
vrais, Fauga, Fribourg, Gérault-Richard, Imbert, Jaurès,
Landrin, Lenormand, Létang, Lévy, Lignières, Longuet,
Paul Louis, Martinet, Orry, Patay, Picau, Ponard, Poulain,
Puges, Renaud, Reisz, Révelin, Ser, Stern-Maydieu, Tan-
ger, Toussaint, Villm.

Excusés : Donier, Joindy, Krauss, Lepage, Marchand,
Parassols, Salembier.

Absents : Bourderon, Carnaud, Chaucheprat, Richard.

Briand. — J'appelle votre attention sur l'état d'esprit qui
semble se manifester parmi les militants à la suite de la
publication du projet d'unification. Il faut qu'il soit bien
entendu, contrairement à ce que semblent croire certains
camarades, que ce n'est pas le comité général lui-même qui
doit arrêter le plan d'organisation du parti. Le projet définitif, celui qui sera porté devant le prochain congrès, doit
être soumis à une consultation générale. Il est essentiel
qu'une note soit publiée pour qu'aucun doute ne subsiste à
cet égard parmi les groupes.

Landrin. — Je demande également que le questionnaire
soit adressé aux groupes : c'est ce qui a été décidé au congrès. Dans la première réunion, le citoyen Révelin nous
avait dit qu'il avait besoin de l'assentiment du comité général pour dresser le questionnaire.

Révelin. — Il se produit, je crois, une confusion. Que
la note que Briand demande soit utile, je le veux bien : mais
la proposition de Landrin ne coïncide pas du tout, ni avec
la décision prise par le comité, ni avec la décision de la
commission. Nous n'avons pas à dresser un questionnaire
point par point, nous proposons un projet d'unification et
le questionnaire se résume à ceci : que nous demandons

aux camarades des groupes d'examiner le projet article par article.

Renaudel. — Il n'en est pas moins vrai que les groupes doivent savoir ce qu'est le rapport publié la semaine dernière : il faut qu'ils sachent que ce n'est pas même un projet définitif du comité général.

Briand. — Si vous m'y autorisez, je ferai une note dans ce sens.

(Adopté).

Jouandanne. — Je suis de l'avis de Landrin ; le congrès a décidé qu'il serait ouvert une consultation dans le parti, même avant de communiquer à la presse le projet qui est venu pour ainsi dire — on a beau adoucir les mots — en contradiction avec un autre projet. Le comité général a mis la charrue avant les bœufs : il aurait été préférable d'ouvrir une consultation sous forme de circulaire qui aurait été adressée aux groupes d'étude. Je fréquente des groupes dans la banlieue ; eh bien, il leur a semblé qu'ils avaient à choisir entre un projet, d'un côté, et un autre projet, de l'autre.

Landrin. — Tout groupe a le droit de faire un projet. Celui que nous allons faire est une base pour les questions à insérer au questionnaire. Ce questionnaire, il ne sera peut-être pas mauvais de l'étendre un peu. De cette façon le travail sera beaucoup plus facile qu'avec un questionnaire trop bref.

Révelin. — Je demande que, pour la forme à donner au questionnaire, ce point soit renvoyé à la fin de la discussion.

Maintenant, pour la discussion générale, je voudrais faire une remarque. Nous avons deux méthodes devant nous, ou bien aborder successivement chacun des points du projet, le discuter article par article, ou bien discuter d'abord les questions de principe sur lesquelles les divergences se produisent : syndicats, élections au comité général, distribution des cartes, etc.

Briand. — Il y a d'abord trois principes desquels procède le projet : représentation proportionnelle des minorités ; adhésion des syndicats par la voie des fédérations ou toute autre ; enfin, question de savoir si le parti sera centralisé dans une commission nommée par le congrès, ou si, au contraire, les fédérations auront, par des délégués, leurs représentations distinctes au comité général. Quand nous aurons discuté ces trois points, notre besogne sera très avancée.

Lignières. — Nous voulons bâtir un projet ; il serait bon d'établir les bases d'un commun accord. C'est ainsi que nous avons procédé dans la commission. Moi, je commencerais par l'autonomie du groupe.

Révelin. — Je ne crois pas que nous soyons les uns et les autres dans la situation où nous étions lorsque la commission s'est réunie. Il lui fallait élaborer un projet ; elle a dû s'imposer des règles, mais elle a eu à les modifier ensuite pour mettre son projet d'aplomb. Aujourd'hui vous êtes en présence d'un projet qui, si j'en ai bien jugé par l'attitude du comité général lorsque communication lui en a été donnée, semblait avoir reçu votre approbation.

Quant à la question de la proportionnalité il m'apparaît qu'il se produira une transaction entre ceux qui tiennent à la proportionnalité pour les grandes fédérations, et ceux qui désirent que les petites fédérations aient un délégué unique.

Willm. — J'appuie absolument Briand et Lignières. Il me semble que le projet vient tout entier devant le comité général et qu'il y a intérêt, pour que la discussion ne soit pas trop étendue, à créer d'abord l'armature.

Révelin. — Alors, qu'on procède par ordre.

Allemane. — Nous devons d'abord aborder les points les plus délicats à résoudre. Je demande qu'on commence par les syndicats et les coopératives qui ne font qu'une question.

Lignières. — Je demande qu'on commence par le commencement. La pensée de la commission, c'est que le groupe conserve son existence propre dans le sein de l'unité ; le groupe est tenu seulement à des réunions d'union ; en dehors de cela le groupe gardera sa vie propre. Dans le cas d'élection, il est obligé d'accepter la décision de la majorité.

Allemane. — Il faut nous entendre. La question des groupes se posera peut-être d'une façon un peu plus vive, quand nous regarderons Paris. Je suis d'avis que le Comité général doit réserver le département de la Seine qui aura un organisme spécial. Là, nous aurons à étudier de plus près ce que nous appelons l'autonomie du groupe. Supposez un quartier dense où existent des groupes de différentes fractions. Voilà la question électorale qui se pose. Il faudra bien que ces groupes cessent d'être autonomes pour former un bloc de quartier ou un bloc de circonscription législative. Il ne peut y avoir d'unité autrement que par la réunion des groupes, mais sur la base de l'autonomie de ces groupes.

Voici un département qui constitue une fédération dans laquelle entrent tous les groupes. En tant que groupes, ils ont l'autonomie ; et quand il y a une question d'intérêt général dépassant le groupe, à ce moment ils fusionnent et c'est la fédération qui prend une décision.

Révelin. — C'est ce que Lignières a demandé : l'autonomie limitée.

Allemane. — Chaque fois qu'une question d'intérêt général se pose, l'autonomie du groupe cesse : il y a réunion plénière.

Jean Longuet. — Comment voulez-vous faire autrement ?

Allemane. — Nous en parlons comme des gens qui ont derrière eux les intérêts de leur fraction ; il faut nous reporter par la pensée à l'unité et à l'entente générale.

A mon avis, pour le département, nous pouvons décider qu'au point de vue administratif chacun des groupements garde son autonomie.

Reisz. — Tout le monde a ses conceptions à soi. Je ne conçois pas du tout l'autonomie comme Allemane. Vous prétendez que les groupes garderont leur autonomie dans l'unité, et que, lorsqu'il s'agira d'une question d'intérêt général, c'est la fédération qui agira. Mais les groupes pauvres numériquement et pécuniairement, que feront-ils ? Ils seront sacrifiés. Pour les élections le candidat sera toujours choisi là où il y a la majorité. J'estime que, du jour où on décide l'unité, il n'y a qu'un seul groupe ou il n'y a pas d'unité.

Révelin. — En même temps que Lignières et Allemane prévoient l'autonomie des groupes, il n'est pas dans leur pensée que l'unité du parti se dissolve dans l'autonomie des groupes. Le projet prévoit : 1° Une union des communes ou des quartiers ; 2° Une union de circonscription sous le nom de sections ; 3° Une union dans le département. Aussitôt qu'une question générale surgit, soit dans le quartier, soit dans la circonscription, soit dans le département, les groupes sont obligés de coopérer.

Renaudel. — Nous sommes engagés dans la question de fond, mais nous n'avons pas tranché la question de l'ordre dans lequel nous devrons traiter ces différents points.

Landrin. — Il faudrait d'abord décider si les syndicats et les coopératives feront partie intégrante du parti socialiste. Je crois que c'est la question par laquelle on devrait commencer.

Lignières. — Il vaudrait mieux liquider d'abord la question des groupes ; si nous définissons le rôle des groupes dans la fédération, nous aborderons ensuite le rôle des syndicats.

Landrin. — La question des syndicats doit être décidée d'avance.

Longuet. — Comme l'a dit Allemane, les syndicats, les coopératives, les groupes n'apparaissent que comme unité. On peut discuter quelles sont ces unités et comment elles se réunissent ensemble, sans résoudre la question de l'admission des syndicats. Ce n'est pas du tout une question préjudicielle.

Blum. — Je suis d'avis qu'on discute d'abord la question de l'admission ou de la non-admission des coopératives et des syndicats. Si les syndicats sont rejetés, vous n'aurez plus à les faire entrer en ligne de compte.

Briand. — Les coopératives, les syndicats seront-ils admis en tant que groupes ? Nous n'avons pas le droit de poser cette question. Nous vivons sous une constitution que le parti socialiste tout entier nous a donnée. L'avant-dernier congrès a décidé que les syndicats et les coopératives, qui adhèrent aux principes socialistes, sont admis dans le parti socialiste. Tout ce que nous pouvons discuter désormais, ce sont les conditions dans lesquelles ils se fondront dans le parti unifié. A l'heure actuelle, celui-ci est composé de groupes politiques, de syndicats et de coopératives. Tels sont les éléments que nous avons à faire entrer dans l'unification. Nous ne pouvons, sans violer la décision du congrès de 1899, en rejeter un seul.

Blum. — Il est entendu qu'en ce moment-ci nous préparons l'avenir du parti socialiste, non pas ce qui existe, mais ce qui devra exister dans six mois. Nous devons dire : « Dans six mois, les syndicats et les coopératives doivent-ils entrer dans le parti ? » Nous ne devons pas dire que parce qu'ils ont été admis en 1899 et 1900 ils seront admis en 1901. Les syndicats sont ici parce que nous sommes régis par la loi du congrès, mais un nouveau congrès peut donner une nouvelle loi.

Lagardelle. — Va-t-on discuter sur le fonctionnement interne du parti ou sur la composition du parti ?

Andrieux. — Je vais faire voter pour savoir si nous devons d'abord discuter sur le groupe.

Renaudel. — Indiquez les trois ou quatre questions sur lesquelles la discussion va s'engager ; que l'on vote et qu'on compte le nombre de voix ; la question qui en aura le plus sera discutée en premier lieu.

Révelin. — Nous suivrons l'ordre à la fois le plus clair, et le plus logique. Pour le groupe, nous aurons à examiner deux choses : d'abord son admission, puis quels sont les droits et rapports avec les autres groupes ; ensuite la question de l'admission des syndicats et de leurs fonctions.

(Le comité décide de discuter la question du groupe).

Jean Longuet. — Reisz a obéi à une préoccupation juste, lorsqu'il a émis une crainte au sujet de l'existence des groupes isolés. Je pense qu'il est nécessaire que ces groupes ne se réunissent pas seulement lorsqu'il s'agit d'événements extraordinaires, mais lorsqu'il y a un avis commun à prendre pour les groupes qui vivent en contact. C'est bien d'ailleurs dans le projet ; il faut seulement que ce soit spécifié. Autrement, il sera dangereux d'avoir des groupes vivants isolés et ne se réunissant que dans des cas exceptionnels.

Lignières. — Je trouve tout à fait dans l'esprit de la commission cette question d'union permanente, mais je demande à bien préciser. Il y aura des réunions, par exemple, trimestrielles : je crois que c'est suffisant. Pour l'action, l'union doit être permanente. Les organisations ont toutes demandé cela ; c'est indispensable. Il y aurait cassure, si, d'une façon générale, vous obligiez les groupes à se tenir en contact permanent.

Lenormand. — Je suis d'avis que les groupes restent autonomes. Je crois à la possibilité de l'unité, mais si vous voulez les contraindre à la fusion complète, vous vous heurterez à l'impossibilité. Nous en avons fait l'expérience dans les groupes de ma localité. Ils se sont réunis, en conservant leur organisation propre, par un comité d'entente et, tous les trois mois, ils font une réunion générale dans laquelle on discute l'œuvre à accomplir en commun. Je crois à l'unité socialiste, tant que les groupements garderont leur autonomie.

Je demande la constitution dans chacun des quartiers d'un comité d'entente qui aura à discuter les intérêts généraux du quartier.

Heppenheimer. — Je partage le sentiment de Longuet. J'ai grand'peur — et c'est justifié par le passé, — que les groupes travaillant isolément se créent une mentalité un peu

spéciale, et, quand il faudra fondre ces éléments, il y aura
une éducation à faire. Nous savons que dans chaque groupe
il y a l'influence des leaders, des camarades qui ont une
plus grande facilité de parole. Fatalement, qu'on le veuille
ou non, ils prennent une sorte d'influence sur les camarades
qui les entourent. Quelle que soit la culture socialiste, il est
difficile d'échapper à cela. Lorsqu'on se réunira en assemblée générale, j'ai peur qu'il y ait des idées tellement pré-
conçues qu'on aboutisse à des rivalités de personnes.

Si on procède par arrondissements, cela se produira sur
l'ensemble, dit-on ; c'est une erreur, car celui qui joue un
rôle au nom d'un groupe ne pourra le jouer au nom de tous
les groupes, à moins que ce ne soit une personnalité de
valeur et de talents réels.

Pour Paris, il y a un danger considérable à constituer
des petits groupes par quartiers. Il y a des arrondissements qui ont deux ou trois députés. Je prends un exemple :
La Chapelle et la Goutte-d'Or. Un des groupes dira : « Il
faut présenter le camarade un tel ». L'autre pensera différemment et, quand les groupes se réuniront, il y aura concurrence et froissements.

Il y a donc un gros avantage à faire l'unité par arrondissement et à éviter l'émiettement.

Jouandanne. — Nous avons examiné au Comité fédéral
de ma fédération ces diverses questions. Nous avons d'abord
posé ce principe que tout citoyen qui se recommande du
Parti devrait pouvoir justifier qu'il appartient à un groupe.

Ceci dit, nous ne voyons pas la nécessité de lier les éléments du Parti par un règlement. Il faut laisser le plus de
liberté possible aux groupes, en conservant à la fédération
départementale son intervention et sa police vis-à-vis des
groupes adhérents. C'est pourquoi nous avons dit dans un
article que nos groupes pourront se sectionner.

Nous ne voyons pas d'inconvénient à des réunions plénières tous les trois mois, si vous le voulez, mais, si vous
apportez des règlements obligeant à faire ceci ou cela, on
dira en province : « Voilà Paris qui recommence à nous
donner des ordres ». Si vous introduisez dans le Parti
l'habitude du suffrage universel, les dissensions de groupes
disparaissent. Un groupe de 10 voix vote pour 10 voix ; un
groupe de 100 voix vote pour 100 voix.

Pour les syndicats, nous ne les rejetons pas, mais nous
exigeons d'eux la même sincérité socialiste que vous exigez
des groupes, c'est-à-dire que tout syndicat qui veut entrer

dans le Parti sera tenu d'avoir dans ses statuts la formule révolutionnaire. Quant aux coopératives, il y en a qui sont composées exclusivement de socialistes révolutionnaires ; vous ne pouvez les exclure, mais ayez pour elles les mêmes exigences que pour les groupes.

Allemane. — Il ne faut pas montrer trop de raideur. Les coopératives semblent effrayer beaucoup ; pourtant est-ce que nos camarades du Nord ne tirent pas leur véritable force des coopératives, ainsi que nos camarades belges ?

Landrin. — Dans la fédération du Nord, du Parti ouvrier français, les coopératives n'ont pas voix délibérante sur les actes politiques de la fédération.

Allemane. — Il y a l'organisme de la commission exécutive nommée par le congrès. Il y a des cousinages partout où il y a un Comité directeur, ou une commission directrice ; ce n'est pas là que nous devons chercher nos modèles.

On veut faire, appelons-le, si vous voulez, un accroc à l'unification du parti ; on veut laisser aux anciens organismes, comme le disait Landrin, une influence morale ; il faut la leur reconnaître. Les groupes sont autonomes au point de vue de leur administration intérieure. En dehors de la question administrative, tout ce qu'ils font engage, pour ainsi dire, l'avenir du parti. Si l'on veut faire une forte et utile propagande, n'est-on pas obligé de s'entendre avec les groupes voisins ? Cela va de soi. C'est la glace à fondre, c'est l'angle à arrondir. Gardons l'autonomie pour y parvenir. Moi aussi, je dirai volontiers, tout de suite : « Embrassons-nous, Folleville... » Et après ? si l'on se mord ?... Nous pouvons dire : « Les groupes se réuniront au minimum une fois tous les trois mois. »

Orry. — Je suis partisan de l'unité complète. Mais Landrin a oublié de faire appel à la discipline. Il a dit que les camarades, pour une raison quelconque, pourraient quitter leur groupe, et que, si ce groupe était unique, il quitterait le Parti socialiste. Je prétends qu'on ne doit pas laisser une porte ouverte à l'indiscipline.

Blum. — Et que faites-vous des tempéraments ?

Orry. — Je regrette que Blum, qui a pris part à des campagnes très ardentes, ne soit pas de mon avis.

Blum. — C'est justement parce que j'y ai pris part que je le dis.

Reisz. — Et moi aussi, et je ne suis pas de votre avis.

Orry. — S'il y a des camarades assez peu socialistes

pour mettre leurs querelles personnelles au-dessus du parti socialiste, nous ne perdrons rien à les laisser partir. Si, au contraire, ils ont à cœur de mener à bien leur œuvre, ils s'élèveront au-dessus des querelles personnelles.

Tanger. — Je suis partisan de l'autonomie des groupes et je suis d'accord avec le citoyen Imbert lorsqu'il dit qu'il ne faut pas décréter l'unité, mais la faire.

Or, décréter la fusion des groupes c'est décréter l'unité, ce n'est pas la faire. Qui a qualité pour faire l'unité socialiste ? Les organisateurs. Il y a des citoyens qui croient que le rôle des organisations est terminé et qu'elles n'ont plus qu'à disparaître.

Nous croyons, au contraire, que les organisations font l'unité et vous ne pouvez leur demander de se suicider si elles ne le veulent pas. Vous pouvez décider que, demain, toutes les organisations de France devront fusionner ; je vous défie de l'obtenir. Mais si vous décidez l'autonomie au point de vue administratif, et elle est indispensable, les organisations n'ayant pas encore donné tout leur effort de propagande, personne n'empêchera les groupes qui veulent fusionner, de le faire et de se réunir quand ils le jugeront à propos.

Reisz. — Si, dans six mois, le prochain congrès décidait l'unité, est-ce que les organisations disparaîtraient ?

Tanger. — Et si elles ne veulent pas disparaître ?

Reisz. — Alors, je demande à rester dans le *statu quo*.

Willm. — Les adversaires de l'autonomie ne réfléchissent pas qu'ils frappent d'impuissance le système fédéraliste qui est la base du parti. Il faut avoir à la base la cellule avec son autonomie. Le fédéralisme a toujours été la plus grande liberté possible pour les groupes en vue d'un effort commun, mais en tenant compte de toutes les divergences, de toutes les affinités. Nous ne ressemblons pas au chirurgien qui coupe un membre et le jette dehors ; nous devons tenir compte de tous les tempéraments qui, tous, sont utiles à l'œuvre commune.

Supposez que le prochain congrès décrète l'unité, croyez-vous que des camarades qui combattent d'une façon différente depuis vingt ans, si l'unité est décrétée le 8 au soir, le 9 au matin, verront disparaître leurs divergences ? Les groupes subsisteront derrière le parti unifié ; nous resterons, tous, ce que nous sommes, derrière l'unité qui sera un paravent. Je crois donc qu'il faut reconnaître le groupe avec son autonomie, et que, s'il y a dans le parti unifié divers modes de groupements, ils auront le droit de se manifester comme ils l'entendront.

Révelin. — Je suis persuadé que le projet de la commission donne pleine satisfaction aux objections qui ont été faites. L'observation de Willm est décisive. Il est certain, non pour maintenant, mais pour l'avenir, que dans une petite commune l'idéal est l'unité de groupe. Mais cela n'est pas possible encore et nous sommes obligés de partir de l'état de fait actuel. Ce qui a été prévu, c'est l'union des groupes dans le quartier et dans la commune, formant un bloc et se réunissant aussi fréquemment que possible, puis l'union des groupes dans l'arrondissement, enfin l'union des groupes dans le département. Peut-être y aurait-il lieu de faire un amendement.

Briand. — Nous pourrions dès maintenant dire si nous sommes favorables au principe de l'autonomie du groupe.

Révelin. — Nous n'avons pas adopté le principe de l'autonomie absolue du groupe. Nous avons proposé à la fois l'autonomie des groupes et l'union des groupes dans l'arrondissement, la commune et le département. Nous aurions un fédéralisme singulier, si nous séparions le principe de l'autonomie du groupe du principe de l'union des groupes.

Briand. — Disons que, dans l'union des groupes, le groupe est autonome sous la loi de la majorité.

Jean Longuet. — Vous posez, comme deux antinomies, l'autonomie et l'union. Des camarades ont exagéré une tendance ou l'autre : mais, comme Révelin a posé la question, c'est parfait.

Tanger. — Il vaut mieux se prononcer, comme le disait Briand, sur l'autonomie du groupe. Si vous vous prononcez en même temps sur l'autonomie et sur l'union, le principal est lié à la forme. Vous ne pouvez vous prononcer sur l'union du groupe sans régler le détail. Je demande d'abord l'autonomie du groupe.

Briand. — Le vote que nous vous demandons est le résultat de la discussion.

Willm. — N'entrons pas dans la rédaction du projet. Il s'agit de savoir si vous respecterez l'autonomie du groupe. Sommes-nous pour l'autonomie ou pour la fusion des groupes ?

Révelin. — On n'a pas séparé ces deux questions ; de ce qu'un seul délégué a soulevé la question de la fusion, vous déduiriez que cette question est adjointe ? Fédéralisme et autonomie, ce sont deux choses que nous ne devons pas poser séparément, mais affirmer en même temps.

Andrieux. — Devons-nous voter ?

Blum. — Nous ne devons pas voter avant la fin de la discussion ; c'est logique.

La séance est levée à onze heures trente.

Présidence du citoyen **Clauzel,** *délégué de la Fédération
socialiste-révolutionnaire*

Présents (personnellement ou par leurs suppléants) :
Bagnol, Béguin, Blum, Briand, Brunellière, Camélinat, Clau-
zel, de la Porte, Favrais, Fribourg, Gérault - Richard,
Imbert, Jaurès, Joindy, Landrin, Lenormand, Lepage, Lévy,
Ch. Longuet, Paul Louis, Orry, Parassols, Patay, Picau,
Ponard, Pugès, Renaudel, Reisz, Révelin, Ser, Stern-
Maydieu, Toussaint, Willm.
Excusés : Bertrand, Donier, Salembier, Tanger.
Absents : Bourderon, Chaucheprat, Dejeante, Dubreuilh,
Fauga, Fournière, Krauss, Létang, Marchand, Martinet,
Poulain, Richard, Semanaz.

Clauzel. — Vous savez, camarades, que la discussion
porte sur quatre points : autonomie du groupe ; inscription
au Parti des syndicats et des coopératives ; représentation
proportionnelle et constitution du Comité général. Nous
passons au second point.

Charles Longuet: — Il me semble qu'il y a des choses
qui auraient dû être dites avant la discussion de ces quatre
points. Nous disons : unification du Parti ; mais il y a deux
ou trois idées qui auraient dû être agitées ici, *ventilées,*
comme disent les Anglais, avant la discussion générale.

Comme l'a dit le Président, nous avons terminé la discussion du premier point hier et nous aurions pu voter à la
presque unanimité. Mais il y a une foule de choses dont
nous n'aurions pas eu à nous occuper, si nous nous étions
expliqués sur l'idée générale de l'unification du Parti socialiste.

Nous avons abordé la discussion des articles avant la
discussion générale. Je voudrais qu'il fût entendu que nous
pouvons discuter certains principes généraux, sans qu'on
puisse nous dire que certains d'entre nous ont une arrière-
pensée, ministérielle ou autre.

Il faut qu'on sache si nous partons d'un désir véritable d'unité aussi rapide que possible ou bien s'il s'agit d'un provisoire qui peut durer assez longtemps.

De la Porte. — Il est incontestable que nous nous trouvons en présence d'une situation de fait. Depuis deux ans les syndicats sont dans le Parti socialiste ; mais la question reviendra devant le prochain congrès et il est bon de la poser dès maintenant devant le Comité général.

Je suis, moi, partisan de leur non-admission, et cela, au nom même de l'intérêt syndical. La principale force du syndicat, c'est de réunir sans exception tous les ouvriers appartenant à une même industrie. Il ne faut pas créer entre les syndiqués une division arbitraire. Or, voyez ce qui se produit : lorsqu'un syndicat fait adhésion au Parti socialiste, il peut, avec les mécontents, se créer à côté un autre syndicat. Je pourrais citer bien des exemples.

A Niort, le secrétaire de la Bourse du travail est socialiste, mais, craignant ce danger de morcellement, il a refusé d'entrer dans le Parti. En admettant les syndicats, vous créez l'émiettement syndical.

Ce n'est pas au Parti socialiste à faire œuvre de divisions en imposant au syndicat économique un credo politique quelconque. Je comprends que les bourgeois le tentent, mais ce n'est pas le rôle du Parti socialiste. Lorsque les catholiques organisent un syndicat contre un autre, ils font œuvre de conservation sociale. Mais nous, nous sommes révolutionnaires, et, en vertu du principe de la lutte des classes, nous devons faire un corps unique qui se placera exclusivement sur le terrain de la lutte contre le patronat.

Le jour où tous les syndicats unis présenteront ensemble leurs revendications économiques, ils seront obligés de passer par le Parti socialiste, sans être pourtant dans le Parti socialiste. Alors le Parti socialiste prendra une grande force auprès des syndicats, force qu'il est en train de perdre en essayant d'attirer à ses conceptions politiques des syndicats qui ne les acceptent pas toujours.

D'autre part, certains de nos camarades croient à la possibilité d'organiser la grève générale et d'autres croient qu'elle peut arriver par la fatalité même de l'évolution économique. Le jour où vous aurez créé l'émiettement syndical, la grève générale aura beaucoup moins de chances de succès ; tandis que si, lorsqu'elle se déclarera, en face de la classe patronale unie se place la classe ouvrière unie, elle aussi, par le moyen de tous les syndicats, la victoire prolétarienne sera facilitée ; c'est nous qui aurons le bénéfice de cette évolution économique.

Il est bien évident, d'ailleurs, que les syndiqués peuvent entrer dans le Parti à titre de membres.

Allemane. — J'ai écouté notre ami : nous ne sommes pas tout à fait d'accord. D'abord, pourquoi repousser le syndicat s'il veut venir à nous ? Je suis ouvrier et syndiqué, je le répète, pour qu'on sache que c'est l'esprit ouvrier qui parle en moi. Je suis syndiqué depuis 1861 et j'appartiens à une corporation qui est plutôt contre mes idées ; une très faible partie des travailleurs du Livre sont socialistes ; ce sont un peu les « calicots » de la classe ouvrière, tout le monde comprend ce que je veux dire.... Cela passera ; la machine à composer est là pour cela.

Le mouvement ouvrier ne peut pas se diviser : il doit être un mouvement socialiste, autrement il devient un mouvement politicien. Le Parti socialiste doit être largement ouvert à toutes les organisations, à condition qu'elles viennent affirmer les principes qui sont la base du socialisme. Lorsque vous dites à une organisation ouvrière : Voilà la charte, l'acceptes-tu ? — et qu'elle répond affirmativement, pourquoi lui fermer la porte ?

Vous dites : « Mais nous profiterons de cette organisation ouvrière. » C'est une erreur capitale, si, simultanément, vous ne menez pas de front la lutte socialiste politique et la lutte socialiste économique. Dans le cas contraire, vous enlevez au mouvement socialiste tout son intérêt. C'est dans le monde ouvrier que doit être la base de votre socialisme.

Pourquoi les syndicats sont-ils si revêches ? A cause de nos disputes, et c'est à nous-mêmes qu'il faut faire le procès. Si, au lieu de nous dévorer, nous nous étions entendus, les syndicats eussent été très heureux d'avoir l'appoint de tous les socialistes convaincus pour aller avec eux à la bataille. Je suis donc convaincu qu'avec de la sagesse, de la loyauté, nous les ramènerons. Ne faisons pas grise mine à nos camarades des syndicats.

Ce sont les ouvriers socialistes qui ont constitué les syndicats, et, s'il n'y avait pas eu d'ouvriers socialistes, il n'y aurait pas eu de syndicats.

Quelque sympathie que j'aie pour les camarades qui ont essayé de faire la fédération des syndicats socialistes, je suis opposé à cette fédération, parce que l'on ne doit pas pouvoir nous accuser d'opposer une organisation ouvrière à une autre organisation ouvrière. Ceux qui veulent aller à la confédération au point de vue corporatif et qui viennent à nous pour la lutte révolutionnaire, en sont parfaitement libres. Mais n'oublions pas qu'il n'y aura jamais de Parti socialiste révolutionnaire, s'il y a d'un côté des gens qui s'occupent d'élections, et de l'autre des gens qui s'occupent d'organiser le travail.

Hepperheimer. — Je suis de l'avis d'Allemane; il ne faut pas trop nous sectionner. Si l'on mène la propagande de deux façons différentes, une des fractions pourra obliquer à gauche, tandis que l'autre obliquera à droite, et, quand nous voudrons faire un mouvement d'ensemble, nous aurons de graves difficultés.

Il y a un grand nombre d'années que, comme Allemane, je suis syndiqué, et je sais bien le mal que nous avons eu vers 1883-85 pour faire adhérer notre syndicat, celui des facteurs en pianos, à une organisation politique. A ce moment, cependant, il y avait peut-être une vingtaine de camarades qui ne voulaient pas marcher avec la majorité.

Si nous n'obtenons pas tout ce que nous voudrions, si nous ne sommes pas assez suivis par la classe ouvrière, c'est que, lorsque nous engageons un camarade à entrer dans le syndicat, il nous répond : « Si le patron sait que je suis syndiqué, je serai mis à la porte, et, quant aux résultats pour la grève, trop souvent nous sommes vaincus. »

Il faut avoir une autre raison à donner à l'ouvrier que l'éternelle lutte du pot de fer contre le pot de terre, une raison plus efficace, plus ample : — la transformation complète de la société. Si la transformation de la société est derrière le syndicat, l'ouvrier y viendra plus facilement.

Je sais, par exemple, que dans mon syndicat, lorsque les querelles y auront cessé, il y aura une majorité pour accepter d'adhérer à nouveau du parti; mais il y aura une minorité qui ne voudra pas, et le mécontentement de cette minorité des syndicats pourrait avoir des conséquences regrettables.

Supposons que, dans la Chambre des facteurs en pianos, sur 100 syndiqués il y en ait 75 décidés à adhérer au Parti; il est bien entendu que les 25 autres ne se retirent pas du syndicat, si le Parti n'impose pas une cotisation élevée. Voilà un point important pour ne pas donner prétexte à la minorité.

D'autre part, il y a des précautions à prendre à l'égard

de gens qui, par exemple, appartiennent dans nos syndicats à des cercles catholiques. Il faut que ce soit la majorité qui décide d'adhérer au Parti et que les secrétaires remettent à chacun des membres du syndicat leur carte. Vous avez ainsi toutes les garanties désirables, et la minorité a satisfaction : car rien ne force ses membres à prendre la carte du Parti.

Il y a encore quelque chose qu'il faudrait modifier dans les syndicats : c'est l'opinion à l'égard des camarades que l'on appelle des politiciens. Lorsqu'un camarade emploie tout ce qu'il a d'énergie pour augmenter ses connaissances et pour supprimer les iniquités qui pèsent sur sa classe, il faut que ses camarades lui soient fraternels.

Landrin. — Je crois que nous élargissons beaucoup trop la discussion. C'est seulement au congrès qu'une discussion aussi approfondie pourra avoir lieu.

Briand. — Je crois sincèrement que nous nous égarons dans cette discussion générale. Je répète que nous nous plaçons sur un terrain que nous n'avons pas le droit d'aborder. Le congrès nous a confié tous les éléments d'un parti en nous disant : « Examinez les meilleures conditions sous lesquelles ces éléments pourront être groupés. » Sous certaines conditions que le congrès avait imposées, les syndicats et les coopératives ont droit d'entrée dans le Parti. Ils sont de la famille socialiste, et voici que nous nous demandons aujourd'hui si nous ne les mettrons pas dehors après les avoir invités à entrer.

Ceux qui sont venus à nous ont accompli un acte de courage en s'affirmant socialistes, malgré certains conseils qui leur étaient donnés. Est-ce pour les récompenser de leur adhésion que vous allez voter une mesure qui, de quelque précaution que vous l'entouriez, n'en équivaudrait pas moins pour eux à l'exclusion véritable ? Ce serait là de l'injustice pure.

J'ajoute que le syndicat n'est pas ce que De la Porte indiquait tout à l'heure. Il a un programme maximum à côté d'un programme minimum. Dans le premier il réclame la suppression du salariat et la socialisation des moyens de production. Par là, il est du parti socialiste. Quant au syndicat qui se tient au programme minimum purement corporatif, — mais c'est notre devoir de l'amener à généraliser ses revendications en lui démontrant que c'est par une fausse interprétation de son rôle de classe qu'il demeure à l'écart du mouvement socialiste !

Du reste, les syndicats ne sont pas d'esprit aussi étroit. Ce sont eux plutôt qui trouvent que le parti socialiste est trop modéré, trop politicien, exclusivement électoral. Quand les syndicats ont voulu s'affirmer comme un parti de révolution, certaines organisations socialistes se sont séparées d'eux et les ont poursuivis de ville en ville, édifiant en face de leurs congrès d'autres assises où l'on essayait de faire obstacle aux tentatives révolutionnaires des syndicats.

Si vous rejetez les syndicats hors du Parti, ils ne s'y tromperont pas. Ils penseront que ce n'est pas parce que vous suspectez leurs convictions socialistes, mais par crainte de leur action révolutionnaire, parce que vous trouvez cette action gênante pour la conquête électorale du pouvoir politique. Et savez-vous où ils iront? Ils iront à l'anarchie. Déjà l'anarchie commence à pénétrer les syndicats, précisément parce que le Parti socialiste n'est pas suffisamment agissant.

Nous commettrons une grande faute, si nous maintenons la discussion sur ce terrain. Nous n'avons qu'une chose à examiner : à savoir sous quelle forme les syndicats s'agrégeront au Parti socialiste. Sera-ce par une fédération particulière, spéciale, ou bien, comme les autres unités, les groupes politiques, par la fédération départementale? Voilà comment la question devrait seulement se poser.

Willm. — Briand a indiqué la portée de la discussion qui doit s'engager. A l'heure actuelle les syndicats sont dans le Parti socialiste; j'attends que des camarades viennent nous donner des arguments pour les mettre dehors. Il y aurait un grand danger à accepter la proposition portée au sein de notre commission : — la constitution d'une fédération spéciale des syndicats. Il n'y a pas de raison pour refuser la même liberté aux coopératives.

J'ai donné, quant à moi, cet argument. Nous avons dans le P. O. S. R. un certain nombre de syndicats, et bien des fois, lorsqu'une question électorale surgissait à l'Union fédérative du centre, des camarades venaient nous dire : « Nous ne voulons pas nous placer sur le terrain purement politique pour ne pas créer des scissions. Nous marchons entièrement avec vous, mais, sur le terrain électoral, nous préférons laisser à nos adhérents la liberté de faire individuellement acte de propagande comme ils l'entendent. »

Ce n'est pas parce que les syndicats seront dans le Parti socialiste qu'ils seront obligés de s'occuper de l'action politique que nous considérons comme secondaire.

J'estime que la fédération, base du Parti, doit être la représentation efficace de tous les éléments du Parti et doit englober le groupe politique, le groupe corporatif et le groupe coopératif. Et la preuve que nous n'avons pas l'intention de détourner les syndicats de la lutte économique, c'est que votre commission avait décidé que les syndicats qui voudraient entrer dans le Parti socialiste seraient invités à justifier qu'ils ont donné sur le terrain économique leur maximum de vitalité.

Et pour cela nous les invitions à adhérer aux fédérations d'industrie ou de métier, de façon que le Parti pût dire aux syndicats : « Nous ne voulons pas restreindre votre initiative ; mais il ne suffit pas de songer seulement à vos intérêts de clocher, il faut songer aux intérêts du prolétariat tout entier. »

Bagnol. — Vieil ouvrier, je suis d'accord avec Briand, Allemane et Willm, relativement aux syndicats comme devant faire partie intégrante du Parti socialiste. Si l'on excluait les syndicats, on serait obligé d'exclure les coopératives pour les mêmes raisons, et vous décourageriez les camarades qui ont voulu infuser en elles la sève socialiste.

Et c'est au moment où leur travail commence à donner des résultats que vous diriez aux coopératives : « Pour ne pas vous diviser, pour que vous restiez des épiciers, nous vous rejetons. » Je suis convaincu que vous ne ferez pas cela.

Puisque vous créez l'autonomie du groupe, que les coopératives restent autonomes chez elles ; mais qu'elles adhèrent à la fédération régionale, départementale où elles ont leur siège social. Mais il faut envisager aussi la question de la cotisation. Il y a là un stimulant puissant qui nous permet de dire à nos amis : « Il faut venir à la coopérative socialiste, parce qu'une partie des bénéfices sert de ressources pour la lutte syndicale ou purement politique. » C'est ainsi que nous pouvons avoir le militant complet : syndiqué, coopérateur et appartenant à un groupe d'études sociales.

Mais, bien entendu, de même que vous avez exigé des syndicats de faire partie des fédérations d'industrie ou de métier, de même, puisque nous avons des besoins communs aux différentes organisations coopératives, nous demandons aussi à former une fédération économique où des mesures pourront être prises dans un congrès particulier ; — en un mot, nous demandons le droit commun pour les coopératives et pour les organisations syndicales.

Capjuzan. — Je suis opposé à l'entrée des syndicats dans le parti socialiste. Ce n'est pas comme timoré, car je milite dans les syndicats depuis de longues années : je fais partie des organismes économiques centraux ; je les connais parfaitement. Je dirai qu'il y a beaucoup de difficultés pour les syndicats à adhérer au Parti socialiste. Il y a une fraction de ces syndicats qui est antipoliticienne par excellence, et ce sont surtout ces camarades qui ont pris une grande place dans les organisations syndicales et surtout dans les organismes centraux. Mais, d'un autre côté, le danger est celui-ci : c'est que ces militants qui sont, pour la plupart, énergiques et qui sont de bons propagandistes, feraient certainement effort pour créer, à côté des organismes syndicaux adhérents au Parti socialiste, d'autres syndicats.

D'autre part, si nous voulons que les syndicats viennent à nous, il faut leur donner la plus grande somme de liberté.

En somme, on pourrait admettre que les syndicats adhèrent au parti socialiste, mais à la condition qu'un congrès national corporatif l'ait préalablement décidé. De cette façon vous n'introduirez pas ce qu'il faut éviter : la discorde dans le parti syndical.

Reisz. — Une fédération nationale des syndicats dans le Parti socialiste ne doit pas exister. Nous serons assez nombreux d'accord sur ce point ; car il y aurait antagonisme avec une autre organisation qui a le caractère ouvrier. Comment les syndicats s'inscriront-ils au Parti ? Comme l'indique le projet : par la fédération départementale.

Les camarades qui ont pris la parole contre les syndicats savent eux-mêmes que, dans les syndicats, sur cent membres il y en a à peine cinq qui ne soient pas révolutionnaires. Mais dans des groupes d'études sociales vous voyez aussi entrer des camarades socialistes ne connaissant pas un mot du socialisme. Au bout d'un certain temps, grâce au contact des socialistes conscients, les novices deviennent aussi de bons militants.

Si les camarades des syndicats hésitent à venir au Parti, c'est parce que nous sommes divisés. Dernièrement, à la fédération de la métallurgie, où je suis un de ceux qui apportent le plus de dévouement (je suis envoyé constamment en délégation), on avait l'intention de me bombarder secrétaire. Cela amoindrissait ma journée, mais j'aurais accepté tout de même dans l'intérêt général. Immédiatement je me suis trouvé en face, de qui ? Des libertaires. Le principal argument contre ma candidature était celui-ci : Nous pourrons accepter Reisz comme secrétaire, mais lorsque l'unité socialiste sera faite. Où est en ce moment le Parti socialiste ? Il y en a deux : il y a d'un côté le comité général, et une autre organisation qui fait à côté sa petite besogne. — « Unifiez-vous d'abord, me disaient les camarades du syndicat, et nous pourrons marcher avec vous. » Il faut anéantir cet argument. Organisons rapidement le Parti, non pas en restant chacun dans nos positions, mais en réalisant l'unité franche et loyale.

Quant aux coopératives, nous sommes partisans de leur admission, à condition non seulement qu'elles acceptent le credo du Parti socialiste, mais qu'elles agissent vis-à-vis de leurs employés en socialistes, c'est-à-dire en ne leur donnant point en échange d'un long travail des salaires insuffisants, des salaires de famine.

Bagnol. — Reisz vient de donner une bonne raison. Quand les groupements politiques seront, en quelque sorte, les conducteurs de la coopérative, il faudra bien que les employés soient payés le prix normal, si on ne veut pas soulever de contestation.

Reisz. — Il faut prendre la question par tous ses côtés, grands et petits. Nous avons vu des fédérations, celle de Pantin, celle de Saint-Denis, qui, en période d'élections municipales, ne pouvaient avec leurs seuls éléments constituer des listes. Qu'arrivait-il ? Elles faisaient appel de préférence à des camarades syndiqués, de ceux qui avaient au moins quelques tendances socialistes. Eh bien, le jour où le Parti comptera dans son sein des éléments syndicaux, les recrues nécessaires pour constituer des listes au point de vue électoral ne manqueront plus. Vous aurez les éléments nécessaires et, en outre, vous aurez créé un stimulant des plus efficaces parmi les syndiqués.

Lignères. — Je vais poser deux ou trois objections en ce qui concerne les syndicats et les coopératives. La situation faite par le dernier congrès est-elle définitive ? Ce qu'un congrès a fait, un autre peut le défaire. Jusqu'au prochain congrès les syndicats et les coopératives, à présent admis, doivent rester et seront traités sur le même pied que n'importe quelle autre organisation socialiste. Tout à l'heure, Heppenheimer, à propos d'un syndicat, parlait de 75 pour 100 de ses membres, lesquels sont socialistes ; mais les 25 autres ?

Il ne peut y avoir de fédération spéciale des syndicats.

Je ne reviens pas sur ce point. Mais alors le syndicat dans
la fédération départementale est compris comme un groupe ;
il doit prendre part aux réunions plénières. Il arrivera
ceci : sur cent cinquante syndiqués, il y en aura cent qui
seront socialistes et cinquante qui ne le seront pas. Nous
verrons ces cinquante..........

Révelin. — Ils n'auront pas la carte d'adhérent.

Lignières. — Ce que disait Reisz a fait naître une objection. Si nous hésitons devant l'admission des syndicats, ce
n'est pas parce que nous considérons l'action syndicale
comme inférieure à l'action politique ; c'est l'action primor-
diale, c'est l'action la plus importante : l'action politique n'a
d'autre but que d'être un auxiliaire et de permettre aux
besoins économiques d'être satisfaits. Mais ce n'est pas la
question : vous devez admettre dans les syndicats tous les
membres des corporations qui désirent en faire partie, et,
si vous leur imposez d'être socialistes, vous écartez tous
ceux qui ne veulent pas faire de politique. C'est peut-être
regrettable ; car, dès qu'ils entrent dans les syndicats, par
leur action éminemment révolutionnaire, les syndiqués
deviennent socialistes sans le savoir. Ils prennent une conscience de classe, ce qui est le fond du socialisme. Ils savent
qu'ils appartiennent à une classe en lutte contre une autre
classe.

Je n'ai pas à vous apprendre que malheureusement le
prolétariat est un parti inconscient. Il n'y a pas de méthode
éducatrice supérieure à la méthode syndicale. Mais, dans le
Parti socialiste unifié, il ne peut entrer que des militants
déjà instruits. Puisque vous imposez une profession de foi,
puisque vous imposez l'acceptation d'un programme total,
vous supposez par là que le nouvel arrivant se rend compte
de la portée de ce programme.

Bagnol disait tout à l'heure que les coopératives, si elles
sont admises, pourront faire des congrès nationaux ; — mais
ça va de soi, du moment qu'elles n'auront pas de délégation
spéciale au comité général. C'est exactement ce que nous
demandons : la liberté du groupe, qui a le droit de s'organiser, s'il le veut, mais qui n'a pas le droit d'être représenté par des organisations dans le Parti socialiste.

Béguin. — Bagnol a dit ce que j'avais à dire, mais je
voudrais éclaircir un point : je voudrais savoir s'il y a un
camarade dans le comité général pour nier que les syndicats et les coopératives sont des auxiliaires indispensables
à la socialisation des moyens de production. Personne ne le

nie ; donc il s'agit de savoir maintenant si les coopératives
et les syndicats doivent entrer dans le Parti.

Briand a dit qu'on ne devait pas discuter cela ; mais je
crois qu'aujourd'hui ou demain la question reviendra ; il
vaudrait mieux, au contraire, la bien définir... Nous, socialistes-révolutionnaires, nous avons été, il y a dix ans, les
adversaires acharnés des coopératives. En disant cela, je
peux me réclamer de l'école possibiliste dont j'ai fait partie
pendant dix ans pour adhérer ensuite aux socialistes indépendants.

Aujourd'hui nous pensons que ce n'est pas surtout dans
leur intérêt que les coopératives doivent entrer dans le
Parti socialiste, mais plutôt dans l'intérêt du socialisme.

Les coopératives n'ont pas besoin du Parti socialiste pour
se développer. Vous savez qu'il y a des coopératives qui
possèdent des millions et qui ont sept ou huit mille sociétaires. Leur entrée dans le Parti socialiste ne peut rien
pour augmenter leur prospérité. Du reste, nous ne sommes
pas partisans, nous autres socialistes, de ces grandes sociétés qui ne sont que des sociétés bourgeoises. Et, si nous
demandons l'entrée des coopératives dans le Parti, c'est
pour les faire devenir toutes des coopératives socialistes.
Vous n'êtes pas sans savoir le travail qu'a déjà fait la
Bourse des coopératives pour amener ces institutions au
socialisme. C'est à force d'insistance, d'arguments de toutes
sortes que nous arrivons à les faire adhérer au Parti socialiste. Si vous leur fermez les portes, non seulement ce
sera un camouflet pour nous, mais vous détruirez le travail
des militants depuis des années.

Lignières disait tout à l'heure : « Dans les syndicats il y
a des membres socialistes et d'autres qui ne le sont pas ».
Dans les coopératives, c'est la même chose ; mais pourtant il
ne faut pas oublier que depuis notre voyage à Bruxelles, où
nous avons vu l'admirable organisation du Parti ouvrier
belge, nous avons entrevu un système d'organisation nouveau que nous nous efforçons d'appliquer dans les coopératives.

Ce que vous avez pu objecter dans le passé, vous ne
pourrez le dire dans l'avenir. Dans les coopératives créées
à Lyon sur des bases socialistes, ne peut accéder à la direction de la coopérative qu'un camarade faisant partie d'un
groupe politique, et syndiqué. Je dirai même que nous
sommes plus exigeants dans nos nouvelles coopératives que
dans nos groupes, parce que nous n'admettons pas qu'un

camarade soit seulement coopérateur, nous voulons qu'il soit syndiqué et qu'il soit militant dans un groupe socialiste. A ce propos, la Bourse des coopératives aura une proposition à vous faire dans quelque temps. Nous vous demanderons non seulement de ne pas écarter les syndicats et les coopératives du Parti socialiste, mais au contraire que vous exigiez dans chaque groupement, lorsqu'un camarade entre, qu'il montre sa carte de syndiqué. S'il n'est pas syndiqué, ce n'est qu'un quart de socialiste, et vous devez lui demander aussi sa carte de coopérateur.

Lignières. — Ce n'est pas une question de principe.

Béguin. — En Belgique, un socialiste est forcément coopérateur et syndiqué; on n'est pas l'un sans l'autre, et je ne crois pas que l'on puisse dire que nous avons fait mieux depuis 25 ans que le Parti ouvrier belge au point de vue du socialisme. Ce n'est pas encore le moment de faire cette proposition, mais je la formulerai plus tard. Si vous fermez la porte aux coopératives, à un moment donné il vous surgira des candidatures spéciales purement économiques, opposées à celles des politiciens. Il se formera en dehors du socialisme politique un Parti économique qui rendra l'unité impossible.

Poulain. — Nous n'avons pas à discuter si les coopératives et les syndicats doivent entrer dans le Parti, puisqu'ils y sont. Mais il y a un point qui mérite l'attention, c'est qu'on n'a pas à séparer la lutte politique de la lutte économique. L'argument dont on se sert pour dire que les syndicats ne doivent pas adhérer au Parti socialiste tourne contre ceux qui l'emploient, parce qu'on ne peut séparer ces deux choses. Ce qui a rebuté les syndicats, c'est le dégoût des luttes intestines entre les militants socialistes. C'est ce qui a tenu les syndicats à l'écart. Dans les Ardennes et partout ailleurs, il n'y a pas un syndicat qui ne reconnaisse la nécessité d'élargir son action.

Quant au système qui consisterait à former une fédération des syndicats et des coopératives pour les admettre en bloc dans le Parti, je le crois impraticable et même dangereux. Ce ne serait pas l'unité; ce serait constituer un autre parti dans le Parti.

Je ne crois pas qu'on puisse contester sérieusement que le meilleur système soit d'englober toutes les unités, politiques ou économiques, dans les fédérations départementales ou régionales. Il va de soi que nous voulons l'unité durable, et elle ne le sera qu'à cette condition.

On dit qu'il y a des divisions dans les syndicats. Eh! bon Dieu! c'est par notre faute! Quand le Parti socialiste apparaîtra unifié aux bons militants qui se sont confinés dans la lutte syndicale, quand toutes les fractions se seront fondues en une seule, le Parti n'ayant plus qu'une volonté et un cœur, les syndicats accourront à lui. Ils vous diront : « Ne craignez pas les dissensions dans notre milieu syndical ; nous nous chargeons de les faire cesser ».

Gabriel Bertrand. — Je suis de l'avis de Briand et de Poulain. La question ne devrait pas se poser. Les syndicats et les coopératives sont des éléments constitutifs du Parti et, s'il dépend d'un congrès futur de revenir sur la décision d'un précédent congrès, il ne dépend pas du Comité général de mettre en cause une décision prise par un congrès. Pour moi, les coopératives et les syndicats ne peuvent être exclus du Parti socialiste ; nous n'avons pas le droit d'envisager leur exclusion.

Pour le fond de la question, on n'a pas répondu à ce que De la Porte et Capjuzan ont opposé de plus sérieux. Les camarades très autorisés qui ont parlé au nom des syndicats ont dit que les raisons qui avaient découragé de nombreux syndiqués étaient les divisions du Parti socialiste. Je crois que la cause signalée par De la Porte et Capjuzan est plus profonde et plus sérieuse. Ils redoutent la division dans la classe ouvrière. C'est à propos de cette préoccupation que je voudrais répondre quelques mots. Je ne crois pas, dans l'état actuel de la France, qu'il puisse y avoir d'action ouvrière en dehors du Parti socialiste ; je ne crois pas qu'il puisse y avoir en dehors de nos principes socialistes une action syndicale profonde et pouvant aboutir à des réformes utiles au prolétariat. Quant à la forme d'admission des syndicats et des coopératives au Parti, je me range à l'avis de Willm, et j'estime que c'est à la fédération seule que le syndicat et la coopérative doivent adhérer.

Charles Longuet. — Aux arguments donnés par Bertrand j'ajouterai l'exemple de la classe ouvrière anglaise. Au début d'une organisation, il est concevable qu'on interdise à un syndicat non-seulement d'adhérer à un Parti, mais même de traiter aucune question qui peut diviser les membres du syndicat : questions religieuses, politiques, etc. Vous savez que cela a figuré longtemps dans les statuts des trade-unions. La classe ouvrière anglaise y a gagné, puisque pendant quarante ans elle s'est organisée.

Notre situation serait normale si nous avions évolué

comme nous aurions dû le faire : il aurait fallu appuyer toutes les propositions qui tendaient à laisser le mouvement politique d'un côté et le mouvement syndical de l'autre. Quand certains de nos amis disaient que c'était un mouvement conservateur, — c'est l'argument présenté par Guesde et Lafargue il y a quinze ans, — moi je défendais la méthode d'évolution anglaise. Nous n'allons pas revenir en arrière et attendre que nous soyons arrivés au point où sont les Anglais.

Je crois qu'aujourd'hui il n'est pas possible qu'en dehors des syndicats adhérents au Parti socialiste, il puisse se faire, comme on l'a tenté il y a une vingtaine d'années, un autre mouvement syndical. Il n'y a plus de place pour Barberet. Certains camarades restent réfractaires sous prétexte que nous ne sommes pas unis ? — unissons-nous ; d'autres, sous prétexte qu'ils ne sont pas pour la conquête des pouvoirs politiques ; ceux-là diront qu'ils sont libertaires. Ils resteront membres des syndicats dont ils gêneront à chaque instant la marche ; mais vous les aurez rendus à peu près impuissants quand vous aurez fait entrer les syndicats dans les organisations socialistes. Quant à ceux qui sont de bonne foi, — j'ai vu des éléments ouvriers qui appartiennent à des régions modérées, la Basse-Normandie, par exemple, — je pense qu'ils sont prêts à marcher. Quand vous aurez pénétré les syndicats de l'idée simple de la lutte de classe, alors, comme M. Jourdain faisait de la prose sans le savoir, ils feront la révolution sans le savoir. Il faut leur montrer qu'il y a identité entre la lutte qu'ils mènent dans les syndicats et celle que mènent les politiciens socialistes.

Révelin. — Je voudrais simplement vous donner quelques renseignements statistiques sur le nombre des syndicats qui ont adhéré au dernier congrès. Je rappelle qu'au moment où le comité d'entente s'est occupé de la question des syndicats, on a admis l'adhésion par l'intermédiaire d'une organisation et l'adhésion directe au Parti. Il y avait au dernier congrès national 555 syndicats adhérents au Parti socialiste, savoir : fédérations autonomes, 125 ; F. S. R., 46 ; F. T. S., 21 ; P. O. S. R., 14 ; P. O. F., 106 ; P. S. R., 39. Total 351 syndicats. En face de ces 351 syndicats, il y avait environ 204 syndicats qui adhéraient directement au Parti.

Si nous modifions légèrement la forme de l'adhésion, nous ne choquerons pas les camarades qui l'accepteront. J'ajoute qu'ils conserveront leur faculté d'adhérer à un congrès purement corporatif, et tous leurs scrupules seront satisfaits.

La neutralité des syndicats est affirmée comme principe dans un pays où il y a pour cela des raisons profondes d'oppositions et de différences religieuses, où il y a des catholiques qu'il faut incorporer : c'est en Allemagne. Mais en France, s'il y a quelques syndicats qui sont au-dessous du mouvement socialiste, ils ne viendront pas au parti. Quant à ceux qui croient aller au-delà, je pense que c'est de leur part une illusion.

De la Porte. — J'avais pensé qu'on essaierait de réfuter les arguments théoriques que j'ai présentés. Or, je prie tous les orateurs de relire leurs discours ; ils s'apercevront, sauf Bertrand, que leurs arguments ne s'appliquent qu'à l'admission des syndiqués et non pas des syndicats. La principale réflexion que j'avais présentée est celle-ci : que vous créez une division dans le syndicat. Or, ceci n'a été nié par personne, et même certains camarades sont venus dire que cette division existe déjà : Heppenheimer nous disait qu'il n'y a, dans un syndicat des facteurs de pianos, que 75 0/0 de socialistes....

Heppenheimer. — C'était une hypothèse...

H. De la Porte. — Si ce n'est là qu'une hypothèse je pourrais citer d'autres exemples qui sont très réels. Pour Angers, par exemple, c'est certain, il y a eu division dans les syndicats. On a tellement peu nié ce morcellement, qu'un camarade est venu nous dire : Je suis partisan de l'admission des syndicats, mais on ne donnera les cartes qu'individuellement, — de sorte que vous retournez à l'adhésion individuelle. Il y a une grande différence. Je ne suis pas opposé à l'admission des syndiqués dans le Parti. On a cru que je disais que les syndiqués étaient modérés. Ce n'est pas cela du tout ; le militant syndiqué est révolutionnaire par essence même ; il prépare la Révolution ; il peut, d'ailleurs, la préparer comme M. Jourdain, suivant l'expression de Longuet, faisait de la prose sans le savoir.

On a discuté principalement la fédération nationale des syndicats socialistes de France et on nous a dit qu'il était impossible d'admettre cette fédération socialiste des syndicats ; je suis de cet avis, mais vous ne la repoussez que par crainte de la division....

Allemane. — C'est pour ne pas faire un antagonisme.

De la Porte. — ...Entre la fédération socialiste et la confédération générale du travail.

Allemane. — Il y a les congrès, voyons, dont il faut respecter les décisions.

De la Porte. — Si vous admettez les syndicats, je reprends mon argument. La plupart refuseront d'entrer dans le Parti, non par timidité, mais parce qu'ils ne voudront pas créer la division.

Allemane. — Ils peuvent mieux apprécier cela que nous.

De la Porte. — Je crois que nous devons essayer de faire entrer les syndicats dans un organisme économique unique tel que la confédération du travail, et qu'il ne faut les faire adhérer qu'à cet organisme.

Jouandanne. — J'admets l'existence des syndicats dans le Parti : c'est un fait accompli et je crois difficile de les mettre à la porte. Sur le second point : comment doivent-ils entrer dans le Parti ? Par le système unique qui me semble être dans l'esprit général de la fédération départementale.

Mais il se pose une question : supposez un syndicat composé en partie de socialistes et en partie de radicaux et de réactionnaires. Vous n'admettez en principe un groupe que parce qu'il est socialiste révolutionnaire ; j'estime que cette même exigence, vous devez la demander aux syndicats et aux coopératives... C'est entendu. Nous avons dit qu'ils doivent entrer dans la filière de la fédération. Mais il est entendu aussi que, lorsqu'un syndicat vient demander son adhésion, il faut qu'elle soit votée à l'unanimité. *(Protestations)*. Vous ne pouvez créer deux lois dans le Parti ; vous n'admettez pas, pour un groupe de 50 membres, que 45 votent l'adhésion et que 5 votent contre. C'est une motion que nous avons votée dans notre fédération ; il faut l'unanimité !

Bagnol. — Supposez que dans un groupement syndical il y ait une vingtaine de camarades très bons socialistes, mais pas partisans de l'adhésion ; ils voteront contre.

Allemane. — Et l'autonomie du groupe, qu'en faites-vous ?

Renaudel. — J'avais prévu que cette question serait un des points importants soulevés dès le début de la discussion du projet, et j'ai pris soin de consulter la fédération que je représente. Son avis est que l'admission des syndicats — et je me sépare ici de mes camarades du P. S. R. — est possible dans le Parti socialiste sous cette première réserve que cette adhésion sera facultative.

D'autre part, je trouve que si vous admettez les syndicats

dans le Parti, il faut leur donner une valeur représentative différente de celle des groupes ; ceci pour la raison qu'il y a des individus à la fois syndiqués et membres des groupes politiques. Ils ont donc une représentation double et même triple, s'ils appartiennent aussi à une coopérative. Il y a là une difficulté ; je ne dis pas que c'est une raison pour ne pas admettre les syndicats je dis qu'il faut trouver un moyen d'éluder la difficulté.

D'autre part, j'estime, si l'on doit prendre des résolutions dans la fédération départementale, que, lorsque vous agitez la masse syndicale, vous pouvez obtenir une majorité énorme qui balancera d'une façon complète l'action des groupes politiques. C'est encore une chose à laquelle il faut songer. Pour ce qui est de l'action syndicale, elle doit être tenue parfaitement à l'écart des questions électorales. Voilà trois points sur lesquels il sera absolument nécessaire que le projet soit précis.

Jean Longuet. — Deux petites observations. Je trouve qu'Allemane a apporté l'argument le plus fort en faveur de l'admission des syndicats lorsqu'il a montré qu'on allait amputer le Parti socialiste, si on le prive de sa base économique. On a beau dire, on manque alors au principe qu'on a posé d'abord : organisation du prolétariat en parti politique et économique de classe. Où sera l'organisation économique lorsqu'on visera uniquement à l'organisation politique ? Et inversement. L'action n'est plus politique et économique. Le grand obstacle est de prendre pour unité les membres de groupe, parce que vous avez des groupes qui comptent des milliers de membres. Mais lorsque vous prenez les groupes pour seule unité, la question ne se pose plus.

Enfin il est intéressant d'observer ce qui se passe dans deux pays où le Parti socialiste est très fort : on en a parlé pour les coopératives, j'en parlerai pour les syndicats. En Belgique, tous les organismes sont compris dans le Parti ouvrier qui enferme ainsi tous les éléments de la classe ouvrière et n'est plus réduit à l'élément politicien seul.

Il y a un autre argument qui consiste à ne pas faire du Parti socialiste uniquement un parti électoral. Chez les socialistes français, il y a un grand danger : la tendance à ne faire que la cuisine électorale ; on risque de l'accentuer. Je sais que souvent en formant des groupes et des coopératives on fait bien plus de socialisme que par des groupements politiques purs qui ne sont pas toujours socialistes.

Si nous jetons les yeux sur un autre pays, le Danemark, nous voyons que la proportion des syndiqués y est plus forte qu'en Angleterre ; tous les syndicats sont adhérents au Parti ouvrier danois. Voilà des pays où l'organisation syndicale n'a pas été gênée par l'adhésion politique. En Allemagne les syndicats ne sont pas adhérents au Parti, mais c'est parce qu'il y a des raisons politiques. La loi l'interdit, mais les mouvements se confondent ; ce sont les mêmes militants. Si vous arrivez à cette organisation, le résultat sera atteint sans adhésion directe des syndicats du Parti. C'est une question à envisager.

La séance est levée à onze heures quarante.

SÉANCE DU 30 NOVEMBRE 1900

Présidence du citoyen **Dubreuilh,** *délégué du Parti*
socialiste-révolutionnaire

Présents (personnellement ou par leurs suppléants) :
Bégnin, Bertrand, Blum, Briand, Brunellière, Camélinat,
Clauzel, Dejeante, H. de la Porte, Dubreuilh, Favrais,
Fauga, Fribourg, Gérault-Richard, Imbert, Joindy, Laudrin,
Lenormand, Létang, Lévy, Lignières, Ch. Longuet, Paul
Louis, Orry, Patay, Picau, Pouard, Poulain, Puges, Renau-
del, Reisz, Révelin, Ser, Stern-Maydieu, Tanger, Toussaint,
Willm.

Excusés : Donier, Jaurès, Krauss, Lepage, Marchand,
Parassols, Salembier, Semanaz.

Absents : Bagnol, Bourderon, Carnaud, Chaucheprat,
Martinet, Richard.

Révelin. — Vous connaissez la question qui est à l'ordre
du jour. Nous prévoyons qu'il y a un délégué de droit
par fédération, et, si la fédération comprend plusieurs
départements, un délégué par département ; puis, un délégué par 20 groupes ou fraction de 20 groupes et un délégué
par 5.000 suffrages ou fraction de 5.000 suffrages ; d'autre
part, l'élection a lieu aux fédérations avec représentation
proportionnelle de la minorité. Vous vous rappelez que,
dans le projet du P. S. R. et du P. O. F., il y a une représentation par nombre d'adhérents.

Lignières. — C'est la représentation proportionnelle que
nous discutons.

Révelin. — Alors, je demande que nous n'engagions
cette discussion qu'à propos de la représentation au congrès.
Comme il y a déjà plus de 40 fédérations constituées, vous
avez 40 délégués, et, comme il faut majorer de 2, 3, 4, 5 pour
les vastes fédérations telles que celles du Nord, de la Seine,
de la Bretagne, je propose que, si on parle de la représentation proportionnelle, ce soit pour la représentation au
congrès.

Mais, au comité général, qui aura une commission administrative se divisant en sous-commissions, le nombre des délégués ne peut être aussi grand qu'au congrès ; il faut donc que les fédérations se mettent d'accord pour se contenter d'un délégué. En tout cas, nous pouvons discuter séparément ces deux questions.

En ce qui concerne la représentation basée sur le nombre d'adhérents, il faut s'assurer que ces adhérents sont véritablement inscrits, ce qui exige un travail long et difficile : c'est un système qu'on ne peut appliquer que dans les partis déjà unifiés. Même en Allemagne où le Parti est unifié, ce système ne fonctionne pas : là où on a essayé de le faire fonctionner, il s'est élevé de vives discussions. Ce n'est pas qu'il y ait lieu de l'écarter définitivement ; mais c'est une mesure à prendre pour l'avenir, quand le futur comité général aura distribué les cartes d'adhérents.

Lignières. — Je voudrais qu'on engageât la discussion sur la représentation proportionnelle; autrement nous entrons dans la discussion des articles.

Je ne m'occuperai que de la question des groupes opposée à la question des adhérents. Il nous a semblé que le nombre des cotisants n'est pas un élément à beaucoup près aussi sérieux que le nombre des groupes. Jaurès avait remarqué que dans les campagnes, qui ne sont pas encore socialistes, un petit groupe composé de quelques personnes a une valeur plus grande que ne l'indiquerait le nombre d'adhérents.

D'autre part, il y aurait un grand désavantage, pour le P. S. R. notamment, à accepter comme base le nombre de cotisants. Dans nos fédérations du centre, beaucoup de nos bons militants n'ont pas l'habitude de cotiser. Bien que je sois partisan, en principe, que tout militant socialiste soit cotisant, je crois qu'on ne peut exclure d'un coup les militants qui ont fait depuis longtemps preuve d'énergie. Si nous fixons une cotisation, il faudra qu'elle soit minime. Mais alors une personnalité un peu riche pourrait à peu de frais majorer le nombre des cotisants. La base des 20 groupes rend la fraude plus malaisée à accomplir.

Landrin. — Je ne suis pas de l'avis de Lignières. Les raisons qu'il a données ont une valeur, puisqu'elles ont entraîné l'opinion de la commission. Je crois qu'il y a une base beaucoup plus sérieuse. L'action, c'est beaucoup, certes, mais, comme il est impossible de rien faire sans argent, il faut habituer les membres des groupes à cotiser.

Lignières disait avec raison que dans notre Parti nous avons des fédérations, celle du Cher, par exemple, où les cotisations sont nulles. Eh bien, c'est contre cela que nous voudrions réagir. Il est des groupes qui ne verseront pas facilement, mais ce n'est pas là une difficulté insurmontable. On peut fixer une cotisation mensuelle tellement minime qu'il n'y aura pas de militant qui ne puisse la verser. Et si un adhérent se trouve dans l'impossibilité absolue de la payer, comme elle sera minime, il y aura toujours des camarades qui la paieront pour lui. Nous saurons alors de combien de membres est constitué le Parti socialiste français.

La fraude dont on a parlé ne peut avoir lieu que très rarement, presque jamais, étant donné que les groupes se contrôlent les uns les autres. Le système que je préconise combat l'émiettement des groupes. La représentation par nombre de groupes fera naître la tendance à les augmenter, c'est logique. Au lieu d'avoir un groupe de 50 membres, on en aura 2, 3, 4, 5, afin d'obtenir un délégué de plus. Il n'y a pas de système parfait, mais il faut chercher le meilleur, et c'est un grave danger que l'émiettement des groupes. Qu'on fasse des comités de quartiers dans les grandes villes, c'est très juste, mais il ne faut pas exagérer dans ce sens et faire des groupes qui perdent toute force, parce qu'en se multipliant ils deviennent trop faibles. Pour le contrôle, ce sont les fédérations elles-mêmes qui l'exercent. Supposez que, dans une fédération, un ou plusieurs citoyens prennent une certaine quantité de cartes pour majorer le nombre des membres ; cela se saurait immédiatement. Je ne suis pas d'avis que l'on aille voir de trop près ce qui se passe dans les groupes. Je pense cependant que le Parti a un droit de contrôle, qu'il devra exercer, même dans la fédération, ainsi que le prévoit le projet de la commission. Je ne veux pas dire qu'il y aura des groupes fictifs, mais il y en aura composés de trois personnes : le président, le secrétaire et le trésorier. Si vous dites : il faudra qu'il y ait tant de membres, ne faudra-t-il pas un contrôle pour le vérifier ? Imposons la cotisation ; nous habituerons les militants à la payer. En Angleterre, la cotisation tombe avec régularité ; pour l'Allemagne, je n'affirme rien, mais je sais qu'en Belgique elle est aussi payée régulièrement. Il nous faut en France arriver au même résultat. Croyez-vous qu'un militant qui rend des services se laissera mettre hors du Parti pour le défaut de paiement d'une cotisation de 5 ou 10 centimes ? Je ne le crois pas.

Quant à la représentation proportionnelle, nous y reviendrons lorsqu'il sera question du comité général. Si on admet que le comité général doit être composé d'un délégué par fédération, cela va tout seul; si, au contraire, il est dans son entier nommé par le congrès, il sera bon d'établir la représentation proportionnelle.

Révelin. — Nous sommes au troisième jour et nous n'avons pas terminé la discussion générale. Je crois que nous serons tous d'accord pour abréger les discours autant que possible.

Clauzel. — Vous avez remarqué, camarades, que les représentants de la F. S. R. s'abstenaient à peu près habituellement de prendre la parole au comité général. Ce n'est pas surtout parce que, l'un d'eux étant secrétaire du comité général, un autre étant rapporteur de la commission d'organisation, ils trouvent que ce qu'ils auraient à dire est fort bien dit par ce secrétaire et ce rapporteur. Ce n'est pas non plus parce qu'il ne leur est pas venu des arguments à opposer à ceux qui sont présentés. C'est parce que, se préoccupant d'une manière générale de ce que vient de rappeler Révelin à l'instant, à savoir que nous avons à délibérer sur un sujet pressant, il nous paraît bon de n'intervenir que quand il y a urgence. Quant à moi, c'est la première fois que je prends la parole.

Je voudrais cependant vous rappeler qu'hier, lorsque le citoyen Longuet a demandé qu'il fût accordé aux orateurs la liberté de rattacher quelques questions générales les unes aux autres et de déborder un peu, en traitant une question déterminée, sur telle autre ayant avec elle des liens étroits, il n'a pas essuyé de refus. C'est à ce point de vue que je me place pour exprimer le regret que le premier sujet en discussion n'ait pas été l'approbation à donner au préambule de la déclaration préliminaire du projet de notre commission; et je vous demande la permission de faire là-dessus deux ou trois courtes observations.

Lorsque Révelin lut cette déclaration introductive, j'y remarquai deux expressions qui furent remplacées par d'autres. Il avait parlé des profits de la coopérative; le mot sonnait mal; il l'a remplacé par le mot « trop perçu ».

J'avais fait remarquer ensuite à nos camarades que l'expression, un peu consacrée cependant, d' « épine dorsale du Parti socialiste » pour désigner une partie même centrale, même prépondérante, ne répondait à rien d'exact, et dans le libellé définitif nous voyons cette expression remplacée par une autre : « système vertébral. » Elle est peut-être un peu plus exacte, mais je ne l'aurais pas conseillée, parce qu'elle a le défaut très grave de manquer de clarté et d'être empruntée à celle des sciences qui est la moins familière au commun de nos camarades, l'anatomie philosophique.

Révelin. — J'avais tenu à employer un mot de Kautsky.

Clauzel. — L'expression employée par Révelin peut être qualifiée de particulièrement vénérable et même de traditionnelle : elle est couramment employée par quelques-uns de nos maîtres allemands et aussi par notre éminent camarade Jules Guesde. Mais ce n'est pas pour ce motif que je la critique.

J'aurais reproché aussi à ce préambule de ne pas répondre à la gravité de la matière pour laquelle il est établi et de ne pas présenter une argumentation doctrinale et historique assez ample. Je n'y trouve, en effet, que l'affirmation de la nécessité de l'unité, mais je n'y trouve pas d'argumentation précise en faveur de ces grandes nouveautés qu'apporte le projet et qui déjà ont rallié une majorité bien évidente : la constitution de l'unité du Parti par des fédérations autonomes, le droit établi à la représentation proportionnelle, le droit confirmé aux syndicats et aux coopératives d'appartenir au Parti socialiste. Et, puisque nous devons parler en toute liberté, il me semble qu'à ce point de vue, ampleur des vues, gravité des pensées préliminaires à la discussion d'une sorte de charte législative, le document qui portait la signature du P.S.R. et du P.O.F. me paraissait avoir un peu plus d'allure doctrinale et dialectique.

Révelin. — C'est une opinion contestable, à mon avis. Si nous voulons discuter les théories affirmées dans ce projet et dans le nôtre, nous les discuterons. Je soutiens, moi, que ce projet n'a pas plus de valeur théorique que le nôtre.

Clauzel. — Je ferai remarquer à notre camarade Révelin que je l'ai toujours écouté avec une attention amicale et fraternelle, quasi religieuse. Il doit le savoir, et tous ceux qui m'ont une fois ou l'autre entendu parler de notre rapporteur, le savent aussi : personne ne le croit plus que moi capable de faire une introduction à une délibération comme la nôtre, parfaitement autorisé et tout à fait à la hauteur de sa tâche. Mais enfin, je trouve quelques imperfections à son préambule de notre projet.

Pour la question de l'autonomie des groupes, nous en sommes partisans ; nous vous demanderons dans la discus-

sion des articles de préciser définitivement de combien
d'unités doit se composer le groupe socialiste pour avoir le
droit de porter ce nom. Notre camarade Pasquier nous a
souvent avertis qu'il y avait une jurisprudence constante de
l'ancien comité en vertu de laquelle on ne considérait comme
groupe socialiste que des groupes qui comptaient 15 membres. Nous tâcherons de la transformer en un texte définitif.

Orry. — Cette jurisprudence n'a pas été suivie.

Clauzel. — Nous aurions aussi quelques observations à
faire au sujet du droit que nous considérons comme définitivement établi pour les coopératives et les syndicats socialistes de faire partie de nos organisations. Mais c'est une
question qui a été déclarée épuisée hier, et nous n'y revenons pas.

Aujourd'hui, nous voulons dire quelques mots de la représentation proportionnelle. Nous vous demandons, camarades, d'envisager cette question comme tout à fait délicate. Je regrette que Jaurès ne soit point là, parce que je
vais le contredire.

On reprochait au projet du P. O. F. et du P. S. R.
d'avoir abandonné la formule de la représentation proportionnelle. Je me suis demandé pourquoi il avaient abandonné cette formule. Je n'en ai causé avec aucun d'entre
eux. L'idée m'est venue qu'ils l'avaient abandonnée parce
qu'elle leur était apparue comme difficile à pratiquer et
comme dangereuse.

La représentation proportionnelle, je la comprends très
bien dans l'organisation d'une Chambre des députés comme
celle de Belgique. Il y a dans ce pays trois grandes formules autour desquelles peut se faire la stratification de
parties bien distinctes. Nous devons mettre au premier
rang des préoccupations législatives des habitants de la
Belgique l'intérêt confessionnel ; c'est autour de cette formule que se rassemble le parti catholique ; c'est autour de
la formule de la libre-pensée que se fait la juxtaposition
des divers éléments du parti libéral. Enfin, il y a la formule autour de laquelle se range notre Parti socialiste.

Mais, pour nous, socialistes français qui allons réaliser
l'unité, trouvons-nous qu'il y ait au sein de notre parti de
ces formules de caractère que j'appellerais éternel ou tout
au moins de longue durée, autour desquels puissent se
faire une majorité et une minorité constitutionnelles. Je
n'en trouve pas. Du moment que nous nous sommes entendus sur cette formule que notre commission a mise à la

base de notre projet, d'où vient que l'on paraît reconnaître que, mécaniquement, nécessairement puissent se former une majorité et une minorité ?

On a prétendu quelquefois que nous sommes divisés par les opinions que nous professons sur la question ministérielle et antiministérielle, la loi sur les accidents, et la loi récente sur l'organisation du travail. Mais, quand même nos divisions sur ces points seraient assez profondes, elles ne sont pas durables, car la question ministérielle ne peut nous préoccuper au-delà d'un certain nombre de mois, et de même la question de l'application de la loi sur les accidents, ainsi que la nouvelle loi sur l'organisation du travail : tout cela est passager ; ce n'est pas organique, définitif, vital dans l'organisation du Parti socialiste.

Je ne trouve donc pas de formule importante de laquelle nous puissions déduire, dans un projet constitutif de l'unité de notre Parti, la formation durable d'une majorité et d'une minorité dans notre Parti.

D'autre part, comme Révelin a été amené à vous le dire tout à l'heure, dans les départements, prochainement, nous allons avoir un peu partout à nommer au moins un délégué. Que deviendra alors la représentation proportionnelle ? Dès que votre projet d'unification tendra à devenir une réalité, vous serez dans l'impossibilité d'appliquer cette représentation proportionnelle. Alors, élargissant votre projet pour l'adapter aux nécessités des circonstances, vous serez obligés d'accorder deux délégués, un pour la majorité, un autre pour la minorité ; mais ce n'est plus la représentation proportionnelle, c'est l'égalité faite entre la minorité et la majorité. Vous êtes amenés alors par la force des choses à admettre au moins trois délégués, et, comme ces trois délégués ensemble auront droit à un suppléant, vous mettez chacune des fédérations départementales dans la nécessité de nommer quatre délégués. Comme nous aurons, je l'espère, prochainement, 50, 60, même 80 fédérations départementales, vous voyez à quel organisme monstrueux, impossible à se mouvoir, vous aboutissez par la consécration définitive et absolue de ce système.

J'attire sur ce point l'attention de la commission. Non seulement la représentation proportionnelle est difficile à organiser, mais elle est dangereuse. Imaginez que la fédération est réunie dans le chef-lieu qu'elle s'est choisi ; car elle peut très bien ne pas se choisir le chef-lieu administratif lui-même. Voilà, par exemple, 100 délégués, qui vont choisir les membres de leur conseil fédéral en se conformant au principe de la représentation proportionnelle, ainsi que cela est indiqué dans le projet. Si on n'a entouré d'aucune garantie le fonctionnement de la représentation proportionnelle, trois ou quatre groupes déterminés à faire de l'obstruction pourront tenir en échec la délibération tout entière, et infirmer d'avance l'importance et la portée de telle ou telle élection. J'appelle l'attention de la commission sur ce point et je demande que, tout en maintenant le principe de la représentation proportionnelle, on veuille bien en entourer le fonctionnement d'un certain nombre de garanties sans lesquelles ce fonctionnement serait difficile, et même, à mon humble avis, tout à fait dangereux.

Lignières. — Je voudrais répondre un mot à Landrin au sujet de la représentation basée sur le nombre de groupes. Nous ne sommes pas en désaccord. J'estime, comme Landrin, que tout socialiste doit cotiser, mais j'estime aussi que le prochain congrès ne peut tout régler du premier coup. Le prochain congrès sera encore un congrès des organisations et il n'aura pas toute l'autorité et l'expérience dont jouira le congrès suivant. J'ai toujours été préoccupé par la pensée que dans la première année il ne devait pas y avoir de difficulté entre les nouveaux errements et les anciennes traditions, de telle façon que le tassement puisse se produire. Lorsque le congrès de 1902 se tiendra, il se trouvera en présence de questions qui n'auront été tranchées que provisoirement par le congrès précédent.

En ce qui concerne la représentation proportionnelle dont parlait Clauzel, il est certain que le fonctionnement n'en est pas facile, mais c'est une conséquence du principe de l'autonomie du groupe ; c'est une garantie de liberté. Si actuellement un militant se trompe en s'adressant à une organisation, il faut qu'il ait toujours le droit de se ressaisir et d'aller ailleurs avec d'autres camarades qui ont ses sympathies : il en résulte qu'une organisation nationale peut exiger de ses membres une discipline qu'elle n'exige d'ailleurs pas dans la plupart des cas. Il faut donner le plus de garantie possible à la liberté individuelle. L'autonomie du groupe, c'est l'autonomie de l'individu en quelque sorte. Il en est de même de la représentation proportionnelle. Consacrons-en d'abord le principe. Établissons le moyen d'empêcher que, dans les fédérations où de grands courants d'opinion se trouveront en présence, une minorité presque égale à la majorité puisse être étranglée. Le camarade Clauzel vous disait que les questions qui nous divisent sont momentanées ; mais à ces questions momentanées en succéderont d'autres également momentanées.

J'ai cité à la commission l'exemple de la grève générale. Les uns veulent faire prédominer cette question sur toutes les autres, alors que beaucoup d'autres la considèrent ou comme secondaire ou comme un leurre. Si, dans une fédération de 24 groupes, 13 la considèrent comme une chose possible et 11 comme une utopie, sera-t-il juste d'étouffer l'opinion de ces onze groupes ? Il me semble que le principe de la représentation proportionnelle est une garantie pour la solidité de l'unité. .

D'autre part, les députés socialistes avaient dans leur programme inscrit la représentation proportionnelle qui, dans tous les cas, est un idéal. La représentation exclusive de la majorité ne correspond pas du tout au besoin de notre conscience. Nous devons tenir compte de l'opinion de minorités suffisamment nombreuses.

Dans un article de notre projet, nous avions admis que les fédérations pourraient se grouper régionalement, afin que le principe de la proportionnalité fût respecté sans créer le péril de la formation d'un comité général trop nombreux. C'est là chose difficile, me direz-vous ; cela est pourtant un fait réel. Est-ce que la fédération de Bretagne ne comprend pas plusieurs départements ? Est-ce que vous-mêmes, d'autre part, vous n'avez pas fixé un nombre de groupes par fédération ? Il s'ensuit donc que ces départements qui n'auront pas ce nombre de groupes seront obligés de s'entendre avec les départements voisins pour constituer une fédération. Donc, la proportionnalité seule du nombre vous fait une loi de ce groupement régional. Si vous respectez la proportionnalité des opinions, il est impossible que vous ne respectiez pas la proportionnalité du nombre.

Lambert. — Lignières a dit ce que je voulais dire. Le principe des cotisations individuelles comme base de représentation n'a-t-il pas pour conséquence de diminuer l'importance de groupements qui, par suite de leur situation dans un milieu réactionnaire, n'auraient qu'un faible nombre d'adhérents, mais qui n'en seraient pas moins des organisations vaillantes, précieuses, nécessaires ?

Capjuzan. — La représentation par groupe me paraît être une prime à une multiplication exagérée. En ce qui vise l'unification des groupes dans les arrondissements et les quartiers, des camarades étaient d'avis que dans un quartier il n'y eût qu'un groupe condensant tous les autres. Par la proposition qui établit comme base de représentation le nombre des adhérents, des cotisants, vous favorisez l'unification des groupes. On a dit qu'il n'était pas possible de faire cotiser les socialistes. Eh bien, il faut y arriver ; qu'on fixe une cotisation aussi minime que possible, mais je crois qu'il est indispensable de créer ainsi le moyen d'attacher plus solidement les militants à l'organisation socialiste.

Renaudel. — Landrin vous a apporté une opinion, Lignières une autre, et moi je vous en apporte une troisième, mais pour concilier les deux premières au point de vue de la représentation : ce sont les groupements qui doivent intervenir en vertu du principe de l'autonomie qui implique la souveraineté. Il n'est pas possible, comme le disait Lignières, d'admettre qu'un groupe qui contient 200 membres représente des forces égales à dix groupes de vingt membres. Il faut nous en tenir au principe des adhérents et en versant une cotisation ; cela est important. Quant aux coopératives, en France, elles n'ont donné qu'un maigre résultat, il nous faut pourtant chercher de l'argent pour notre propagande. Nous n'en trouverons que par la cotisation des adhérents. Landrin a fort bien dit que la cotisation est le premier devoir du militant. Il y a un moyen de faire que le groupe puisse donner une représentation sérieuse, c'est de fixer un minimum d'adhérents, et de cette façon il n'y a plus à nous inquiéter le moins du monde de la représentation fictive, cela concilie les deux systèmes. Pour ce qui est de la représentation proportionnelle, j'en suis partisan. Je pense que l'on doit, pour les délégations, appliquer le système de l'autonomie du groupe, et, pour la perception des cotisations, celui des indemnités.

Jean Longuet. — La première fois que le projet est venu devant le comité général, j'ai été seul, si je ne me trompe, avec De la Porte, à émettre des doutes sur la représentation par groupes. J'avais dit que c'était une prime à la division et à la multiplicité des groupes. Landrin avait répondu qu'on devait tenir compte de l'énergie et du dévouement déployés par les petits groupes. Aujourd'hui, au contraire, un certain nombre de camarades qui étaient partisans de la représentation par groupes soutiennent la représentation par nombre d'adhérents. Je ne crois pas que la représentation par adhérents, dans l'état actuel des choses, soit un remède à la fraude qui, à mon sens, deviendrait ainsi plus fréquenté et plus facile. Révelin a bien montré que ce serait plus tard sans doute le régime normal ; mais, à l'heure actuelle, cela me paraît assez dangereux.

Quant au contrôle dont parlait Landrin, il me semble plus aisé à exercer sur l'existence des groupes que sur le nombre d'adhérents. Actuellement, la représentation par groupes, que je considère comme provisoire, est le meilleur système.

Quant à la représentation des fédérations au comité général, la proportionnalité est nécessaire. On ne peut admettre qu'une fédération puissante ait le même nombre de délégués qu'une autre qui ne contient que 10 groupes. Il ne peut y avoir de discussion sur ce point.

Jouandanne. — Dans les idées contraires qui viennent de se manifester, on semble s'écarter du véritable terrain de discussion, l'organisation du Parti sur des bases fédéralistes et révolutionnaires. Le groupe est la base de représentation d'un congrès départemental et la fédération celle du congrès national. Le seul fait d'amener les groupes dans le congrès national vous fait sortir du système fédéraliste.

Quant à la représentation proportionnelle, elle est tout indiquée : appliquez le système du suffrage universel.

Il faut prendre comme base de représentation le nombre de membres cotisants. En dehors de ce principe, vous ne pouvez soutenir que vous avez devant vous des socialistes organisés ; quant à la limitation du nombre des membres des groupes, ne perdez pas de vue qu'en la décrétant vous créez un danger considérable pour le Parti unifié. Ce danger, vous le verriez nettement si vous étiez aux prises avec les difficultés que présente l'organisation de la propagande en province, dans un petit pays de Seine-et-Oise, par exemple, où il y a de petits villages de 1.000 habitants à moitié sauvages. Vous verriez que l'on a du mal, beaucoup de mal à recruter des camarades, et, quand on a la chance d'en trouver trois, on a de quoi organiser des conférences. Pourquoi les rejeter hors du Parti, à cause de leur nombre infime ? Vous n'en avez pas le droit.

Lagardelle. — Deux observations de fait : d'abord, sur la question des cotisations individuelles, ensuite sur la représentation proportionnelle. Je crois qu'on a donné à la cotisation individuelle une force qu'elle n'a nulle part. On a invoqué la puissance pécuniaire des organisations anglaises, qui sont uniquement des organisations professionnelles d'ouvriers qualifiés, une aristocratie du travail composée des gens qui appartiennent aux catégories élevées de la classe ouvrière, et peuvent prélever facilement sur leur salaire quotidien une somme déterminée. L'exemple est mal choisi.

On a parlé ensuite de la Belgique, et on a fait allusion à l'Allemagne. Les cotisations ne donnent pas, en Belgique, elles ne donnent pas, en Allemagne; elles ne donnent nulle part qu'en Autriche. Comment se fait-il qu'il y ait là cependant des forces pécuniaires énormes ? C'est que ces forces viennent d'institutions économiques du Parti organisées à côté des groupements politiques. En Belgique, ce sont les coopératives qui donnent l'argent pour les journaux : en Allemagne, ce sont les journaux qui, par les bénéfices qu'ils réalisent, permettent de rémunérer tous les employés du Parti. En Danemark, ce sont les syndicats qui ont permis aux journaux, qui sont au nombre de 7 ou 8, d'exister. En Autriche, c'est simplement la force syndicale qui agit : le Parti arrive à réunir des sommes dérisoires comme total de cotisations. La cotisation est tout à fait flottante.

Vous me permettrez de rappeler un mot d'un socialiste allemand, Engels, qui comparait le mouvement socialiste au mouvement catholique primitif et qui disait : « Si on compare les plaintes du Parti socialiste aux lamentations des premiers chrétiens, on trouve que la plainte est toujours la même : les cotisations ne rentrent pas ». Il est certain que le mouvement socialiste est un mouvement de transformation. Nous ne pouvons prendre les cotisations dans la poche des gens : la cotisation ne peut se généraliser, et elle ne rend pas par cette simple raison que nous sommes au Parti pauvre.

Ma seconde observation est relative à la représentation proportionnelle. Ce principe se heurte à des obstacles de fait. Le principe de la représentation proportionnelle, ce sont les pays les plus démocratiques qui ont commencé à l'appliquer, la Suisse, la Belgique. Comment fonctionne-t-elle ? Un principe est une chose qui n'existe pas matériellement, ou plutôt qui n'existe que dans la mesure où son application est possible. Seules, les minorités importantes sont représentées, cela va de soi : autant de voix, autant de représentants, telle est la base. C'est ainsi que le principe a fonctionné en Belgique.

Il y a un mois, un congrès s'est tenu dans ce pays, et de longues discussions se sont élevées sur la question de savoir si les socialistes devaient combattre l'introduction dans la constitution belge du principe de la représentation proportionnelle. L'immense majorité du Parti a déclaré qu'un principe démocratique aussi formel devait être admis. J'espère que le Parti français, eu s'unifiant, mettra ce principe en pratique.

Allemane. — Il serait plus efficace de connaître sur la question de la représentation proportionnelle l'opinion de la commission.

Révelin. — Je voudrais d'abord répondre deux mots aux observations de Clauzel formulées avec une courtoisie de forme qui n'excluait pas la vivacité de la critique. La commission n'a pas pensé qu'il y eût lieu de faire pour le comité général un rapport introductif étendu : au contraire, elle m'a donné mandat de le faire court et résumé. On m'a demandé de condenser en deux pages au plus les considérations que j'avais développées au comité général. Le cadre m'était strictement tracé : je m'y suis conformé. Nous pensions qu'il importait moins d'apporter aux membres du Parti de longues phrases qu'un exposé sommaire de ce qu'il y a d'essentiel dans le mouvement du Parti socialiste vers l'unité.

Le Parti socialiste français a, depuis longtemps, le désir de réaliser l'union, voilà l'essentiel. Il est bien certain, d'autre part, que, lorsque vous transmettrez ce projet aux groupes, il sera nécessaire de faire un rapport plus étendu. Il n'était pas nécessaire de discuter dans ce document la question du maintien de l'inscription au Parti socialiste des coopératives et des syndicats, alors qu'au sein de la commission cette question avait rencontré une très grande majorité. On pouvait croire qu'il en serait de même au comité général, c'est à dire qu'il y aurait une majorité très forte pour leur maintien. Il m'était, d'autre part, interdit de discuter un projet qui n'était pas le nôtre. Je ne partage pas l'opinion si favorable de Clauzel sur le rapport introductif du projet du P. O. F. et du P. S. R. Ce rapport dit tout ce qu'il doit dire, mais rien de plus, et, à mon sens, ce n'est pas un monument de doctrine.

J'aurais été heureux de voir exposer les considérations théoriques qui manquent à ce rapport, au moment où il a été apporté : Clauzel s'est borné à dire qu'il n'y a pas assez de considérations générales, mais il ne dit pas lesquelles manquent. J'ajoute qu'il y aurait un danger à discuter l'idée fédéraliste, par exemple, puisque cette question, sur laquelle nous sommes cependant à peu près d'accord, pour-

rait soulever entre nous de grandes divergences. Un programme de revendications immédiates du Parti devait être
réservé, parce que les organisations existent encore. Le jour
où la fusion sera complète, où ces organisations ne seront
plus qu'à l'état de souvenir, à ce moment-là, il y aura des
considérations théoriques à formuler, pour la propagande
qu'on doit faire dans les campagnes, par exemple, mais jusque-là ce n'était pas nécessaire et nous risquions de nous
diviser.

Ceci dit, je dois fournir quelques renseignements de fait
sur la représentation proportionnelle.

Je prie d'abord nos camarades de ne pas faire la confusion que Longuet semble avoir faite tout à l'heure, pour la
représentation proportionnelle des minorités. Chaque fédération a une représentation en proportion avec ses forces,
c'est un premier point sur lequel il n'y a pas de discussion :
tant mieux pour les fortes organisations. Celles qui ont une
force égale à deux auront une représentation égale à deux.
Puis, chaque fédération envoie au comité général une
représentation proportionnelle au nombre de ses groupes ;
elle a une représentation qui est en rapport avec le nombre
de ses mandats. Vous voyez donc que : 1° au congrès,
2° au comité général, chaque fédération a une représentation calculée sur ses forces, selon le nombre de ses
groupes.

De plus, dans l'élection des délégués au congrès, d'une
part, et d'autre part dans l'élection des délégués au comité
général, nous avons introduit la représentation proportionnelle des minorités. Je vais vous prouver qu'elle peut fonctionner, d'abord au congrès, en prenant l'exemple de dix-
sept fédérations, en tenant compte du nombre de voix obtenues aux dernières élections législatives, en supposant que
le nombre des groupes n'a pas varié depuis 1900. Sauf une
ou deux fédérations qui n'auraient qu'un délégué de droit,
presque partout il y a 3 ou 4, 6, 10, 20 mandats au congrès,
et la loi de la représentation de la minorité fonctionne,
c'est-à-dire que, si elle a un tiers des voix, elle a droit
à un tiers des mandats. Supposons, par exemple, qu'il
y ait six délégués à élire, il faut avoir au moins un sixième
des voix pour avoir droit à un.

Je trouve pour l'Ain 4 mandats, pour l'Aisne 6, Ardèche 4,
Ardennes 9, Auvergne 2, Bretagne 23, Côte-d'Or 4, Gard
14, Doubs 4, Aube 6, Isère 13, Nord, Pas-de-Calais 36,
Saône-et-Loire 4, Seine-Inférieure 4, Tarn 4, Fédérations

de la Seine, nous en avons supposé 5/54 mandats. Il y a dans la Seine environ 300 groupes, à peu près 200,000 suffrages. Vous pouvez parfaitement vous rendre compte de ce qui se passe avec cette base d'appréciation.

Gabriel Bertrand. — La proportion est fixée par le nombre même de délégués.

Allemane. — C'est bien la fédération qui doit fixer sa minorité. Nous voulons faire représenter et vivre les minorités, dont les fédérations départementales et régionales connaissent seules l'importance. C'est donc à elles qu'il appartient de les déléguer. Cependant, s'il y avait au sein du congrès une protestation, on aurait à en tenir compte.

Gabriel Bertrand. — Je voudrais préciser ceci, que quelques camarades n'ont pas compris et qui me parait être l'évidence même, c'est que la proportion de représentation des minorités ne sera établie ni par le comité général, ni par la fédération, mais par le nombre même des voix, des mandats dont disposera la fédération. Chaque fois qu'une fédération a cinq mandats, il est évident que la proportionnalité s'arrêtera au cinquième des voix exprimées. Le chiffre n'est donc pas arbitraire, il est fixé par la loi même de la représentation de la fédération au congrès.

Fribourg. — La question se pose pour le prochain congrès.

Révelin. — Nous devons prévoir une règle de constitution pour le prochain congrès du Parti unifié; ceci s'appliquera au congrès de 1902; mais, pour le prochain congrès, nous n'avons prévu que des dispositions provisoires. C'est à chaque organisation à s'arranger elle-même: la représentation proportionnelle ne peut fonctionner que si elles le veulent bien.

Renaudel. — Comment arrivera-t-on dans un congrès à déterminer les majorités et les minorités ? Dans le congrès international, il y avait onze questions; peut-on dire qu'il se soit formé sur ces onze questions une majorité absolue qui ait voté de la même façon et une minorité absolue ? Quelle est la question dont vous ferez l'élément primordial, qui déterminera la majorité et la minorité ?

Révelin. — C'est dans le congrès de la fédération que sont élus les délégués au comité général. On ne peut faire que deux hypothèses: ou bien les camarades de la fédération sont déjà assez d'accord sur la plupart des questions de tactique et l'élection est un choix de personnes; il est évident qu'il y a peu de chances pour que la représentation proportionnelle ait lieu de fonctionner ; c'est une simple question de préférence à l'égard des camarades que l'on pense être les meilleurs délégués. Si la représentation proportionnelle s'applique, c'est qu'il y a des raisons très graves. Clauzel faisait une assimilation avec l'état des partis politiques en Belgique : Parti conservateur, Parti libéral et Parti socialiste ; et, disait-il, il n'y a rien de semblable en France. L'analogie n'est pas exacte, attendu que des divergences s'y sont produites dans le passé et que les fédérations que nous avons à rapprocher peuvent se composer d'éléments divers. D'où vient, par exemple, que nos camarades du P. S. R. insistent sur la loi fondamentale de notre pacte d'union ? C'est que dans le département les éléments de fédération ne sont pas sortis du néant : ils se rattachent à d'anciennes organisations. Au moment où ils devront se rapprocher dans une fédération, il faut que les camarades de la minorité soient sûrs, d'avance, d'avoir un nombre de délégués déterminé. Même s'ils sont d'accord à ce moment, le fait qu'ils ont appartenu à des organisations différentes peut les amener à penser qu'il leur est nécessaire d'avoir des délégués distincts. Il se peut qu'ils présentent des listes séparément. La situation est la même dans l'Allier où les camarades du P. S. R. ont de nombreux groupes et où également le P. O. F. a des groupes nombreux. Il est certain que, malgré l'amitié qui unit ces deux organisations, il y a dans l'Allier des conflits que nos camarades cherchent à apaiser, et qu'ils apaiseront avec plus de facilité si la minorité a droit à une représentation proportionnelle. Il faut qu'il y ait la garantie dans cette fédération que toutes les tendances anciennes seront représentées.

Quand on a des camarades qui ont la même manière de voir sur des questions d'application des principes et sur la conception de la doctrine, il y a bien des chances pour qu'ils se retrouvent toujours ensemble sur les questions traitées et qu'à moins d'une véritable incohérence de pensée, leurs solutions soient les mêmes et conformes à la notion de leur idéal. En somme, le mécanisme de la représentation proportionnelle est facile à appliquer.

Quant aux compensations qui pourraient se produire avec le principe de l'élection à la majorité, elles ne seront pas suffisantes ; par exemple, si les membres du P. S. R. sont plus nombreux que nous dans une fédération, ils nous élimineront, nous pourrons les éliminer dans une autre. De même pour la représentation politique : nous aurions intérêt à avoir quelques élus de moins dans certaines régions, quelques-uns de plus dans les régions où les voix socialistes sont dispersées. Seule la représentation proportionnelle offre des garanties aux minorités de notre Parti.

J'ajoute un seul argument de fait que je tire de l'histoire intérieure du Parti. L'an dernier, dans une question difficile que nous avons eue à arbitrer, un cas s'est présenté. Il y avait des élections au scrutin de liste ; il s'agissait d'un ballottage. Comment avons-nous fait ? C'est un procédé dont nous devions tenir compte pour indiquer une solution aux camarades d'Ivry et de Calais ; nous leur avons dit: « Nous vous donnons le conseil de former des listes communes. Vous inscrirez sur chacune un nombre de candidats proportionnel au chiffre de voix respectivement obtenues. Vous ferez ensemble une liste commune des noms des candidats qui réunira les noms des camarades qui étaient séparés sur les deux listes précédentes. » A Ivry, les camarades ont compris qu'ils pouvaient ainsi triompher de l'ennemi bourgeois, et la municipalité d'Ivry est restée en fonctions. A Calais, on n'a pas voulu se soumettre à l'arbitrage, et nos amis ont subi un échec.

Nous avons établi sans difficulté la représentation proportionnelle pour les délégués au congrès, et c'est ce qui est important. La commission vous demande de faire de la représentation proportionnelle la règle absolue pour l'élection du comité de la fédération et des délégués au congrès parce qu'elle fonctionne sans difficulté. Cependant, si le comité général décide d'amender le projet de la commission, et que chaque fédération aura droit à une représentation distincte, dans ce cas la représentation proportionnelle ne fonctionnera que lorsqu'elle sera possible.

Voilà, camarades, les observations que j'avais à faire : il m'a semblé qu'au comité général il y avait un vif désir d'accorder aux fédérations régionales et départementales leur représentation distincte ; il me semble qu'ainsi le projet donne satisfaction au désir de la plupart d'entre vous.

Clauzel. — Il ressort pour nous de ces explications que la représentation proportionnelle n'est pas une loi absolue, elle est une faculté plutôt qu'une obligation ; elle implique la fixation d'un quorum.

Lagardelle. — La représentation proportionnelle ne fonctionne que lorsqu'il y a une minorité suffisante.

Clauzel. — D'autre part, notre camarade Révelin nous promet que dans la prochaine déclaration introductive il nous donnera satisfaction; je suis donc le premier à me déclarer parfaitement satisfait.

La séance est levée à 11 heures 40.

—————

SÉANCE DU 5 DÉCEMBRE 1900

Présidence du citoyen **Henri de la Porte,** *délégué de la Fédération Anjou-Poitou-Saintonge.*

Présents (personnellement ou par leurs suppléants) : Béguin, Blum, Briand, Brunellière, Camélinat, Chaucheprat, Clauzel, Dejeante, de la Porte, Donier, Dubreuilh, Favrais, Fauga, Fribourg, Gérault-Richard, Imbert, Joindy, Jaurès, Landrin, Lenormand, Lepage, Létang, Lévy, Lignières, Paul-Louit, Orry, Patay, Picau, Pénard, Pugès, Renaudel, Reisz, Révelin, Semanaz, Ser, Stern-Maydieu, Tanger, Toussaint, Willm.

Excusés : Bertrand, Ch. Longuet, Martinet, Picau, Poulain, Salembier.

Absents : Bagnol, Bourderon, Carnaud, Parassols, Richard.

La séance est ouverte à 9 heures 20, sous la présidence du citoyen Henri de la Porte, délégué de la fédération. Anjou-Poitou-Saintonge.

« Titre I, art. 1er. — Le Parti socialiste français est fondé sur les principes suivants :

« Entente et action internationale des travailleurs, organisation politique et économique du prolétariat en parti de classe pour la conquête du pouvoir et la socialisation des moyens de production et d'échange, c'est-à-dire la transformation de la société capitaliste en une société collectiviste ou communiste.

« Art. 2. — Il se compose des groupes d'études et de propagande, des comités politiques permanents, des syndicats et des coopératives qui adoptent avec ces principes la doctrine et la tactique du Parti.

« Les syndicats sont invités à adhérer aux fédérations d'industrie et de métier, et les coopératives ont l'obligation d'attribuer à la propagande une part de leurs trop-perçus ».

Révelin. — Pour le titre I, nous vous proposons l'article additionnel suivant :

« Les groupes, les comités politiques permanents, les
« syndicats et les coopératives doivent adhérer à la fédéra-
« tion départementale ou régionale ».

Landrin. — Je demande, au nom de mon organisation,
que le groupe socialiste de la Chambre en aucune circons-
tance ne vote le budget, afin de ne pas fournir à la classe
ennemie le moyen de prolonger sa domination. Il y a là un
acte révolutionnaire dont tout le monde saisira la portée.

Révelin. — Je demande d'écarter cette motion : dans
l'article premier nous devons définir ce qui est la loi commune du Parti. Nous ne savons pas en ce moment s'il y a
des députés. Une proposition comme celle-là ne peut figurer que sous le titre qui réglera la tactique parlementaire.

Jaurès. — Il y a intérêt à ne pas confondre avec les
principes constitutifs du socialisme des dispositions particulières comme celle-là. On ne peut mettre sur le même
plan la socialisation des moyens de production, le collectivisme, le socialisme, l'internationalisme et la tactique des
élus.

De quels élus est-il question ? Des élus du Parlement ou
des municipalités ? Pour les municipalités, vous ne pouvez
refuser de voter le budget qu'elles présentent sans être
dissous ; nous discuterons si vous devez refuser le vote du
budget communal. Quant au budget d'État, je ne l'ai jamais
voté pendant le temps que j'ai passé à la Chambre, mais
cela ne caractérise pas le socialisme, attendu que, de 1885
à 1889, l'ensemble du budget a été refusé systématiquement
par 150 élus de la droite, parce qu'il contenait des fonds
pour l'œuvre de laïcisation.

Le refus du budget prend sa signification dans l'intention
qu'on y met : il y a des cas où il constitue une manifestation révolutionnaire ; il en est d'autres où ce peut être une
manifestation réactionnaire. Nous verrons, d'ailleurs, le
moment venu, s'il faut l'imposer comme une règle de tactique pour tous les élus.

Landrin. — Les arguments que vient de donner Jaurès
sont, me semble-t-il, à l'appui de ma proposition. Si, par
exemple, le vote des élus socialistes a pu se trouver mêlé
avec le vote des réactionnaires qui agissaient dans un but
bien différent, pourquoi ne pas inscrire dans un programme
le but que nous poursuivons ? Ainsi il ne pourrait pas y
avoir d'erreur sur le sentiment qui nous aura animés.

Jaurès. — Je ne crains pas qu'on interprète le vote des
socialistes comme celui des réactionnaires ; je dis simple-

ment qu'il est impossible de faire figurer dans la définition du Parti une tactique qui est quelquefois adoptée par le parti réactionnaire et qui n'empruntera sa valeur révolutionnaire qu'aux principes essentiels du Parti.

Gérault-Richard. — Il faut ajouter que le refus du budget ne peut être une mesure permanente. Que, par exemple, un budget contienne le milliard nécessaire à l'institution des retraites ouvrières, est-ce que par le refus de ce budget nous allons priver les ouvriers des retraites que nous réclamons depuis si longtemps ?

Révelin. — Je vous prie d'ajourner cette discussion jusqu'au moment où nous voterons l'article relatif au groupe parlementaire.

L'article 1 est adopté. On passe à la discussion de l'article 2.

Lenormand. — Je demande l'appel nominal pour le vote de l'art. 2.

Deux amendements à l'art. 2 sont déposés par Paul Louit et Jouandanne.

Paul Louit propose de n'admettre que les syndicats qui inscrivent dans leurs statuts une adhésion formelle au Parti socialiste. Jouandanne propose d'exiger un vote unanime d'adhésion.

Landrin. — Je ne veux pas rentrer dans la discussion très large qui a déjà eu lieu, je déclare simplement que, mes amis et moi, nous restons dans les mêmes dispositions d'esprit.

Révelin. — Je rappellerai à nos camarades qu'au dernier congrès il y avait 555 syndicats adhérents au Parti.

Renaudel. — Je ne veux pas non plus rentrer dans la discussion générale ; je suis partisan d'admettre les syndicats dans le Parti, mais je répète que la fédération de la Seine-Inférieure faisait des réserves dont la principale vient d'être indiquée par notre camarade Paul Louit. Il faut, tout au moins, si vous ne voulez pas que les syndicats mettent notre formule dans leur constitution même, qu'ils fassent une déclaration d'adhésion au Parti socialiste.

Mais il faut que cette déclaration soit explicite.

Lignières. — Je rappellerai la proposition déposée par Jouandanne. Nous avons mandat du P. S. R. pour faire toutes réserves en ce qui concerne l'adhésion des syndicats. Sans avoir l'intention puérile de nous opposer à une majorité, nous avons, tout au moins, le droit de demander un minimum de garanties. Ce minimum, je le trouve dans les propositions Paul Louit et Jouandanne. Ce n'est pas si bizarre que cela. Est-ce que nous, personnellement, nous ne devons pas à l'unanimité adhérer aux principes posés à la base du Parti socialiste révolutionnaire ? Le fait de demander à soutenir le même combat implique l'enrôlement sous le même drapeau.

Gérault-Richard. — La discussion dans les groupes ne se développe point sans qu'on leur ait soumis les principes essentiels du Parti. Par conséquent le vote public qui est ensuite émis constitue une adhésion explicite.

Révelin. — Jusqu'à présent il y a eu des formules d'adhésion écrites et signées, transmises chaque fois au comité général.

Briand. — Je ne serais pas mécontent de voir les syndicats adhérer avec l'unanimité de leurs membres, mais je voudrais qu'on m'indiquât une sanction.

Supposez qu'il y ait dans un syndicat cent membres disposés à adhérer au Parti. Il suffira que le lendemain de l'adhésion un modéré ou un réactionnaire vienne s'y inscrire pour que le syndicat soit écarté. Il y avait à l'avant-dernier congrès 500 syndicats adhérents au Parti. Or, ce que vous discutez aujourd'hui, ce n'est pas seulement la question de savoir comment les syndicats feront, à l'avenir, partie de l'organisation socialiste, mais aussi comment vous chasserez du Parti ceux qui y sont déjà. Puisqu'ils ont accepté les conditions que vous leur avez imposées, je déclare que vous n'avez pas le droit de leur en imposer de nouvelles.

Le dernier congrès vous a remis les éléments d'un Parti avec la mission de dire dans quelles conditions l'unification de ces éléments sera faite. Les syndicats sont, comme les groupes politiques, partie contractante, et vous mettez leur existence en cause ? Il ne vous est pas permis de faire autre chose que de reposer la question au prochain congrès. Aujourd'hui vous êtes un groupe de mandataires ayant mandat commun. Si demain les syndicats et les coopératives, qui ont les mêmes droits que vous, demandaient que les groupes politiques soient exclus du Parti comme ayant été trop politiciens et insuffisamment révolutionnaires, qu'auriez-vous à répondre ?

Jaurès. — Je ne comprends pas la thèse de l'unanimité. Comme le disait Briand, il suffira, le lendemain du jour où l'unanimité des membres d'un syndicat se sera prononcée pour l'adhésion au Parti, d'y introduire un dissident, et, ce dissident, on ne pourra pas l'exclure en alléguant ses opinions politiques, sous peine de se mettre sous le couteau de la loi dont vous avez indiqué vous-mêmes les périls. Cette fois, le péril serait réel, car l'individu ainsi exclu n'entrerait dans le syndicat qu'avec l'intention de protester contre l'adhésion au Parti socialiste. En sorte que vous, qui dénoncez le péril dans le cas où les syndicats continueront à adhérer au Parti socialiste, — ce qu'ils font depuis trois ans, sans danger aucun, — vous créez le seul cas qui puisse constituer un péril pour l'existence légale des syndicats.

Et puis, je demanderai si les organisations nationalement constituées qui acceptaient l'adhésion des syndicats exigeaient d'eux l'unanimité. Je n'ai jamais entendu dire que le P. O. F. ait réclamé un vote d'unanimité. Je ne fais pas à nos camarades l'injure de supposer qu'ils sont plus exigeants en fait de socialisme, pour le futur Parti, qu'ils ne l'étaient pour eux-mêmes. Je suppose que les exigences qu'ils avaient pour leurs propres organisations représentent les exigences maximum. Nous pouvons être rassurés par le précédent qu'ils ont créé.

Briand disait que les syndicats sont dans le Parti et qu'on les en chassera. Mais que faisons-nous tous les jours ? Je suis étonné d'entendre dire qu'il faut séparer l'action économique de l'action politique, et que, dans tous les cas, il ne faut pas s'exposer à jeter la division parmi les ouvriers qui luttent pour leurs intérêts professionnels. Mais que faisons-nous ? n'envoyons-nous pas tous les jours, au nom du comité général, des délégués politiques du Parti dans les grèves ? La grève, c'est l'acte corporatif, l'acte syndical par excellence. C'est dans les grèves qu'il importe de maintenir l'unanimité des ouvriers et de ne pas jeter à travers cette unanimité corporative des dissidences politiques. Or, nous saisissons précisément chaque occasion d'envoyer le Parti socialiste en délégation officielle parmi les grévistes et, pour envoyer des délégués, il nous suffit que le comité de la grève nous appelle. Il nous appelle, ce comité, presque toujours au nom d'une minorité socialiste que, par notre propagande, nous transformons en majorité. Lorsque les syndicats socialistes auront, comme tels, adhéré au Parti, nous n'aurons pas à être plus exigeants que nos aînés, qui nous ont montré l'exemple à suivre.

Allemane. — Je représente une fédération où, comme dans beaucoup d'autres, il y a des éléments socialistes et des dissidents. Rejeter les syndicats, ce serait désagréger, désorganiser les fédérations existantes. Croyez-vous que les camarades du Jura, que je représente, ne sont pas socialistes ? Croyez-vous qu'ils se font un jeu des principes du socialisme ? Voyons, camarades, faisons preuve de modestie. Je demande tout simplement de ne pas voter la désorganisation des fédérations. Je parlais du Jura, mais voyez l'Ain....

Jaurès. — Et la Bretagne ?

Allemane. — Toutes les fédérations sont constituées avec les trois éléments et, lorsque le troisième élément fait défaut, nos camarades font tous leurs efforts pour le créer. Le jour où vous retirerez l'élément syndical, le parti socialiste sera uniquement politicien. L'étiquette que vous vous mettriez ne signifiera rien, ou fera songer aux fioles sur lesquelles on écrit : « Elixir de longue vie ».

Le Parti socialiste marche à la bataille avec tous ses éléments de classe, et l'élément principal, c'est l'élément ouvrier organisé. Si vous rejetez les syndicats du Parti socialiste, ils feront une autre politique que la vôtre : car c'est un besoin pour les syndicats de faire de la politique. Quant à moi, représentant d'une fédération autonome, je déclare que vous n'avez pas le droit de rejeter les organisations corporatives qui viennent à nous en adoptant nos principes. Ce sont les congrès qui commandent, et non pas nous. Je m'inscris contre toute tentative qui aurait pour but d'enlever au Parti sa force réelle, c'est à dire le monde purement ouvrier.

Renaudel. — Gérault-Richard a apporté la justification même de la proposition Paul Louit. Il nous a dit qu'avant d'adhérer au Parti socialiste les syndicats discutaient de la façon la plus complète les principes du socialisme. Je ne vois donc pas d'inconvénient à ce que les syndicats fassent une déclaration absolument expresse de leur adhésion au Parti. Il y a deux thèses en présence : la première demande l'unanimité, la seconde des garanties sérieuses ; c'est à cette dernière que je me rallie.

Imbert. — Au sujet de l'unanimité, voici un fait que je livre à vos réflexions. Béguin et moi, nous avons fait tous nos efforts pour faire adhérer la coopérative de Choisy. Nous avons recueilli, pour l'adhésion, l'unanimité moins trois voix. Je prie ceux qui font la proposition de l'unanimité d'expliquer aux camarades qui ont voté l'adhésion à une aussi énorme majorité qu'ils ne peuvent cependant entrer dans le Parti socialiste.

Lignières. — Je demande à Imbert ce qu'il fait des trois camarades qui ont voté contre ?

Imbert. — Ils s'en iront !

Lignières. — Alors c'est l'unanimité, et nous voilà d'accord. Quant aux 500 syndicats adhérents au Parti, il est incontestable que nous n'en discutons pas l'existence en tant que groupes socialistes. Le comité général émane de ces 500 syndicats comme des autres groupes, c'est évident. Mais nous avons bien le droit d'envisager l'avenir. Remarquez que je ne parle pas des coopératives ; je n'ai jamais compris qu'il soit possible de ne pas les admettre comme groupes socialistes. L'admission des syndicats fait naître de graves inconvénients qui viennent du mouvement syndical lui-même. Dans les coopératives ces inconvénients n'existent pas.

Béguin. — Il y a des camarades qui demandent que l'adhésion des coopératives au Parti socialiste soit sanctionnée par le vote d'une assemblée générale ; c'est aussi ma manière de penser. Toutes les coopératives adhérentes au Parti socialiste sanctionnent par un vote en assemblée générale l'inscription dans leurs statuts des principes primordiaux du socialisme.

Renaudel. — Il y a une confusion. Il y a la proposition Paul Louit et la proposition Jouandanne. Paul Louit demande l'adhésion générale au Parti socialiste et Jouandanne l'unanimité ; il y a une grosse différence entre les deux propositions.

Landrin. — Nous ne proposons pas l'exclusion des syndicats adhérents au Parti socialiste ; nous ne demandons pas qu'ils restent à la porte du prochain congrès. Je suis même ennemi de la proposition qui demande l'unanimité aux syndicats. Car, comme le disait Briand, l'unanimité peut exister aujourd'hui et ne plus exister demain.

Blum. — J'ai des motifs particuliers pour demander que les syndicats n'entrent pas dans le Parti. Remarquez qu'à côté du mouvement politique il y a le mouvement économique centralisé au sein de la Confédération générale du travail et de la Fédération des bourses. Les groupes de travailleurs qui adhèrent à ces organismes économiques, avant d'envisager l'unité politique, ont, d'abord et avant tout, pour mission de réaliser l'unité économique. Si les camarades qui ont déjà parlé étaient entrés dans des fédérations de métiers, ils auraient constaté que le principe de l'admission des syndicats n'a réuni parmi nous qu'une minorité. Voilà ce qui est résulté des diverses discussions des congrès corporatifs. C'est pourquoi nous disons que si l'on admet l'adhésion des syndicats au Parti socialiste, on sera maître de graves dissidences qui auront pour résultat la création de syndicats opposés. Et nous sommes payés pour savoir de quelle façon ou même la lutte entre deux syndicats d'une même corporation.

Lenormand. — Je pense comme Allemane que le comité ne doit pas accepter la proposition Paul Louit, laquelle renferme deux points dangereux de grosse importance : elle risque de désorganiser les fédérations dont je suis représentant. Songez, d'autre part, que si le principe de l'adhésion des syndicats au Parti socialiste était inscrit dans les statuts de ces organisations, les parquets auraient lieu d'intervenir et de prononcer, aux termes de la loi, la dissolution des syndicats.

Favrais. — Jouandanne me paraît avoir commis une erreur en ce qui concerne la fédération de Seine-et-Oise : la proposition dont il parle n'avait pas été adoptée à l'unanimité. Nous demandons simplement que les syndicats inscrivent dans leurs statuts les principes socialistes.

De la Porte (président). — Les deux propositions se fondent dans celle de Paul Louit.

(L'amendement Paul Louit est repoussé par 35 voix contre 12, et le texte de la commission adopté).

Lignières. — Je proposerai un amendement. Le texte dit : « Les syndicats sont invités à adhérer... » Je propose : « auront dû préalablement adhérer à leur fédération d'industrie ou de métier ».

Allemane. — Ils sont libres. La Confédération générale du travail a toute qualité pour recevoir cette adhésion.

Lignières. — Je pense que le devoir économique prime le devoir politique.

Gérault-Richard. — En ce qui a trait à la contribution des coopératives, je demande que le texte soit ainsi rédigé : « Une part de leur trop-perçu dans la proportion fixée chaque année par le congrès des coopératives socialistes ». Voici pourquoi. Il serait possible qu'une coopérative fixât une contribution ridicule. Il serait bon que le chiffre de la contribution fût le même pour toutes les coopératives.

Wilm. — Lignières se rappelle qu'au sein de la commission il a trouvé dans les représentants du P. S. R. un appui pour sa proposition. Nous admettons tous que la lutte économique doit primer en toutes circonstances la lutte politique ; aussi devons-nous exiger des syndicats le maximum de vitalité et d'action. Mais il y a un danger à vouloir imposer l'obligation absolue d'adhérer à une fédération de métier ; nous pouvons, en effet, nous trouver en présence de syndicats de formation récente, vivant péniblement et qui, de ce fait, risqueront d'être pécuniairement gênés par cette adhésion.

Lenormand. — Je demande au comité général d'admettre la cotisation des coopératives à la condition que le congrès des coopératives fixe le minimum ; autrement on semblerait ne pas envisager qu'il y a des coopératives qui peuvent donner davantage les unes que les autres.

Révelin. — Je demanderai à Gérault de rejeter cette disposition additionnelle dans le paragraphe qui établit que le comité général perçoit les cotisations, et non dans l'article qui définit la constitution du Parti.

Gérault-Richard. — Je représenterai ma proposition au moment voulu.

L'amendement Lignières est repoussé et le texte de la commission adopté. Le texte de l'article est ainsi conçu :
« Les groupes, les comités permanents, les syndicats et les
« coopératives doivent adhérer à la fédération du départe-
« ment ou de la région. »

« Article III. — Les groupes d'une commune ou d'un quartier forment une union de commune ou de quartier. »

Révelin. — On propose l'addition suivante : « Les groupes des unions de commune ou de quartier sont convoqués en réunion plénière au moins une fois tous les trois mois.

« Ils se concertent pour la propagande, désignent les candidats aux élections municipales et élisent le comité de l'union des groupes. »

Lenormand. — Je propose qu'on écrive : « Tout en conservant leur autonomie, forment des comités de quartiers, etc. ». C'est important.

Révelin. — Il est inutile de modifier le texte pour une double raison. C'est dans le rapport d'introduction que ces choses-là doivent être expliquées. Les anciennes organisations subsistent encore. D'autre part les groupes font partie des fédérations. Donc le mot « autonomie » pourra faire naître une idée fausse.

Lenormand. — Je retire mon amendement.

Renaudel. — Je demande que chaque groupe comprenne au moins dix membres cotisants.

Révelin. — Au sujet du nombre de cotisants, on a parlé de dix membres.

Lenormand. — Je demande quinze.

Jaurès. — J'affirme à nos camarades que dans les communes rurales très dispersées, qui ne peuvent souder leur groupe au groupe d'une autre commune, parce qu'il y a trois ou quatre heures de chemin de l'un à l'autre, nous avons quelquefois obtenu un résultat énorme par la simple réunion de quatre ou cinq militants. Si nous exigeons que le groupe ait un minimum de dix membres, nous ne pourrons utiliser ce petit germe de socialistes et de militants. J'ai en ce moment-ci présent à l'esprit des communes où nous avons constitué un groupe de quatre ou cinq militants osant, en face du châtelain et du moine, se dire socialistes, — résultat relativement énorme. Si vous condamnez ces militants à l'isolement jusqu'au jour où ils seront dix ou quinze, vous ajournerez de vingt ans la propagande.

Lignières. — Le groupe isolé a sa valeur. Un noyau de trois ou quatre militants perdus dans un milieu clérical en vaut un de cinquante dans un milieu socialiste. L'idée de notre camarade Renaudel se rapporte peut-être aux communes où il y a plusieurs groupes ; mais je n'en suis pas partisan, parce que le nombre de membres est très variable. Tel groupe a trente membres aujourd'hui, il en aura quatre-vingt dans trois mois.

Le texte de la commission est adopté pour les articles 3, 4, et 5.

Renaudel. — Je mets en fait que l'unité de doctrine que vous avez décrétée entraîne l'unité de candidature. Si vous laissez au groupe d'une circonscription la faculté de choisir lui-même son candidat, vous créez la multiplicité des candidatures. J'estime que c'est à la fédération départementale ou d'arrondissement qu'incombe le devoir d'opposer une candidature socialiste à une candidature bourgeoise.

Willm. — Je demande que le mot « autonomie » figure dans le texte.

Allemane. — Vous demandez, Renaudel, le congrès de la fédération ?

Renaudel. — Le congrès ou le referendum. Il y a là une question importante qui ne touche pas le moins du monde à l'autonomie du groupe. Si vous faites l'unité, croyez-vous

que vous avez le droit d'opposer plusieurs candidatures
socialistes à une candidature bourgeoise ? Il faut une sanction : si vous ne la mettez pas dans votre projet, elle ne
sera pas appliquée : cela ne me semble pas extraordinaire à
admettre.

Lignières. — Il me semble que la proposition de
Renaudel est tout à fait dans l'esprit de la commission.
Une discipline s'impose aux groupes pour faire l'union sur
toutes les questions d'intérêt général.

Briand. — C'est l'article 8.

Renaudel. — La proposition que je fais ne rentre pas
dans l'article 8, les réunions des congrès n'ayant lieu que
tous les trois mois. Il peut ne pas y avoir de congrès au
moment de l'élection ; aussi faut-il que la fédération puisse
être consultée. Une autre conséquence de ma proposition,
c'est l'élaboration d'un programme socialiste que les candidats devront accepter sans restriction et signer. Cela est
d'autant plus important que vous accordez une représentation aux voix électorales. Or, nous savons bien que dans
les élections nous n'avons pas que des voix socialistes.
C'est là un inconvénient qu'il est nécessaire de réduire le
plus possible. Ajoutez à cela que les élections auxquelles
nous participons sont bien plus un devoir de propagande
qu'un moyen d'arriver à des résultats dans le domaine législatif. Cette idée a été approuvée par la fédération de la
Seine-Inférieure.

Révelin. — Alors il faut introduire un article 5 *bis*
disant que les candidats devront afficher l'exposé des principes du Parti. Nous sommes tous d'accord sur ce qui
constitue les principes essentiels, mais j'ai eu l'occasion de donner un exemple d'une question difficile : le programme agraire. Nous ne pouvons, sur ce point, aller plus
vite que l'évolution du Parti. Jusqu'à présent on a dû se
contenter d'exiger des candidats l'affirmation de principes
généraux qui les engagent à fond dans le socialisme. Pour
le moment, ce sont les organisations existantes qui caution-
nent les revendications immédiates. La proposition de
Renaudel exige une telle unité de doctrine jusque dans les
plus petits détails, qu'il faut l'ajourner. Il suffit de dire que
les candidats devront affirmer les principes les plus généraux du socialisme.

Jaurès. — Je ne comprends pas bien que l'on oblige dès
à présent les candidats à signer un programme commun
qui n'a pas été élaboré. La vérité, c'est que le premier

devoir du Parti unifié sera de procéder à la préparation
d'ensemble d'un programme. J'ai dit « à la préparation d'ensemble », pour répondre au citoyen Willm qui parlait d'autonomie.

Ce programme national du Parti devant s'appliquer aux
diversités locales, il faudra déterminer la part du congrès
national et des congrès départementaux dans son élaboration. Nous ne pouvons le faire au pied levé. Mais, s'il me
paraît impossible de déclarer dès maintenant que tous les
candidats devront souscrire à un programme qui n'existe
pas encore, il me paraît utile de procéder autrement que
par déductions. Si vous déclarez qu'il ne doit y avoir qu'une
candidature, quel sera l'arbitre entre les groupes d'une
même circonscription ? Il se produira des conflits. Je crois
qu'il serait bon d'indiquer par un article explicite que dans
chaque circonscription il ne pourra y avoir qu'un candidat
socialiste, et qu'en cas de conflit c'est, par exemple, le comité
fédéral qui servira d'arbitre.

Lignières. — Il me semble qu'en ce moment-ci vous ne
tenez pas compte de la discipline imposée aux groupes,
puisque les groupes devront dans les circonscriptions électorales se réunir en réunions plénières. Il y aura donc une
majorité.

Jaurès. — Quelques précautions que l'on prenne, des
litiges se produiront ; quand même nous inscririons que la
majorité fera loi, il pourra y avoir des querelles. Les précautions les plus minutieuses n'empêcheront pas les conflits ;
c'est dans l'ordre des choses et des hommes. Il faut prévoir
ces conflits. Indiquer nettement qu'il ne devra y avoir qu'une
candidature, c'est bien ; mais il faut, dans le cas où les
groupes ne parviendraient pas à se mettre d'accord, instituer une procédure.

Lignières. — En admettant que la majorité soit douteuse,
il est évident que c'est le comité fédéral qui devra être
l'arbitre.

Jean Longuet. — J'ai assisté, dans la Seine-Inférieure,
au congrès du Havre ainsi qu'au congrès de la fédération
de la Basse-Normandie. On a toujours décidé que les candidats seraient soumis à la ratification des fédérations ; ce
mot de ratification remplit le but.

Jaurès. — Il peut y avoir unanimité dans les groupes de
la circonscription et défaut de ratification.

Jean Longuet. — Un très grand nombre de fédérations

ont ainsi décidé, et sous prétexte d'autonomie vous allez à l'encontre des décisions des fédérations autonomes.

Renaudel. — Il faut qu'il soit entendu que dans ma pensée je n'ai pas voulu imposer dès maintenant l'élaboration d'un programme. Je dis simplement que le principe que vous allez rejeter ou admettre ce soir emporte l'élaboration d'un programme.

Willm. — J'appuie la proposition Renaudel et je ne comprends pas l'émoi qu'elle a soulevé. Il faut se rendre compte que nous sommes en train de soumettre un projet à tous les groupes de France. Il y a des principes très intéressants sur lesquels l'attention des groupes n'est pas toujours attirée. Ce projet ne peut devenir définitif qu'après le congrès, et cette proposition n'entrera donc en vigueur que lorsque l'unité aura été réalisée. Il faut que, le Parti une fois unifié, n'y ait plus des gens qui, socialistes de nom et d'apparence, prennent le programme minimum du parti pour s'en débarrasser le lendemain de leur élection.

Révelin. — Je crois qu'il serait possible de voter l'article 4 tel qu'il est rédigé et d'ajouter un article additionnel.

De la Porte (président). — Voici la proposition Renaudel :

« Toutes les fois que des candidatures socialistes seront « dressées devant une candidature bourgeoise, et au cas où « les groupes d'une même circonscription présenteraient « des candidats différents pour une même élection, afin « d'affirmer nettement le caractère de classe pris par la « lutte électorale, le soin d'assurer l'unité de candidature « incombera au conseil fédéral qui consultera la fédération « par voie de referendum, si c'est nécessaire. »

Révelin. — Voici le texte que je propose : « Les groupes « ne pourront désigner qu'un candidat ou qu'une liste pour « la circonscription. En cas de contestation ou de conflit « entre les groupes, le comité fédéral sera arbitre. »

« Nul ne pourra être candidat du Parti s'il ne rappelle « dans ses professions de foi les principes qui ont servi de « base à la constitution du Parti. »

Renaudel. — Je me rallie à cette proposition.

Adopté.

(L'article 6 est réservé).

Art. 7. — Lorsque le nombre des groupes d'un département est inférieur à dix, ils ne peuvent former une fédération distincte et ils doivent se faire admettre à la fédération d'un département voisin. Cette disposition n'aura pas d'effet rétroactif.

Adopté.

Art. 8. — Les décisions du congrès, de la fédération, du comité fédéral, de la section et de l'union des groupes de commune ou de quartier sont prises à la majorité.

Adopté.

Art. 9. — « L'élection des délégués du comité fédéral et du comité de section a lieu au scrutin de liste avec représentation proportionnelle des minorités. »

Fribourg. — Je voudrais qu'on supprimât le mot : « scrutin de liste. » Je ne vois pas en quoi le mode de votation regarde le congrès. C'est par suite de la même erreur que l'on voulait obliger les syndicats à adhérer aux fédérations de métiers.

Révelin. — Vous détruisez d'une manière radicale l'économie du projet dont vous avez approuvé quelques-unes des grandes lignes. Vous oubliez que les fédérations dont il s'agit ne sont plus les anciennes fédérations, mais de nouvelles fédérations qui comprendront toutes les forces socialistes du département ou de la région. Il faut rapprocher des camarades qui ont été séparés jusqu'à présent. Il est bon que dans le comité fédéral les éléments provenant d'organisations différentes soient représentés. Voilà pourquoi il faut prévoir le scrutin de liste, car la garantie de l'observation fidèle de la discipline, c'est que tous les camarades puissent faire entendre leurs réclamations.

Régler un pacte de constitution et de formation des fédérations nouvelles, ce n'est pas porter atteinte à l'autonomie, c'est la réaliser.

Fribourg. — Cette explication ne me donne pas satisfaction : je ne vois pas en quoi nous pouvons nous mêler à la réglementation intérieure d'une fédération.

De la Porte (président). — Vous supprimez du même coup la représentation proportionnelle qui n'est possible qu'avec le scrutin de liste. Il faudrait donc rédiger autrement votre amendement.

Fribourg. — La plupart des fédérations départementales comprennent des groupes de toutes les organisations nationales.

Jaurès. — Ce sera autre chose lorsqu'une décision du Parti les rapprochera brusquement, peut-être malgré eux.

Renaudel. — Si nous avons accepté le principe de la représentation proportionnelle, il n'y a pas d'autre moyen de la réaliser que le scrutin de liste.

Fribourg. — La question ne se pose pas pour le prochain congrès : il ne pourrait y avoir de minorité pour le prochain congrès, puisque nous acceptons tous le credo imposé.

Lignières. — Dans la fédération telle qu'elle sera composée, il y aura obligation, disait Jaurès, pour les groupes qui ne s'entendaient pas, de s'entendre. Mais alors, pour certaines questions, qu'arrivera-t-il ? Supposez, par exemple, qu'un candidat soit partisan de la participation à un ministère bourgeois et qu'un autre ne le soit pas. Cette divergence radicale n'entrainera-t-elle pas l'impossibilité matérielle de compter les voix ? Pour que l'unité soit durable, il faut que les tendances particulières soient représentées.

Fribourg. — Cela n'implique pas le scrutin de liste. (Cris de : Aux voix).

Le texte de la commission est adopté.

La séance est levée à 11 h. 40.

SÉANCE DU 6 DÉCEMBRE

Présidence du citoyen **Gérault-Richard,** *délégué de la*
Fédération socialiste-révolutionnaire.

La séance est ouverte à 9 heures 25.

Présents (personnellement ou par leurs suppléants) :
Bagnol, Blum, Briand. Brunellière. Camélinat, Clauzel,
Dejeante, de la Porte. Donier, Dubreuilh, Favrais, Fauga,
Fribourg. Gérault-Richard. Imbert, Joindy. Jaurès, Landrin,
Lenormand, Lepage, Létang, Lévy, Lignières, Paul Louit.
Orry. Patay, Ponard, Puges, Renaudel. Reisz, Révelin,
Salembier, Ser. Stern-Maydieu. Tanger, Toussaint, Willm.

Excusés : Ch. Longuet. Martinet, Poulain, Parassols.

Absents : Béguin, Bertrand, Bourderon, Carnaud, Chau-
cheprot, Picau, Semanaz.

Révelin. — Nous proposons, pour l'article 9, la rédaction suivante très légèrement modifiée :

« Art. 9. — Les élections des délégués du comité
d'union de commune ou de quartier, du comité de section
et du comité fédéral ont lieu au scrutin de liste, avec
représentation proportionnelle des minorités ».

Approuvé.

Titre III, article 10 : « La direction générale du Parti
appartient au Parti lui-même, c'est-à-dire au congrès national qui se réunit chaque année ».

Adopté.

Art. 11. — Les délégués au congrès national sont élus par
les congrès des fédérations au scrutin de liste avec représentation proportionnelle des minorités.

Adopté.

Art. 12. — Chaque fédération aura :
1° Un délégué de droit, et, si elle comprend plusieurs
départements, un délégué de droit par département ;

2° Un délégué par vingt groupes ou fraction de vingt groupes ;

3° Un délégué par 5.000 suffrages ou fraction de 5.000 suffrages obtenus au premier tour de scrutin des élections législatives qui précèdent immédiatement le congrès.

Renaudel. — J'ai mandat de la fédération de la Seine-Inférieure de faire quelques réserves au sujet de la représentation par 5.000 suffrages. C'est ici justement que je vous signale l'intérêt qu'il y a à faire un programme électoral bien défini et qui ne contienne pas seulement les trois formules fondamentales du socialisme qui sont un peu pour le public une formule cabalistique.

Texte de la commission adopté.

Art. 13. — Le congrès nomme les délégués au secrétariat international.

Adopté.

Art. 14. — Le congrès fixera chaque année la subvention qui doit être attribuée à l'organisme central du Parti. La part que doit verser chaque fédération est fixée proportionnellement au nombre de ses délégués au congrès.

Paul Louit. — Je propose l'amendement suivant :

« Le congrès fixera chaque année la cotisation que tout
« adhérent devra payer à l'organisme central du Parti pour
« la propagande et l'action socialiste. Le groupe percevra
« ces cotisations qui, centralisées par la fédération dépar-
« tementale, seront transmises à l'organisme central ».

Beaucoup de militants ne versent pas cette cotisation, qui serait aisément payée, si elle était minime, et si l'on savait qu'elle est employée à la propagande socialiste.

Orry. — Cela compliquerait les choses. Nous n'avons pas à nous intéresser à la façon dont les fédérations formeront leurs cotisations.

Renaudel. — J'appuie la proposition de Paul Louit. Je demande que la somme versée soit calculée sur le nombre de membres cotisants plutôt que sur celui des délégués au congrès. Un groupe de 10 membres ne peut payer comme un de 500.

Lenormand. — Cette proposition est détruite par les différents articles que nous avons adoptés. C'est par l'établissement d'un budget fixe que s'est constituée la force des organisations professionnelles. Suivons leur exemple.

Révelin. — Je vous demande d'écarter l'amendement. Si

la représentation au comité général était proportionnelle au nombre d'adhérents, nous pourrions prévoir un budget basé sur ce nombre : mais ce n'est pas le cas. L'état de choses ancien a cet avantage que nous intervenons aussi peu que possible dans les fédérations. Conservons-le. Les groupes sont des unités entre lesquelles il se fait des compensations ; les groupes riches viennent en aide aux groupes pauvres.

Jaurès. — Les moyens de se procurer des fonds varient suivant les régions et le caractère des populations. A Marseille, par exemple, où, par suite du tempérament méridional, les cotisations peuvent être irrégulières, une réunion publique s'organise, le cas échant, et les frais nécessaires se trouvent ainsi couverts deux ou trois fois.

Révelin. — Vous avez satisfaction dans une certaine mesure par l'article 19. Cet article réserve l'avenir, mais il nous permet de rester fidèles à ce qui a été organisé autrefois.

Allemane. — Les fédérations seront peut-être heureuses de nous voir leur fournir le moyen de faire rentrer les cotisations. On pourrait trouver une combinaison par le moyen des cartes dont la fourniture se ferait par le comité général. Supposez que ces cartes nous reviennent à un sou et que nous les vendions 40 centimes ; la différence alimenterait la caisse du Parti et aiderait la fédération départementale ou régionale. Chaque militant tiendrait à avoir sa carte du Parti,

Révelin. — C'est ce que nous discuterons à l'article 19.

Orry. — L'amendement Paul Louit ne serait pas une garantie ; un camarade riche pourrait s'offrir le luxe de payer pour 30 ou 40 membres.

Renaudel. — Si vous fixez une cotisation de 3 francs par groupe, un membre riche pourra également payer pour d'autres.

Paul Louit. — Les groupes seraient responsables ainsi que les fédérations.

Renaudel. — Vous établissez un double système de perception, si vous admettez la thèse d'Allemane ; il y aura perception pour le groupe et perception pour les adhérents.

Cordé. — Les fédérations étant autonomes, nous devons leur laisser le soin de se gérer. Elles connaissent mieux leurs groupements que nous-mêmes.

Renaudel. — La fédération vous demande un certain

nombre de cartes égal au nombre d'adhérents, cela doit vous suffire.

De la Porte. — Je voudrais appuyer les observations d'Allemane. Au point de vue financier, nous devons chercher à introduire dans l'article le souci du nombre des militants. Il est certain que c'est un peu d'après ce nombre que s'évaluent les ressources de la caisse. Je crois que nous devons adopter le système de la vente des cartes par le comité général aux fédérations qui se chargeraient de les placer. L'autonomie des fédérations serait respectée, chaque fédération pouvant rentrer dans ses débours par le moyen qui lui semblerait le meilleur.

Révelin. — Ce serait un excellent moyen de connaître le nombre des militants d'un groupe.

Allemane. — Nous aurons par l'article 19 un moyen approximatif qui nous donnera satisfaction. L'expérience nous a montré que tous les moyens employés jusqu'ici, souscriptions, etc… n'amènent aucun résultat. Le seul moyen de se procurer des ressources est basé sur l'adhésion, l'entrée au congrès. Cette base doit être hors de toute discussion. Ne nous lançons pas dans l'inconnu. L'habitude des cartes viendra et chacun voudra avoir la carte du Parti.

L'amendement Paul Louit est rejeté et le texte de la commission adopté.

Révelin. — Le statut du Parti prévoit pour les coopératives un prélèvement sur leurs trop-perçus. Gérault-Richard demandait que le taux de ce prélèvement fût fixé non par le congrès du Parti, mais par le congrès des coopératives.

La commission propose l'addition suivante à l'art. 14.

« La contribution des coopératives est proportionnelle « au montant de leurs trop-perçus.

« Le congrès des coopératives socialistes fixe le taux « minimum de cette contribution. Elle est affectée pour la « première part au groupe local ; pour la seconde, à la fé- « dération et pour la troisième au comité général. Chaque « coopérative fixe elle-même le taux de la répartition ».

Orry. — Je suis partisan du premier paragraphe de la proposition, mais je ne suis pas d'accord pour la répartition des fonds. Les coopératives pouvant se tromper sur cette répartition, je pense que c'est à la fédération que les coopé-ratives devraient verser les fonds en indiquant la façon de les répartir sans aller jusqu'à opérer elles-mêmes cette répartition.

Révelin. — Vous oubliez que les fédérations de coopératives vont contenir des organisations différentes. Je sais bien qu'on peut se tromper, mais il est certain que toutes les coopératives auront le sentiment de leur devoir.

Jaurès. — Il me semble que le défaut de votre amendement, c'est de procéder par contrainte et de déterminer d'une manière rigide la part que la coopérative devra verser au groupement local, à la fédération et au comité général. Cette disposition a l'inconvénient très grave de déroger au système général de recettes que vous avez établi. Vous avez décidé en principe de ne connaître que la fédération, de ne traiter directement qu'avec elle. Vous imposez la fédération d'une charge proportionnelle au nombre de délégués qu'elle envoie au congrès. Vous violez le principe de votre système en passant par dessus la fédération pour déterminer d'office la répartition que les coopératives devront faire de leur contribution.

Remarquez que les coopératives, par le fait même de leur existence, contribuent à déterminer le nombre de délégués auxquels la fédération a droit au congrès général. Il serait dangereux et contraire à notre système d'intervenir, par dessus la fédération, dans la répartition des ressources que les coopératives peuvent nous apporter.

Henriot. — Je suis de l'avis de Jaurès sur la répartition, mais pas sur la question de la part contributive des coopératives. On ne doit pas compter sur le trop-perçu, qui est nécessairement inégal. Deux cas à l'appui de ma thèse. Dans le Nord, la boulangerie coopérative fait des trop perçus considérables qui n'existent pas à Paris où l'on crée des œuvres sociales. Fixez une contribution maximum de 0 fr. 10 par membre. Je demande au comité de s'en tenir à ce chiffre.

Gérault-Richard. — Dans le principe, mon amendement reconnaissait justement au congrès des coopératives socialistes le droit exclusif de fixer la contribution.

Willm. — J'appuie cette proposition ; j'estime que c'est au congrès des coopératives à fixer la part contributive de chacune d'elles. Mais je me sépare de la proposition Révelin, en ce qu'elle laisse aux coopératives la liberté de donner tant au groupe, tant à la fédération, tant au comité général. Il vaut beaucoup mieux partager le montant de la contribution en trois parties égales, dont un tiers serait attribué au

groupe local, un tiers à la fédération, un tiers au comité
général. Il ne faut pas se faire d'illusion sur le degré de socialisme des coopératives, qui sont plutôt modérées. Leur contribution pécuniaire au fonctionnement des organismes du
Parti serait, pour ainsi dire, la constatation pratique de
leur esprit socialiste. Aussi je trouve intéressant de verser
cette contribution aux trois groupements en portions égales.

Gérault-Richard. — Il serait bon de discuter par para-
graphes.

Henriet. — Je persiste à penser qu'il serait préférable
de verser directement au comité général pour la propagande.

Allemane. — Je ne suis pas de cet avis. Ce versement
direct est chose facile pour les coopératives parisiennes ;
mais songez qu'il existe en province des fédérations autonomes dont les coopératives forment presque l'armature,
et alimentent en grande partie les œuvres de publicité et
de propagande. Si on exige de ces coopératives qu'elles
versent directement leur contribution au comité général,
quelle sera leur situation au point de vue local ? En agissant ainsi vous vous trouveriez en désaccord avec nos camarades de province. Sans les coopératives, Gérault aurait-il
mené aisément sa bataille socialiste ?

Jaurès. — Même les coopératives de production sont
excellentes : les diamantaires par exemple......

Allemane. — Ce sont ces coopératives qui constituent
la véritable force de nos amis du Jura et de l'Ain.

Jaurès. — Notre seule préoccupation, en demandant des
versements aux socialistes, c'est de considérer ces versements comme un certificat de socialisme. La coopérative
est un groupe comme le syndicat, comme le groupe politique, un groupe constitutif de la fédération. Le Parti, dans
son ensemble, ne les connait qu'à ce seul point de vue. Si
nous leur imposons de verser un minimum, il faut qu'elles
le versent aux fédérations qui, directement le verseront au
Parti.

Révelin. — Au moment où la commission fonctionnait,
les coopératives qui ont servi de base à sa discussion
n'étaient pas des coopératives prélevant sur leurs trop-
perçus. Il y a trois cas différents : d'abord les coopératives — celles du Nord et du Pas-de-Calais, par exemple,
qui, avant toute vente, fixent un tant pour cent consacré à
la propagande. Ce souci de la propagande est une cause de
majoration du prix de toutes les marchandises.

Jaurès. — La boulangerie socialiste est elle-même organisée sur ces bases.

Révelin. — Certaines coopératives prélèvent sur leurs trop-perçus et combinent ce système avec le premier; d'autres, enfin, imposent à chaque membre une cotisation au profit du Parti socialiste. Par conséquent, la formule de « trop-perçu » est trop particulière. L'argumentation de Jaurès n'est pas décisive; les coopératives sont dans une situation qui n'est ni celle du syndicat, ni celle du groupe. Leurs ressources sont beaucoup plus grandes, et c'est la raison qui m'avait induit à penser qu'il fallait indiquer une cotisation minimum. On semblait d'accord là-dessus, et j'ai pensé qu'il serait bon d'indiquer qu'il pourrait aller une plus grande part au groupe local en province.

Jaurès. — Il n'y a pas un seul groupe qui corresponde directement avec le comité général. Je trouve grave de faire cette brèche au principe de l'autonomie des fédérations. En fait vous centralisez toutes les coopératives au point de vue financier directement sous l'autorité du comité général. Le fait de prélever directement une contribution pour le comité général sans l'intermédiaire des fédérations crée une source de difficultés et un précédent que je trouve dangereux. Nous ne devons imposer les groupes, quels qu'ils soient, que par l'intermédiaire et sous la responsabilité de la fédération à laquelle ils appartiennent. Si, sous le prétexte que les coopératives sont dans une condition spéciale, vous en faites des contribuables directs du comité général, vous faussez le système d'autonomie des fédérations. Voilà mon objection.

Révelin. — On peut mettre que les fédérations verseront au comité général.

Jaurès. — Vous démembrerez ainsi peu à peu les fédérations. Je trouve que nous ne devons exiger qu'une chose des coopératives : — la preuve qu'elles sont socialistes par un versement fait suivant la proportion que la Bourse des coopératives déterminera. Le rôle de la fédération sera de déterminer, à son tour, dans quelles proportions le comité général bénéficiera de ce versement.

Révelin. — Il faudrait que la part de contribution des coopératives fût réglée par le congrès des coopératives, et c'est sur ce point qu'il conviendrait d'établir un amendement.

Jaurès. — Vous ne pouvez préciser davantage parce que

le mot de « trop-perçu » ne s'appliquera pas aux coopératives de production. À la Verrerie ouvrière, les bénéfices
commerciaux ne peuvent être qualifiés de trop-perçu.

Lenormand. — Les représentants des coopératives avec
lesquels je me suis trouvé disaient que ce qui avait été
prévu par l'amendement, avait été aussi prévu par les congrès. Tout le monde sait qu'à l'heure actuelle on cherche à
imposer aux sociétés coopératives nouvelles la doctrine
absolue des principes socialistes. Aussi ne verrais-je pas
d'un mauvais œil que les sociétés coopératives fussent
astreintes à une contribution pécuniaire au fonctionnement
des organismes du Parti. Mais la théorie de Révelin, en exigeant d'elles une part relativement énorme, dépasse la
pensée de la commission. La seule chose à indiquer, c'est
qu'il y aura une répartition égale en trois fractions.

Jaurès. — Il faut sauvegarder l'autonomie des fédérations à laquelle il me parait dangereux de pratiquer une
première brèche ; ce n'est pas le seul motif qui m'engage à
insister pour que les fédérations conservent la libre disposition des ressources de leurs coopératives ; j'avais aussi
dans la pensée le désir d'obliger ainsi chaque fédération à
se créer des ressources coopératives. Si des fédérations
sans coopératives savent qu'une partie des profits d'une
coopérative d'une autre fédération leur reviendra indirecte-
ment, elles se dispenseront de fonder des coopératives. Les
coopératives du Nord, qui sont puissantes et riches, seront
imposées d'une contribution que le comité général pourra
employer à faire de la propagande dans une fédération qui
n'aura pas de coopérative. Je trouve, moi, qu'il est bon
d'obliger cette dernière fédération à se créer, elle aussi, des
ressources en constituant des coopératives dans sa région.
Voilà pourquoi j'insiste pour que les ressources des coopératives conservent une affectation régionale.

Révelin. — Voici un autre amendement ainsi conçu :

« Les coopératives socialistes établiront dans leur congrès
« les règles qui fixeront leur contribution à la propagande
« du Parti. »

Cet amendement est adopté.

Noir. — Avant de passer à la discussion des articles du
titre IV, je dois faire une déclaration au nom du P. S. R.
Nous vous prévenons que nous ne pouvons accepter, du
titre IV, que les articles qui cadrent avec ceux du projet
qui nous est personnel. Notre organisation est tenue de

faire des réserves pour garder la liberté de discuter devant le congrès national les propositions de la majorité.

Révelin. — A propos du titre IV j'ai une communication à vous faire. Après vous avoir présenté d'abord sa première rédaction, la commission, au nom de tous les camarades qui la composent et qui se sont réunis hier, vous présente un titre IV remanié.

La plus grande partie de nos camarades ont semblé désirer qu'il y eût une représentation directe de toutes les fédérations, sans obligation de les grouper régionalement. Dans ce cas, puisqu'on aboutissait à un comité général composé d'un nombre de membres qui pourrait ne pas être inférieur à 100 ou 120, il semblait nécessaire de former une commission administrative permanente. Le comité général se réunissant tous les trois mois en réunion ordinaire, ou toutes les fois que cela serait jugé nécessaire. La conséquence de ce système, c'est qu'un grand nombre de fonctions exercées directement par le Comité général devraient être exercées par la commission administrative permanente.

Willm. — Je dois dire, pour ma part, que je n'ai cessé de faire des réserves sur le titre qui vient en discussion.

Révelin. — Je l'ai rappelé lorsque j'ai présenté le projet.

Jaurès. — Nous allons nous embrouiller si nous lisons deux séries d'articles répondant à deux conceptions différentes. Il me semble que le sentiment unanime, c'est que chaque fédération soit représentée directement : personne ne dit le contraire. Nous donnons donc notre approbation à la rédaction des articles qui répondaient à ce principe.

Gérault-Richard. — Sommes-nous d'avis de discuter d'abord la rédaction répondant à l'avis qui s'était fait jour précédemment ? (Approuvé).

Révelin. — Voici comment seraient rédigés les nouveaux articles :

Art. 16. — Les délégués au comité général sont élus par les fédérations.

Le nombre des délégués de chaque fédération est proportionnel au nombre de ses mandats au congrès national.

Lorsque la fédération a plus d'un délégué, l'élection a lieu au scrutin de liste avec représentation proportionnelle de la minorité.

Art. 17. — Le comité général se réunit tous les trois mois en séance ordinaire.

Dans sa première réunion il nomme une commission permanente composée de trente membres.

Cette élection a lieu au scrutin de liste avec représentation proportionnelle de la minorité.

Art. 18. — La commission administrative se réunit tous les mois en séance ordinaire.

Elle nomme les secrétaires, le trésorier, l'archiviste. Les délégués qui remplissent ces fonctions reçoivent une indemnité.

Art. 19. — La commission administrative remet aux fédérations les cartes d'adhérents des membres du Parti.

Elle reçoit les cotisations perçues au profit de l'organisme central par les fédérations.

Art. 20. — La commission administrative prépare les rapports qui sont soumis tous les ans au congrès national.

Ces rapports sont imprimés et adressés aux fédérations deux mois avant l'ouverture du congrès.

La commission administrative contrôle la presse du Parti, conformément aux résolutions du congrès de Paris 1899, les élus et tous les militants.

Sa fonction essentielle est d'organiser la propagande générale et l'action d'ensemble du Parti.

Art. 21. — Le comité général contrôle les actes de la commission administrative et veille à l'observation des décisions du congrès national.

Briand. — Je ferai une objection. Le projet prévoit deux organes : le comité général et la commission administrative. Cette commission administrative, c'est en réalité une commission exécutive. Pourquoi ne pas indiquer que le comité général nomme son bureau et se subdivise en autant de commissions que peuvent l'exiger les besoins de la propagande et de l'action ? Autrement vous reconstituez une sorte de centralisation dont ne veulent pas précisément les organisations. Je trouve que la première disposition était meilleure.

De la Porte. — La commission unique serait un comité général élu à deux degrés.

Révelin. — Si vous avez un certain nombre de commissions, vous brisez toute action d'ensemble, vous émiettez le travail et vous créez des rivalités. Il est plus simple de procéder comme le Parti socialiste italien, dont le comité général exerce une direction d'ensemble, et dont l'administration demeure centralisée. C'est une nécessité qui s'impose quand les fédérations ont une grande indépendance ; il faut que l'action exercée à Paris soit unifiée. Dans l'autre cas, vous laissez tous les pouvoirs à un bureau de quatre ou cinq membres.

Briand. — Je ne vous cache pas que, s'il en devait être ainsi, je préférerais le projet de nos camarades du P O. F. et du P. S. R. qui a au moins le mérite d'aller plus directement à son but. La commission administrative aurait l'avantage d'être élue par l'ensemble du Parti. La proposition de Révelin tend ainsi à créer une sorte de petit Sénat, à côté de la Chambre des députés.

Révelin. — Ce serait un Sénat contrôlé et révocable.

Briand. — Le système fédéraliste avait pour but de permettre aux aspirations des militants de province de se manifester à la direction du Parti. Pour cela, les fédérations doivent être directement représentées. Le comité général fonctionne très bien aussi. En effet, dès sa première réunion il nomme une commission de trente membres, qui se subdiviserait en sous-commissions travaillant séparément. Je ne vois pas qu'un esprit de concurrence puisse naître entre des sous-commissions ayant chacune sa tâche distincte. Autrement, notre conception d'un parti unifié mais décentralisé n'aurait plus raison d'être.

Vous êtes, en somme, revenu à votre première conception, camarade Révelin, et vous nous y ramenez avec une persistance et une habileté qui vous fait honneur.

Mais, croyez-moi, elle est impraticable ; les militants élus au comité général n'admettraient pas qu'après la première séance tous leurs pouvoirs fussent remis aux mains de trente délégués, surtout à une heure où la moindre fédération demande au comité général à participer directement et effectivement à l'organisation de la propagande et à l'orientation du Parti. Vous avez le désir de voir votre projet revenir intact de la consultation des groupes ? Eh ! bien, si vous ne tenez pas compte des préoccupations que je vous indique, votre projet vous reviendra en lambeaux. C'est un chagrin que je voudrais vous éviter.

Allemane. — Ce qui nous occupe, c'est la difficulté de faire des réunions composées d'un nombre considérable de membres. Il est pourtant certain que nous nous trouverons de plus en plus dans la situation d'avoir à tenir des réunions plénières ; aussi faudra-t-il arriver à fixer un nombre maximum de représentations, quel que soit le faisceau fédéral. Pour ma part, je pense que le chiffre de trois doit être, quant à présent, un maximum.

Révelin. — Alors revenons au système des fédérations groupées régionalement.

Allemane. — Supposez que nous soyons 130 membres ; il s'agira alors de trouver un *modus vivendi*, en faisant par exemple un roulement de commissions. En trois ou quatre convocations tout le comité se trouverait réuni.

Nos camarades du P. O. F. nous avaient proposé la nomination par le congrès. Cela créerait une situation anormale. A côté des 30 ou 40 camarades choisis par le congrès il y en aurait 70 choisis par les fédérations, mais qui ne se réuniraient que tous les trois mois. Le jour où des réunions plénières de tout l'ensemble du comité général auraient lieu, les discussions engendreraient des froissements ; un petit parti d'opposition se constituerait. Ce serait le commencement de la guerre. Craignons l'autoritarisme des 30 ou 40 étrangers auxquels le fait d'être l'émanation directe du congrès pourrait peut-être donner une sorte d'intransigeance. Trouvons une combinaison qui permette l'emploi utile de toutes les énergies ; c'est l'idéal.

Jaurès. — Je crois avec Révelin que la pratique et l'expérience amèneront à centraliser un peu plus l'action du comité général. La dispersion du travail ne pourra se maintenir longtemps : il ne serait pas bon d'avoir une administration trop compliquée. Il ne faut pas absorber dans l'administration du parti les forces qui doivent être réservées pour l'action. Notre appareil administratif est déjà pesant, absorbant. Songez à la somme de forces enlevée à la propagande par le mouvement de l'appareil administratif du Parti. Je crois donc que, très probablement, un comité général, composé de 120 à 130 membres, aboutira à la création d'une commission exécutive moins nombreuse, d'une sorte de commission un peu plus permanente que les autres, et c'est par là que je rentre dans la direction d'esprit de Révelin. Mais je trouve le projet de Révelin dangereux dans sa forme. Si des circonstances impérieuses doivent amener le comité général à prendre dans son sein une commission exécutive à laquelle il déléguera quelques-uns de ses pouvoirs, il faut qu'il reste le maître de son choix et qu'il ne délègue à cette commission que la partie de ses fonctions qu'il voudra bien lui déléguer.

Le danger que présente, à mon sens, le projet de Révelin, c'est d'inscrire dans les statuts du Parti le démembrement du comité général, c'est de préciser les fonctions et le pouvoir dont le comité général, obligatoirement, se dessai-

sira au profit de sa commission administrative. Supposez
que cette commission ne remplisse pas son objet à la satisfaction du comité général ; ne pourra-t-elle pas opposer au
comité général lui-même le statut du Parti tel que vous
venez de le lire et s'en faire une arme à outrance ses attributions ? Je voudrais que l'on maintînt pleine et entière la
liberté du comité général. S'il lui plaît de déléguer tout ou
partie de ses pouvoirs, pour toute l'année ou pour une
période plus courte, qu'il lui soit permis de le faire, mais
il faut qu'il en ait la faculté, et non pas l'obligation. Je conclus au maintien de la liberté du comité général et je suis
d'avis qu'il ne soit pas parlé de commission exécutive.

Capjuzan. — Il y a de graves difficultés dans la proposition de la commission. Il y en a de graves également dans
la proposition de Briand. Vous savez, par exemple, que les
camarades de la province aiment à être représentés d'une
façon directe au comité général. C'est pour cela que nous
considérons qu'il y a un inconvénient matériel à la proposition de Briand. Reste la proposition que nous avons
émise dans notre projet. Allemane disait que, si la commission exécutive était nommée par le congrès, il pourrait
arriver au comité général de se trouver en conflit avec cette
commission exécutive. Mais si la commission exécutive
assume la responsabilité de la direction, elle aura toujours
son poids sur les délégués au comité général. Dans tous les
cas on ne pourrait donner à cette commission qu'un pouvoir purement administratif.

Révelin. — Nous n'avons plus devant nous aucune espèce
de projet ; cela étant, je demande que la question soit renvoyée à la commission.

Renaudel. — La discussion est viciée parce qu'aucun
des projets n'a fixé le nombre des délégués au comité général. Je me rallie à la proposition, faite par Jaurès, d'une
certaine liberté laissée au comité, mais il ne faut pas oublier
que ce que nous faisons, ce n'est qu'un projet qui ne sera
valable qu'après la ratification des groupes.

De la Porte. — Nous sommes en présence, d'abord, du
projet de Révelin, puis de l'amendement de Jaurès. Jaurès
accepte la première partie de la proposition ; on peut faire
la division, et nous voterons ensuite sur la proposition de
Jaurès.

Jaurès. — Notre ami Révelin tient beaucoup, et il a raison
d'y tenir, au principe du projet qu'il vient de nous soumettre. Il en a étudié avec grand soin les dispositions et il

les juge importantes. Il craint que les dispositions que nous préconisons ne sèment dans le Parti des germes de division. Nous écoutons, certes, ses observations, nou seulement sans parti-pris, mais avec la déférence due au soin scrupuleux qu'il a apporté dans la préparation de son travail. Je vous demande seulement, pour indiquer la différence — qui n'est au fond qu'une nuance — entre notre projet et celui de Révelin, — la permission de vous lire l'amendement que j'ai rédigé.

L'art. 17 serait rédigé de la façon suivante :

Art. 17. — Le comité général se réunit au moins une fois tous les trois mois en séance ordinaire.

Dans sa première réunion, il détermine le nombre et les attributions des commissions qui, sous son contrôle, administrent le Parti.

Le comité général nomme les secrétaires, le trésorier, l'archiviste. Les délégués qui remplissent ces fonctions reçoivent une indemnité.

Si l'expérience démontre au comité qu'une commission unique est préférable, rien ne l'empêchera de la créer.

Allemane. — Le comité reste évidemment maître de son organisation intérieure.

Révelin. — Je persiste à penser — bien que cet amendement de Jaurès me donne satisfaction, — que le camarade Briand se trompe. Une expérience de deux années a montré les inconvénients d'un comité de cinquante membres absorbant tout le temps des militants. J'ajoute que la conception de Briand est beaucoup moins logique que celle d'Allemane et que la mienne. Il y a une différence fondamentale entre cette conception et celle du P. O. F. Je pense que l'avenir me donnera raison. Un comité de 120 membres sentira la nécessité d'avoir une commission, mais pas trente-six.

Quant à la représentation des fédérations, aucun des arguments contraires ne m'a touché ; à moins que vous ne proposiez un congrès général national en permanence, vous n'aurez jamais une représentation qui serait le reflet fidèle des fédérations.

Briand. — Si l'on avait dû adopter le nouveau projet du camarade Révelin, autant valait accepter tout de suite le rapport oral qu'il nous a fait à la commission d'unification. On y avait envisagé le rôle des commissions administratives, des commissions exécutives, puis, autour d'elles, des secrétaires de fédération que l'on consulterait de temps en temps. Nous avons rejeté ce système précisément pour appeler les fédérations à la direction du Parti. Aujourd'hui, je vois revenir le premier rapport oral de Révelin sous une autre forme. L'expérience a démontré le danger pour le Parti socialiste d'une centralisation trop grande. Il est temps d'essayer de l'organisation fédérative, laquelle est à la fois plus conforme à l'évolution de notre parti et aux aspirations de la grosse majorité des militants.

Jaurès. — Il faut que mon amendement soit bien insignifiant ou bien sage, pour que, dans la joûte d'arguments qui vient de s'engager entre Révelin et Briand, tout le monde l'ait ménagé. Il me semble que vous pouvez tous le voter. L'inconvénient de la proposition de Révelin, c'est de ne faire du comité général qu'un corps électoral primaire qui après avoir nommé une commission administrative, en fait, disparaît. C'était même la commission exécutive qui, dans le détail de votre projet, nommait le secrétaire, le trésorier et l'archiviste, en sorte qu'aucun des organes agissants du Parti ne sentait sa dépendance.

Révelin. — Briand m'attribue le projet du P. S. R. pour l'élection du comité général. Le rapport oral au comité prévoyait simplement l'élection au scrutin de liste de tous les délégués par le congrès national.

Le projet modifié est bien différent. Il propose la représentation directe des fédérations. La nomination d'une commission exécutive n'est qu'un moyen de simplifier le travail, de réaliser plus vite l'unité.

Allemane. — Nous sommes bien d'accord avec le camarade Révelin, si vous donnez à la commission exécutive toutes ces attributions.

Jaurès. — Je ne dis pas que la commission administrative n'aura pas ces attributions, mais il faut qu'elle les tienne non pas d'un statut qui lierait d'avance le comité général, mais de la volonté libre et toujours révocable du comité général lui-même.

Allemane. — Le nom de commission exécutive me sonne mal aux oreilles.

Jaurès. — Je tends à croire, avec Révelin, que le comité général cherchera à créer un organe de coordination, mais il faut que cet organe n'ait de pouvoirs que ceux qu'il tiendra du comité général lui-même; il ne faut pas que ces pouvoirs découlent d'un statut, d'une autorité qui, n'étant pas toujours présente et agissante, ne pourra exercer aucun contrôle. Révelin disait tout à l'heure : « Il n'y a plus de projet ». Cela n'est pas, il y a son projet avec une modification très modeste.

La vérité est qu'il faudra choisir un taux tel que le plus grand nombre des fédérations n'aient qu'un délégué et que celles-là seulement qui auront un nombre exceptionnellement élevé de groupes aient un nombre de délégués supérieur.

Art. 16. — Les délégués au comité général sont élus par les fédérations.

Le nombre de délégués de chaque fédération est proportionnel au nombre de ses mandats au congrès national.

Lorsque la fédération a plus d'un délégué, l'élection a lieu au scrutin de liste avec représentation proportionnelle de la minorité.

Adopté : sous la réserve que la proportion prévue au paragraphe 2 sera fixée.

Art. 17. — Le comité général se réunit au moins une fois tous les trois mois en séance ordinaire.

Dans sa première réunion, il détermine le nombre et les attributions des commissions qui, sous son contrôle, administrent le Parti.

Le comité général nomme les secrétaires, le trésorier, l'archiviste. Les délégués qui remplissent ces fonctions reçoivent une indemnité.

Adopté.

Art. 18. — Le comité général remet aux fédérations les cartes d'adhérent des membres du Parti.

Il reçoit les cotisations perçues au profit de l'organisme central par les fédérations.

Adopté.

Art. 19. — Le comité général prépare les rapports qui sont soumis tous les ans au congrès national.

Ces rapports sont imprimés et adressés aux fédérations deux mois avant l'ouverture du congrès.

Adopté.

Art. 20. — Le comité général contrôle la presse du Parti, conformément aux résolutions du congrès de Paris 1899, les élus et tous les militants.

Sa fonction essentielle est d'organiser la propagande générale et l'action d'ensemble du Parti.

Adopté.

La séance est levée à 11 heures 50.

SÉANCE DU 7 DÉCEMBRE

Présidence du citoyen **Jaurès**, *délégué de la fédération du Tarn.*

Présents (personnellement ou par leurs suppléants) : Bagnol, Béguin, Briand, Clauzel, Cipriaui, de la Porte, Fribourg, Gérault-Richard, Jaurès, Joindy, Krauss, Landrin, Lenormand, Lévy, Lignières, Marchand, Orry, Parassols, Patay, Paul Louit, Ponard, Poulain, Puges, Renaudel, Révelin, Stern-Maydieu, Toussaint, Willm.

Excusés : Camélinat, Chauchoprat, Donier, Favrais, Imbert, Salembier.

Absents : Bertrand, Blum, Bourderon, Brunellière, Carnaud, Dejeante, Dubreuilh, Fauga, Fournière, Lepage, Létang, Ch. Longuet, Martinet, Picau, Reisz, Richard, Ser, Semanaz, Tanger.

Jaurès. — Je dois vous donner lecture de deux propositions déposées sur le bureau. Voici la première :

« Considérant :

« Que l'unité de doctrine fondée par le congrès national socialiste de 1899, que l'unité pratique décrétée par le congrès de 1900, imposent nécessairement l'unité de candidature dans tous les cas où des candidatures socialistes dressées en face des candidatures bourgeoises, affirment le caractère de classe pris par la lutte électorale ;

« Que les candidatures socialistes doivent, par leur impersonnalité, constituer la satisfaction des aspirations sociales de Parti et non de préférences particulières ;

« Que les luttes électorales doivent avoir pour but plus encore l'extension de la propagande que la conquête immédiate d'une faible partie des pouvoirs publics ;

« Que cette façon de voir mérite d'autant plus de considération qu'il est accordé dans les congrès du Parti une représentation basée sur le nombre des voix électorales et qu'il faut établir le minimum des garanties à exiger ;

« Que si les candidats n'ont le moyen de refuser aucun concours, il faut au moins que ces concours n'aient pas été raccrochés, grâce à la mise en poche plus ou moins franche d'un drapeau qui doit être largement déployé pour la bataille ;

« Que le succès doit dépendre plus des affirmations de principe que « des manœuvres de la dernière heure » ;

« Que les principes actuels du socialisme, s'ils sont nettement définis, peuvent présenter cependant aux yeux de ceux qui n'y sont pas préparés par une étude approfondie, l'aspect, commun à toutes les affirmations doctrinales, de formules un peu cabalistiques ;

« Qu'il est donc nécessaire d'établir, par voie de conséquence, les applications qui en découlent, sur lesquelles tous les socialistes sont d'accord, et même les réformes immédiatement exigibles en attendant le jour prochain où la Révolution balaiera définitivement la société capitaliste, (telles que la suppression des armées permanentes, comme favorisant la suppression des frontières et par cela même l'entente internationale des travailleurs, — telles que les représentations proportionnelles pour la conquête du pouvoir, — telles que, enfin, le remplacement de la propriété privé par la propriété collective ou commune, la suppression des budgets des cultes, de la guerre, de la marine, etc., etc.) :

« Par ces raisons, les soussignés demandent au C. G. de soumettre à l'examen des groupes l'addition suivante au paragraphe du titre IV, déterminant les fonctions du C. G :

« 1° Le C. G. sera chargé d'élaborer un programme électoral législatif, de jeter les bases d'un programme municipal auquel les fédérations départementales auront à ajouter leur contribution en ce qui concerne les exigences locales, de constituer, d'accord avec la confédération du travail, un programme économique. Ces travaux seront soumis au congrès national suivant ;

« 2° Nul candidat ou élu ne pourra se recommander du Parti, s'il n'a fait, dès le premier tour de scrutin, l'affichage du programme commun, — restant bien entendu, d'ailleurs, que les candidats conserveront toujours la possibilité d'ajouter à ce programme.

« Renaudel,

« Paul Louit,

« P. Lignières,

« Briand. »

Renaudel. — Je tiens à préciser dans quel esprit nous avons fait cette proposition. L'autre jour, dans l'article qui nous a donné satisfaction sur la question de l'unité de candidature, on a inscrit que les candidats devaient se recommander du Parti et indiquer sur leur affichage qu'ils se ralliaient aux trois formules définies par le congrès de 1899. Nous estimons que cela n'est pas tout à fait suffisant, que la formule mise sur un programme n'indique pas toujours d'une façon absolue quelle est l'intention de celui qui demande les voix des électeurs, et nous désirerions plus de précision. Il y a des points sur lesquels tous les socialistes sont d'accord et qu'on pourrait indiquer ; nous en avons mentionné quelques-uns à titre d'indication. Nous serions heureux qu'on fit mention de notre désir dans le projet qui sera soumis aux groupes qui, j'en suis convaincu, approuveront cette idée. Dans tous les cas, la fédération de Seine-Inférieure a adopté cette façon de voir.

Jaurès. — Il y a deux parties dans votre proposition : l'une relative à l'unité de candidature, réglée par un vote ; une autre où vous demandez que le comité général futur soit chargé de préparer un projet de programme commun à tout le Parti, que ce projet soit soumis aux congrès nationaux et qu'il devienne ensuite, au même titre que la déclaration générale du Parti, la loi des candidats. On pourrait sur ce point vous donner satisfaction en introduisant un article conçu dans ce sens dans les fonctions du comité.

Gérault-Richard. — C'est une constitution que nous faisons, nous n'avons pas à régler l'ordre du jour des prochains comités généraux. Il suffit que la motion du citoyen Renaudel soit enregistrée par le secrétariat ; il en sera ainsi pris acte au prochain comité général. Si nous l'inscrivions dans nos statuts, nous serions obligés ensuite de la supprimer.

Briand. — L'observation de Gérault-Richard est juste : ici, nous n'avons pour mission que d'arrêter les bases de la constitution du Parti. Il est évident que cette proposition sort du cadre général de cette constitution. Cependant, comme nous aurons à aborder les élections législatives avec, autant que possible, des candidats dans chaque circonscription, à l'unité de candidature il faudra bien ajouter l'unité de programme. Pourquoi le congrès ne s'en occuperait-il pas avant les élections ?

Gérault-Richard. — Quelque forme que nous donnions à nos travaux, il n'en est pas moins vrai que c'est le statut du Parti que nous dressons. Nous faisons un projet qui n'a que la forme interrogative, mais avec l'espoir de fonder quelque chose de durable. Il suffirait que le citoyen Renaudel présentât sa motion devant le prochain congrès et qu'il l'invitât à charger le comité d'introduire cette motion dans la préparation des statuts.

Lignières. — Il me semble que la constitution du programme pourrait être considérée comme une fonction permanente du comité général. Dans l'établissement des statuts, nous pouvons déterminer ses attributions de telle sorte qu'il eût la surveillance du programme dont la confection, vous le savez, exige un travail continuel.

Révelin. — Je pense que nous pourrions ajouter un article dans ce sens, bien que, pour ma part, je n'accepte pas certains considérants du projet et que, de plus, je sois choqué par telle ou telle expression. Je n'accepte pas, par exemple, qu'on appelle « cabalistiques » les formules du Parti...

Renaudel. — Nous ne demandons pas l'adoption littérale de nos considérants. Nous avons simplement voulu dire par l'expression « cabalistiques » qualifiant les formules philosophiques du Parti, que ces formules avaient un sens un peu vague...

Révelin. — Je prétends, moi, que ces formules sont claires et précises ; celui qui ne les comprendrait pas dans leurs éléments les plus simples aurait reçu une éducation socialiste vraiment singulière.

Ce que je crois, c'est qu'il serait possible de rédiger un article modestement conçu ainsi :

« Le comité général préparera un programme commun « pour les élections législatives et municipales. Ce pro-« gramme sera soumis au congrès de 1902, avant les élec-« tions. »

Ce n'est pas le programme maximum que vous avez à préparer, mais le programme commun des revendications immédiates : c'est là que résident les difficultés les plus graves et que surgit devant vous le problème du programme agraire. Pour le congrès prochain nous ne pouvons pas faire autre chose que de régler l'unité du Parti, et, pour le congrès suivant, à peine serons-nous prêts à dresser un programme commun de revendications immédiates.

Landrin. — J'appuie la proposition de Révelin, non pas que je combatte l'idée du programme commun......

Jaurès. — Personne ne le combat...

Landrin. — ... mais c'est l'affaire du Congrès. Il s'agit d'un programme d'application pratique, et nous avons besoin d'avoir les lumières de nos camarades. L'important est que le congrès ait lieu avant les élections générales.

Jaurès. — Tout le monde se rallie à la motion de Révelin...

Renaudel. — Le citoyen Révelin vient de nous donner une satisfaction qu'il nous avait refusée tout d'abord. Nous l'obtenons aujourd'hui, quelque modeste qu'elle soit.

Jaurès. — Elle n'est pas modeste ; elle doit vous contenter pleinement.

Renaudel. — Parfaitement, mais c'est le citoyen Révelin qui l'avait qualifiée lui-même de modeste.

Jaurès. — Je mets aux voix l'article distinct proposé par Révelin.

Adopté.

Révelin. — Puisque vous êtes en train d'indiquer vos exigences à l'égard des candidats aux élections législatives et municipales, je vous proposerai d'ajouter un mot à l'article 9 *bis* additionnel :

« Nul ne pourra être considéré comme candidat socia- « liste, s'il ne rappelle, « en le commentant » dans ses « professions de foi... »

Gérault-Richard. — Où vous voyez une garantie, je vois un danger. Il y aura tel candidat qui, sous prétexte d'expliquer ce qu'est la substitution de la propriété collective à la propriété capitaliste, en arrivera à vouloir prouver à ses électeurs que c'est une propriété plus individuelle que l'autre... Il y a des organisations qui ont passé la plus grande partie de leur existence à prouver que la petite propriété paysanne devait être défendue par notre Parti — ce qui est contraire à la théorie socialiste. Je m'élève avec une sombre énergie contre la proposition de Révelin... (Rires).

Jaurès. — Connaissez-vous un seul procédé mécanique pour vous assurer de la sincérité des candidats ?...

Voici l'autre projet de résolution dont je vous parlais tout à l'heure :

PROJET DE RÉSOLUTION

Les soussignés, estimant qu'il y a lieu de prendre certaines mesures pour assurer la complète sincérité de ceux qui se réclameront, à l'avenir, du Parti socialiste ;

Que la délimitation, en quelque sorte, des frontières du Parti devient d'autant plus indispensable qu'une fois l'unité réalisée, les actes et les attitudes des militants engageront, au moins moralement, le Parti tout entier ;

Que, pour ces motifs, il serait illusoire, autant qu'insuffisant, de se borner à exiger, notamment des candidats aux diverses fonctions électives, l'apposition, sur les murs de leurs circonscriptions, d'affiches reproduisant les termes de la déclaration de principes, ayant servi de base à la convocation du congrès de 1899 ;

Que pour rendre impossible l'acceptation de cette formule, trop vague, par des candidats dont l'étiquette socialiste n'est qu'un expédient d'arriviste, il est nécessaire de définir en termes précis et nets les principes directeurs du socialisme révolutionnaire, qui constituent son comité de doctrine ;

Pour ces motifs, les soussignés demandent au comité général de voter l'adjonction, à l'un des articles du projet soumis par la commission d'unification, du paragraphe suivant :

« Les candidats à toute fonction élective devront, sur l'affiche rappelant les principes généraux du socialisme moderne, ajouter la déclaration suivante sans pouvoir y substituer aucune autre formule :

« Nous sommes socialistes parce que nous poursuivons
« la disparition de la propriété privée et de toute appro-
« priation individuelle.

« Nous sommes révolutionnaires parce que, résolus à
« substituer à la société capitaliste actuelle une société
« basée uniquement sur le collectivisme ou le communisme,
« nous ne nous bornons pas à enregistrer les évolutions
« successives dont la révolution est le constat brutal, mais
« au contraire parce que nous proclamons la nécessité de
« recourir à tous les moyens pour favoriser ces évolutions
« et avancer l'heure de la Révolution.

« Nous sommes internationalistes, et réclamons, comme
« tels, l'abolition des armées permanentes, seul moyen
« d'obtenir la disparition des frontières dressées en're les
« peuples.

« A. WILLM, délégué du P. O. S. R. ; PAUL FRIBOURG, pour la Nièvre ; TH. CORDÉ, du P. O. S. R. ; A. LENORMAND, délégué de l'Yonne ; EUG. REISZ ; DE LA PORTE ; LÉVY ».

Révelin. — Je vous demande d'écarter ce projet. Il a été décidé qu'on dresserait un programme commun pour les élections législatives et municipales. C'est au moment où on dressera ce programme commun qu'il conviendra de le faire précéder d'une déclaration générale de principes. C'est ce qu'ont fait jusqu'à présent toutes les fractions du Parti socialiste en France et dans tous les autres pays. Avant de formuler les revendications immédiates, il faudra établir les considérants du programme. Je crois que les camarades qui ont déposé ce projet auront satisfaction par l'article dans lequel il est dit que le programme commun adopté par le Parti dans son ensemble pour les élections devra être précédé de considérants généraux développant la doctrine du Parti d'une manière suffisamment explicite.

Fribourg. — Les explications du camarade Révelin sont suffisantes. Pour le moment, nous n'avons qu'un terrain d'entente commun, les trois points qui ont servi de base à la convocation du congrès ; nous demandons qu'on commente ces trois points dans un sens révolutionnaire. Mais, jusqu'à ce qu'un congrès ait décidé un programme commun pour tout le Parti, nous demandons que les candidats puissent se recommander d'une déclaration de principes communs également.

Allemane. — Je considère que cette déclaration doit émaner d'un congrès. Je demande le renvoi de la proposition au prochain congrès.

Jaurès. — Nous pourrions donner satisfaction à la tendance générale de l'amendement, à peu près comme à celui du citoyen Renaudel.

Nous venons de décider qu'un programme commun serait élaboré par le congrès de 1902 ; ne pourrions-nous pas dire que ce programme sera précédé de considérants théoriques expliquant le sens des principes généraux du Parti, et que les candidats seront tenus de s'en inspirer ?

Révelin. — On pourrait ajouter ceci à l'amendement qui a été déjà adopté :

« Ce programme contiendra à la fois l'exposition des
« principes théoriques du Parti et ses revendications immé-
« diates. »

En attendant, nous ne pouvons rien faire ; c'est au congrès à se prononcer.

Jaurès. — Votre motion n'aurait un intérêt immédiat que si nous pouvions nous en servir pour déterminer le choix des délégués au congrès constituant. Or, nous n'avons pas le droit de modifier les bases de convocation ; par conséquent, ce n'est qu'à partir du prochain congrès que votre proposition trouvera son application. Alors, on établira un exposé de principes que l'on aura étudié avec soin ; celui que vous avez proposé est un peu sommaire et prête à autant de malentendus que les formules générales. Il faudra des considérants beaucoup plus explicites, pour dissiper ces malentendus.

Révelin. — Voici l'article que nous pourrions adopter :

« Le comité général préparera un programme commun « pour les élections législatives et municipales. Ce pro- « gramme sera précédé d'un exposé théorique des principes « du socialisme. Il sera soumis au congrès de 1902, avant les élections. »

Gérault-Richard. — La rédaction de Révelin offre une lacune ; elle dit que ce programme sera soumis au congrès de 1902 ; il me semble que ce projet de programme devrait être mis à l'étude dans tous les groupes de France : il faut que le Parti socialiste prépare l'œuvre du prochain congrès.

Révelin. — Nous pourrions modifier l'article ainsi :

« Ce projet sera mis à l'étude dans les fédérations et « soumis au congrès de 1902, avant les élections. »
Adopté.

Révelin. — Avant de commencer le chapitre sur le rôle des élus, je vous demanderai de faire une modification de pure forme, qui devient nécessaire à la suite de ce que vous avez voté hier, à propos des coopératives.
L'article 2, paragraphe 2 :
... « et les coopératives ont l'obligation d'attribuer à la propagande une part de leurs trop-perçus. »
serait ainsi rédigé :
... « et les coopératives sont obligées d'attribuer une subvention à la propagande socialiste. »
Adopté.

Paul Louit. — Au sujet du titre IV, j'ai une proposition à faire. La commission ne parle pas de la création d'un organe socialiste appartenant au Parti. Songez aux avantages considérables que le Parti retirerait d'un journal qui serait sa propriété et refléterait aussi exactement que possible l'opinion de la masse socialiste. C'est pour réaliser ces avantages que je dépose un vœu relatif à la création d'un journal qui serait la propriété du Parti

Landrin. — J'appuie cette proposition. Le jour où nous posséderons un journal, nous aurons fait un grand pas. Ce journal sera-t-il d'abord quotidien ou hebdomadaire ? C'est le congrès qui, sur ce point, décidera d'après l'importance de nos ressources. Mais, dans tous les cas, nous avons besoin d'un organe officiel du comité général, d'un bulletin qui publiera nos comptes-rendus et nous mettra en rapport avec les groupes de province qui se plaignent de notre inaction apparente.

Jaurès. — L'inconvénient de cette proposition est de transformer en règlement ce qui ne peut être qu'un vœu.

Révelin. — On pourrait ajouter cette proposition au projet sous forme de vœu.

Jaurès. — On pourrait indiquer qu'on ne l'a pas formulée expressément, parce qu'on ne veut formuler que ce dont la réalisation dépend de la volonté immédiate du Parti, mais qu'un des principaux objets et avantages de l'unification sera de permettre la création rapide d'un journal officiel qui serait la propriété administrative autant que politique du Parti. Vous contentez-vous de cela ?

Paul Louit. — Je m'en contente.

Titre V. — Le groupe parlementaire.

Révelin. — Pour le titre V, je me suis borné à en rédiger les articles d'après les décisions du premier congrès de Paris, du comité général. et du groupe parlementaire. Ces articles additionnels sont les suivants :

Art. 1. — Les députés socialistes forment à la Chambre un groupe parlementaire unique. Ce groupe est fondé sur les mêmes principes que le Parti lui-même.

Les membres du groupe parlementaire établissent eux-mêmes leur règlement intérieur. Ils doivent se réunir et se concerter pour réaliser autant que possible l'unité de vote et, dans les cas douteux, consulter le comité général.

Art. 2. — Pour la propagande et pour les grèves les membres du groupe parlementaire s'inscrivent à tour de rôle au tableau de service.

Le secrétaire du groupe dresse l'état des inscriptions et le communique au secrétaire du comité général.

Le secrétaire du comité général fait connaître au secrétaire du groupe parlementaire les demandes qui ont été adressées au comité général.

Art. 3. — Le groupe parlementaire présente chaque année un rapport au congrès national. Ce rapport est transmis au comité général, imprimé et adressé aux fédérations avant l'ouverture du congrès.

Allemane. — Je crois qu'à ce sujet il serait utile d'entendre un des représentants du groupe parlementaire.

Landrin. — Vous dites que dans les cas douteux ils consulteront le comité général ; cela me paraît bien difficile ; car, généralement, les dissidences qui se produisent dans le groupe socialiste proviennent d'incidents de séance.

Révelin. — Nous avons eu en vue des cas comme celui de la loi Millerand-Colliard.

Bagnol. — S'il y a plusieurs propositions de loi connexes. est-ce le comité général qui sera chargé d'arrêter le texte définitif de la proposition de loi à déposer ?

Je suppose que des organisations syndicales nous présentent une proposition résultant de vœux émis par le congrès. Est-ce le comité général qui transmettra ces vœux du congrès au groupe parlementaire, ou bien les organisations syndicales intéressées soumettront-elles directement à ce groupe le texte de leur proposition ?

Supposez que les coopératives, par exemple, dans le cas où des lois de coercition seraient édictées contre elles, viennent vous demander du secours et vous soumettent une proposition. Il peut se faire que cette proposition, au point de vue parlementaire, soit mal rédigée, et qu'il y ait lieu de la mettre au point.

Je voudrais en somme, connaître la filière que suivront les propositions émanant de groupes.

Gérault-Richard. — Je crois que la rédaction lue par notre ami Révelin a le grand inconvénient de concentrer dans le sein du comité général la vie intellectuelle et politique de notre Parti. Je ne crois pas qu'il appartienne au comité général d'inspirer le groupe parlementaire, pas plus qu'aucun des autres organes de notre Parti.

Je suppose, comme le disait tout à l'heure Bagnol, qu'un projet de loi nuisible aux coopératives soit soumis au Parlement et que les coopératives se tournent vers le comité et lui demandent du secours. Le comité ne peut s'arroger le droit de siéger en une sorte de petit conseil d'Etat chargé de préparer ou de réviser les lois. Il devra borner son rôle à saisir le Parti dans son ensemble. Il faut que la vie du Parti soit distribuée dans les moindres fibres de ses organes. N'avons-nous pas une tendance à usurper une sorte de dic-

tature sur nos commettauts ? Je pense que la pensée socia
liste ne doit pas être accaparée par quelques-uns, mais
qu'elle doit rester la propriété de tous. Il faut commencer
par socialiser le socialisme.

Briand. — Je suis tout à fait de l'avis de Gérault-Richard.
Je considère que l'institution fréquente du referendum serait
une excellente chose ; mais il ne faudrait pas lasser les militants et les groupes, en instituant ce referendum sur des
questions secondaires.

Le comité général, dans notre conception, sera une représentation si parfaite de l'ensemble des forces prolétariennes,
étant donné que chacune des fédérations y sera représentée
par un délégué en contact continuel avec elle, qu'il suffira
de réunir ce comité général pour avoir l'avis même de l'ensemble du prolétariat. Réservons le referendum pour les
cas exceptionnels.

Gérault-Richard. — J'estime qu'en ce qui concerne les
projets de lois qui ressortent de notre doctrine, sur la grève
ou l'arbitrage obligatoire, sur la durée légale de la journée
de travail, etc., nous devons en référer à l'ensemble du
Parti. Il se peut très bien, par exemple, que le délégué de
la fédération de la Bretagne, sur une question aussi grave
que celle de l'organisation de la grève, de la propagande
agricole, ou de telle autre question intéressant plus particulièrement cette fédération, ne soit pas tout à fait d'accord
avec le groupe qu'il est chargé de représenter ; les mandants
peuvent avoir une conception différente de celle de l'ensemble de la fédération. C'est l'hypothèse qui m'induit à
penser que nous ne devons pas avoir peur de consulter les
groupes eux-mêmes.

Nos groupes, ne recevant pas de nous de sujets d'étude,
ne participent pas à la direction du Parti. Quand ils auront à
étudier des questions d'intérêt général, ils ne penseront pas à
se critiquer les uns les autres, et ce sera la meilleure garantie
de l'unité. Il faut que l'intensité de la vie politique de notre
Parti l'empêche de se dépenser dans des querelles inutiles.

Lévy. — Je partage l'opinion du citoyen Gérault-Richard
et je l'appuie par l'exemple du secrétariat du Parti ouvrier.
Nous avions là cinq délégués qui étudiaient ensemble les
projets. On employait le referendum toutes les fois qu'il
était nécessaire. Les délégués des fédérations des groupes
de province envoyaient à leurs groupes les questions soumises à l'examen du secrétariat. Les résultats de ce mode
de procéder étaient excellents.

Révelin. — Cette proposition fait naître en mon esprit une crainte qui me paraît sérieuse. Cette tendance à mettre en mouvement le Parti tout entier et à tout propos, n'aura-t-elle pas pour conséquence de soustraire, en fait, les élus à tout contrôle, de les abandonner uniquement à leur inspiration personnelle, pendant que nous mettrons en mouvement le referendum qui est, vous le savez, une machine compliquée et qui fonctionne lentement ?

Il n'est pas exact de dire que les groupes ne se prononcent pas. En réalité, ils se prononcent très fréquemment, mais sans avoir toujours approfondi les questions, ou sans avoir en mains les documents indispensables pour émettre un jugement fortement motivé.

D'autre part, je rappelle un fait que nous connaissons tous. L'an dernier, lorsque la loi réglementant les heures de travail est venue en discussion à la Chambre, beaucoup de nos camarades élus nous ont déclaré qu'ils auraient été heureux auparavant de connaître l'opinion du comité général, et je ne crois pas être dans l'erreur en disant que la discussion au comité a été plus approfondie qu'au Parlement.

Il est certain que des indications utiles peuvent être fournies par le comité général. J'ajoute que ces indications pourraient empêcher des surprises comme celles de la motion Massabuau. Les élus n'ont-ils pas recueilli au comité et au congrès des indications de tactique qui leur ont servi ? Il en est résulté que, cette année, au Parlement, ils se sont trouvés dans une situation bien meilleure que les années précédentes.

Il serait bon que nous n'eussions pas la superstition du referendum. L'expérience du referendum, faite dans des pays démocratiques comme la Suisse, démontre qu'il offre des garanties en empêchant les libertés publiques d'être menacées. Mais ce n'est qu'un instrument imparfait.

Jaurès. — La pratique du referendum suppose une étude préalable au comité général lorsque le Parti se trouve en présence d'un projet de loi à longue échéance.

Mais il est des cas où on n'a pas le temps de faire ce referendum ; alors, comme avait raison de le dire le camarade Briand, on ne peut en faire une obligation. Que les membres du groupe parlementaire aient alors la faculté de consulter le comité général. J'estime que cette consultation leur serait souvent utile pour aboutir à l'unité de vote. Lorsqu'ils sont en face de deux tendances différentes, s'il leur est utile et même nécessaire de les faire arbitrer et qu'il n'y ait pas le temps de descendre jusque dans les groupes, à qui s'adresseront-ils, sinon au comité général, qui, dans un prochain mode de constitution, représentera exactement l'opinion générale du Parti ?

Landrin. — Je ne crois pas qu'il soit possible de se servir du referendum pour tous les cas — même pour des cas d'une certaine importance : je crois qu'on ne pourra y avoir recours que dans des circonstances tout à fait particulières.

Je ne redoute pas le referendum ; il s'adresse à des militants dans lesquels nous pouvons avoir confiance, mais il me paraît difficile de le réaliser. Le referendum terminé, vous vous trouverez en présence d'une majorité et d'une minorité. Cette minorité n'aura-t-elle pas le droit d'être représentée au Parlement ? Pourrez-vous dire à certains députés, lorsque le referendum se sera produit : « Vous ne parlerez pas en faveur de tel ou tel projet de loi, parce qu'une forte majorité s'est prononcée contre lui ». La voix de la minorité ne pourra-t-elle trouver d'écho ?

Révelin. — Il n'y a rien d'absolu dans le projet : il y a l'expression « autant que possible ».

Allemane. — Le referendum est un mode d'éducation de nos camarades, et nous ne devons pas le négliger : la consultation sera pour les groupes un stimulant au travail.

Jaurès. — Nous oublions un peu, me semble-t-il, que le mode de composition que nous venons de déterminer pour le comité général ne permettra pas de le faire intervenir aussi souvent. Nous constituons un comité général si nombreux qu'il ne pourra guère tenir de réunions plénières effectives que tous les trois mois et qu'il sera obligé de déléguer ses fonctions administratives à des commissions. Or, ce n'est pas à des commissions que vous pourrez confier le soin de donner impulsion et direction aux groupes ; tout au plus le comité général dans son ensemble aurait-il assez d'autorité pour jouer ce rôle.

Par conséquent, il nous faut prendre notre parti de laisser au groupe parlementaire — sous la condition, bien entendu, d'un contrôle général du comité et d'un contrôle supérieur du congrès — une grande part d'initiative et de responsabilité. Il est impossible qu'il en soit autrement, parce que l'activité parlementaire est incessante, énorme ; il se produit à tout moment des combinaisons législatives auxquelles il faut faire face par une action immédiate.

Remarquez que nous venons de décider qu'il y aura un

programme du Parti ; ce programme, nous tâcherons de le
faire aussi étendu que possible et de telle sorte qu'il s'applique à la totalité des questions présentes ou des pro-
blèmes prochains : par conséquent la règle générale du
groupe socialiste parlementaire sera tracée par le programme du Parti et, s'il y a des lacunes, les congrès
annuels seront appelés à les combler. Ainsi, la direction
étant toujours donnée au groupe parlementaire par le Parti
lui-même, la tâche du comité général sera beaucoup moins
d'élaborer aux lieu et place du groupe parlementaire des
projets de loi, que de constater s'il n'y a pas des écarts trop
graves entre la direction du groupe parlementaire et la
ligne de conduite indiquée par le programme du Parti. Je ne
pense pas qu'on puisse aller au-delà.

Il y a sur l'unité de vote un point sur lequel des scrupules me sont venus, depuis que nous avons voté la représentation proportionnelle des minorités dans le congrès national.
Il me semblait que, si nous établissions la représentation
des minorités à tous les degrés, cette représentation devait
aussi avoir sa place au Parlement lui-même. Puisque vous
donnez aux groupes dans les fédérations le moyen de faire
entendre leur conception particulière dans le comité général,
et que vous imposez au comité général l'obligation de faire
parvenir au congrès national le sentiment de la minorité,
puisque vous exigez que cette minorité du congrès national
ait sa représentation dans le comité général lui-même, il
serait étrange que la minorité eût la faculté de faire entendre sa voix partout excepté au centre de l'action la plus
efficace, c'est-à-dire au Parlement.

Longuet. — Au Parlement, le groupe socialiste est en
face de l'ennemi bourgeois, tandis qu'ailleurs il ne s'agit
que de représentation proportionnelle parmi des socialistes.

Jaurès. — Que le Parti socialiste délibère au Parlement
ou se réunisse au congrès national ou au comité général, il
est toujours en face de l'ennemi.

Reisz. — Je suis de l'avis de Longuet. Lorsque nous
admettons la représentation de la majorité et de la minorité, c'est parce que nous nous faisons des concessions réci-
proques entre camarades ; mais ces mêmes concessions
n'ont pas leur raison d'être devant l'ennemi commun auquel
il faut opposer, à la Chambre, le bloc de l'unanimité d'opinion.

Lignières. — Je suis de cet avis. Il est vrai que la minorité est représentée à la Chambre aussi bien que la majo-

rité, mais l'une et l'autre doivent s'unir pour faire bloc devant la Chambre bourgeoise, de même que les groupes doivent renoncer à la multiplicité des candidatures en présence du candidat ennemi.

Cordé. — J'estime que nous devons laisser une certaine initiative au groupe parlementaire tout en lui demandant de réaliser l'unité d'opinion le plus souvent possible. Il y a des cas où le comité général pourrait intervenir, quand il s'agirait de projets de loi à longue échéance, il pourrait se mettre en rapport avec le groupe parlementaire pour la discussion approfondie de ces projets.

Lenormand. — Une des solutions les plus pratiques serait d'établir, en principe, dans l'acte constitutif du Parti, qu'il y aurait au sein du comité général une représentation effective du groupe parlementaire.

Cordé. — Je suis partisan du referendum, mais il y a des cas où il pourra mettre certains députés dans une situation difficile. Supposez, par exemple, que, sur quatre circonscriptions, il y en ait une qui ait sur tel ou tel projet de loi une opinion différente de celle des autres. Obligerez-vous le député de cette circonscription à se conformer par son vote à l'opinion de la majorité ? Vous l'acculerez à la nécessité d'encourir, malgré lui, un blâme de ses commettants. Je pense, moi, qu'il faut laisser une grande latitude à vos élus et n'exiger d'eux que l'unité de vote sur les questions de principes.

Landrin. — Je demande qu'on s'en tienne à la formule de Révelin. Il est probable que certains élus seront aussi membres du comité général, mais il peut se faire qu'il n'y en ait pas. Je suis d'avis de leur réserver une place dans le comité général.

Orry. — Sous quelle forme ? Vous ne pouvez pas considérer le groupe parlementaire comme un groupe spécial.

De la Porte. — Je crois que le referendum est, dans la plupart des cas, impossible à mettre en pratique. D'un autre côté, étant donné le mode d'élection au congrès et au comité, il est évident que le comité général que nous venons d'instituer aura à peu près la même autorité, représentera presque aussi bien les groupes que les représente le congrès, puisque les deux corps sont élus de la même façon. Le comité général sera, on peut le dire, un congrès au petit pied, qui pourra siéger en permanence, étudier et résoudre toutes les questions suivant l'esprit général du Parti socialiste. Ce serait une sorte de petit Parlement socialiste, reflétant presque aussi exactement que le congrès l'opinion du Parti socialiste, et pouvant remplacer le referendum, que vous avez à peu près tous reconnu impossible en pratique. (Protestations).

Jaurès. — Tout le monde va être d'accord sur le texte proposé par Révelin. Verriez-vous, d'un autre côté, un inconvénient à communiquer, dès ce soir, au groupe parlementaire ce qui l'intéresse de notre projet en le priant de nous le retourner avec les observations que la lecture de ce projet lui suggérerait et dont nous tiendrons compte ? (Approuvé.)

L'article 7 est adopté.

Cordé. — Il arrive souvent que les organisations ont des demandes d'orateurs. Quelquefois ces demandes coïncident avec des demandes du même genre faites au comité général; je voudrais que, dans ce cas, on avisât les organisations représentées et que les organisations, de leur côté, avertissent le comité général.

Jaurès. — L'observation de Cordé s'applique à l'ordre intérieur; elle viendra en son temps devant le comité général. (L'article 2 et l'article 3 sont adoptés.)

Bagnol. — Il est incontestable que, dans notre esprit à tous, les fédérations auront droit d'initiative au point de vue des propositions de lois, que ces propositions seront envoyées au comité général qui devra, par l'intermédiaire de son bulletin officiel puisque bulletin il y aura, les renvoyer à l'étude des groupes.

Jaurès. — Si les fédérations ont des élus en qui elles aient une absolue confiance, c'est évidemment à eux qu'elles transmettront d'abord l'indication des projets de lois qui les intéressent.

Béguin. — En supposant que les coopératives aient l'idée d'étudier un projet de loi, et que ce projet de loi n'ait pas toute l'ampleur voulue au point de vue socialiste, alors il est, n'est-ce pas, nécessaire que ce projet soit soumis à l'examen préalable du comité général.

Jaurès. — Vous oubliez que les coopératives socialistes, les seules qui entreront en rapport avec nous, feront partie d'une fédération socialiste. Par conséquent, c'est la fédération socialiste dont la coopérative sera un élément qui transmettra le projet de loi.

Béguin. — Je n'ai cité les coopératives que pour mieux mettre le cas en relief. Mais il peut en être de même d'une fédération départementale quelconque. Les camarades qui la composeront, sans oublier les principes primordiaux du socialisme, pourront, à leur insu, négliger l'intérêt de l'ensemble du Parti. Aussi voudrions-nous, Bagnol et moi, que les projets de lois intéressant le Parti dans son ensemble ne vinssent pas au Parlement avant que le Parti tout entier n'en eût eu connaissance et se fût prononcé. — Par quelle voie procéderez-vous ? vous demandait Bagnol. Par la voie du comité général, du congrès, ou bien mettrez-vous en mouvement le système du referendum ?

Jaurès. — Pour que les projets de loi parviennent au Parlement, il faudra qu'un élu socialiste en soit saisi, et qu'en vertu de la règle qui réalise le plus d'unité possible des votes ainsi que du règlement qui vise le groupe parlementaire, l'élu ne puisse pas proposer un projet de loi d'une certaine importance sans avoir saisi tout le groupe socialiste. Vous avez donc une garantie.

Béguin. — Nous avons satisfaction.

Clauzel. — J'ai à proposer au comité général deux articles additionnels que voici :

« Les groupes et les comités permanents sont invités à « faire figurer sur la carte du Parti délivrée à chacun de « leurs membres la mention de la coopérative socialiste et « du syndicat dont il est l'adhérent. »

Je vous demande la permission de vous en montrer la justesse.

Il y a une pensée très haute qui doit dominer toute cette discussion, c'est que le Parti doit être à la fois une puissante énergie politique et une puissante énergie économique ; nous nous sommes préoccupés de faire du comité général de la fédération des puissances à la fois politiques et économiques, et je prétends qu'entre les deux termes il n'y a pas toute la différence qu'on veut y voir parfois.

Il y a deux unités qui n'ont pas été sur ces deux points l'objet de nos préoccupations : le groupe et le militant lui-même. A plusieurs reprises, on a prononcé dans la discussion le mot de « cellule », pour désigner l'élément irréductible de l'unité dans le Parti. Pour moi, la cellule vivante du Parti, c'est le militant, et j'estime que dans cette cellule doit déjà se trouver à un degré notable, caractéristique, la virtualité économique et politique.

Ajoutez à cela que toutes les fois que l'obligation pour un socialiste d'être syndiqué et coopérateur l'amènera à apporter dans sa coopérative et son syndicat la préoccupation socialiste politique, à orienter son syndicat et sa coopérative d'après les principes directeurs du Parti.

Rappelez-vous aussi que le comité général a été unanime à admettre, d'une part, que syndicats et coopératives auraient à payer au Parti la rançon de leur infériorité en tant qu'organismes politiques, et de l'autre que comités permanents et groupes politiques auraient à payer aux coopératives et aux syndicats la rançon de leur infériorité économique. Nous réaliserons ce double but si tout socialiste inscrit dans un groupe est en même temps connu comme coopérateur et comme syndiqué. Je vous demande d'observer, camarades, qu'en agissant ainsi le Parti socialiste arrivera à exercer la plus importante, la plus pressante propagande.

Il y a une portion notable de la famille humaine qui n'a pas été touchée par la propagande socialiste et qui demeure encore à l'état de masse amorphe dans la vitalité politique et économique du socialisme. Nous ne trouvons pas la femme dans le groupe politique ; nous la trouverons assez rarement au syndicat, puisqu'elle a ses syndicats à elle ; mais nous la trouvons à la coopérative. Là nous pouvons l'habituer à comprendre que nous avons sur toutes choses des pensées qui étaient déjà dans son cerveau à l'état de vision un peu obscure. Il suffit d'en approcher notre propre discussion pour que de ce cerveau jaillissent la lumière, la conscience, la puissance d'idée et d'action.

Je crois, camarades, que vous verrez là un argument qui n'est pas à dédaigner. Mais vous y verrez des objections assez graves.

Nous allons imposer une charge nouvelle au militant. Nous allons l'obliger à être coopérateur et syndiqué, mais la plupart d'entre nous ont éprouvé que ces deux obligations s'accompagnent de toutes sortes de dédommagements et de satisfactions....

Jaurès. — Votre rédaction ne dit pas qu'on sera obligé ?...

Clauzel. — C'est une sorte d'invite morale pressante.

Il y a une autre objection beaucoup plus grave : c'est que dans beaucoup d'endroits il n'y a pas de syndicats et de coopératives. Mais on n'a rien à reprocher aux camarades socialistes sur la carte desquels nous ne trouverons pas la mention de coopérateur ou de syndiqué : il n'y a pas de syndicat dans mon pays, pas de coopérative dans ma région... Mais, d'autre part, ne voyez-vous pas que cette objection se retourne en faveur de mon argumentation, parce que, s'il y a des régions où ne se trouvent pas encore des syndicats, des coopératives, en établissant l'espèce de loi familiale que je vous propose d'adopter, j'invite tous nos camarades socialistes à en créer, s'ils le peuvent. Il se produira ainsi un surcroît de force qui bientôt nous dédommagera largement des quelques pertes appréciables à la pensée desquelles je me suis souvent attaché en écoutant de la Porte et Landrin, lorsqu'ils nous disaient que le droit pour les syndicats et les coopératives d'appartenir définitivement au corps du Parti socialiste pouvait éloigner un syndiqué de son syndicat, un coopérateur de sa coopérative. Il me semblait qu'il y avait là une sorte de déchirement, de blessure fratricide, dont nous n'avions pas facilement le droit de prendre la responsabilité... J'apporte ici le baume nécessaire pour la blessure du Parti socialiste, pour la blessure de la famille économique.

Il est très vrai que dans beaucoup d'endroits il n'y a pas de syndicats et qu'il n'est pas non plus très facile d'en établir. Mais non loin de cet endroit il y a peut-être un syndicat auquel on peut se rattacher, en vertu de cette fiction tout à fait ingénieuse de la pratique de nos camarades syndiqués, qui ont recours au terme « similaire »... Je me rappelle le temps où s'organisait le premier syndicat de l'enseignement libre dans Paris ; la bourse du travail ne voulait pas nous reconnaître ; elle nous obligea à nous associer comme similaires au groupe des employés en écritures. (Rires).

. Eh bien, je crois que beaucoup de nos camarades embarrassés pourraient se faire admettre comme similaires. Encore une fois d'ailleurs, je n'impose pas d'obligation absolue.

Je pense que de la discussion qui va s'instituer sur ma proposition résultera que vous voudrez bien lui accorder la majorité, et je vous assure, après y avoir bien réfléchi, que vous vous donnerez à vous-même le témoignage que vous avez accompli, en votant cet humble projet de résolution, un des meilleurs actes de toute notre discussion, marquée cependant d'un côté de tant d'intelligence, de prudence et de sagacité, et de l'autre, de renoncement et d'esprit de générosité. (Vive approbation).

De la Porte. — Je me rallie à cette proposition. Je me suis opposé à l'entrée des syndicats dans le Parti socialiste et non à celle des syndiqués. J'ai même ajouté que je considérais que le premier devoir du militant socialiste était de prendre dans son syndicat une part active à l'action syndicale, et de faire partout où il le pourrait de l'action coopérative. J'ai toujours dit que le militant socialiste, pour être complet, devait être en même temps un syndiqué et un coopérateur.

Par conséquent, je me rallie à la proposition de Clauzel, tout en conservant ma conception qu'il est mauvais que les coopératives, et surtout les syndicats, adhèrent en tant qu'organismes corporatifs au Parti socialiste.

Révelin. — Je trouve que cette proposition ne doit pas trouver sa place dans le titre premier, parce que ce n'est pas à ce moment-là qu'on parle des cartes d'adhérents ; il vaudrait mieux la faire figurer à la suite de l'article 19, où il en est fait mention.

Clauzel. — Je l'admets très bien.

Révelin. — A l'article 19, nous ajouterions :

« Les groupes et comités permanents sont invités à faire
« figurer sur la carte du Parti délivrée à chacun de leurs
« membres la mention de la coopérative socialiste et du
« syndicat dont il est l'adhérent ».

Longuet. — Cela regarde le comité général.

Clauzel. — Je prie d'observer que les cartes sont bien délivrées par le Parti, mais elles ne sont délivrées que par une série d'intermédiaires. Le comité général les envoie à la fédération, la fédération à l'union, l'union aux groupes, et c'est au groupe que se fait l'état civil de chaque militant.

Jaurès. — Il me semble tout de même que nous ne devons tracer de règle qu'à nos fédérations. Ce sont les fédérations qui, en envoyant les cartes aux groupes, leur donneront comme instructions d'ajouter sur la carte les titres syndicaux et coopératifs du militant. Il faut dire, selon moi : « les fédérations sont invitées, etc. »

De la Porte. — Je suis de cet avis.

Révelin. — Ce serait plus logique.

Renaudel. — Etant donné que vous distribuez les cartes, vous serez obligés de faire des cartes au nom du Parti socialiste, mais il faudrait qu'il y ait une mention pour les groupes.

Révelin. — La proposition que fait de la Porte sera beaucoup plus claire et plus logique. Il y a une seule carte d'adhérent au Parti et la fédération est invitée à faire figurer sur cette carte la mention du groupe, et, s'il y a lieu, de la coopérative et du syndicat dont l'adhérent fait partie.

Lévy. — La proposition du citoyen Clauzel engage tous ceux qui peuvent se syndiquer à le faire.

Mais il y a une situation particulière qui est créée avec cette proposition à une certaine partie des membres du Parti socialiste. Il y a au Parti socialiste des gens qui vivent de leur travail propre, et il y a des gens qui vont au Parti socialiste et qui emploient des ouvriers qui ne peuvent pas se syndiquer. Je demande qu'on engage les groupes qui possèdent des membres de cette catégorie à faire payer une cotisation double. Il doit y avoir des devoirs égaux pour tous les membres.

Jaurès. — La proposition de Clauzel a le défaut de nous faire pénétrer jusque dans les détails d'organisation et de tracer leur besogne à des fédérations qui sont autonomes.

Longuet. — On n'a qu'à faire faire des cartes portant : le citoyen un tel, membre de tel groupe, membre de tel syndical, au-dessous du nom. *(Approbation)*.

Briand. — Je crois que nous entrons ici dans l'organisation intérieure, dans les détails de l'administration du Parti. Il est décidé en principe qu'une carte sera remise. C'est au sein du comité général que nous aurons à examiner les conditions dans lesquelles cette carte sera imprimée. Déjà, dans le projet, il y a une indication du désir qu'a le comité général de voir les militants à la fois coopérateurs et syndiqués... C'est, en somme, ce que demande notre camarade Clauzel.

Clauzel. — N'entrez pas, je vous en prie, dans la voie que vous offre le camarade Briand : il ne vous propose rien de moins que de revenir sur l'état d'esprit que vous avez manifesté il y a un instant d'une façon presque unanime, qui consistait à faire, dans la mesure du possible, de chaque militant socialiste, par l'intermédiaire des indications de sa fédération et de son groupe, une unité politique et une unité économique.

Jaurès. — Je vais mettre aux voix l'article suivant :

« Les fédérations sont invitées à faire figurer sur la carte « qu'elles distribueront à chaque membre du Parti la men- « tion de la coopérative socialiste et du syndicat dont il est « l'adhérent ».

Allemane. — J'estime que nous nous éloignons des statuts que nous avons déjà votés. Nous avons décidé que les fédérations se constituaient de groupements : qu'il y avait le groupe politique, la coopérative et le syndicat ; mais l'unité, pour nous, est la fédération. Eh bien, nous ne devons pas gêner le recrutement pour ces fédérations. Je crois qu'il peut y avoir une invitation aux militants d'être ce que nous désirons, tous de bons révolutionnaires et de bons syndiqués, mais nous ne devons pas décider que la fédération se constituera de telle façon. Être membre de la fédération doit nous suffire, et nous ne devons pas créer des catégories, des moitié ou des tiers de membres.

Béguin. — Nous ne nous plaçons pas tout à fait au point de vue du camarade Allemane : nous estimons que ce vote que vous allez émettre donnera l'exemple à tous les militants de France, parce que cela pénètrera dans tous les groupes, d'entrer dans la voie syndicale et coopérative. Nous n'en faisons pas une règle absolue; la preuve, c'est que Clauzel n'a pas demandé que ce soit une obligation, mais une simple invitation.

De la Porte. — Je voudrais répondre aux observations d'Allemane. Je ne comprends pas bien comment il peut dire qu'en établissant une carte unique pour les trois genres d'action nous allons créer des moitiés ou des tiers de membres. Au contraire, nous supprimerons ainsi cette gradation. C'est en donnant au militant une carte comme membre de groupe politique, une comme membre de syndicat, puis de coopérative, que nous pourrions craindre d'engendrer l'inégalité.

Révelin. — Je pense que je ne serai pas suspect vis-à-vis des coopératives, c'est moi qui, au comité d'entente, ai proposé leur inscription au Parti. Mais j'estime que, comme il y a à peine deux ans que les coopératives sont venues au Parti et que leur admission soulèvera encore de grandes difficultés, il est difficile, si grand que soit l'intérêt qu'il y a à ce que tous les socialistes soient membres de coopératives, de faire aux coopératives une sorte de traitement de faveur, par rapport aux autres groupes du Parti. Surtout, étant donnée la forme que prend le Parti, son organisation en différentes fédérations. Enfin, nous aurions des militants qui auront trois chevrons et d'autres qui n'en auront qu'un ou deux. Mais ce n'est pas ce qui est le plus grave : la constitution de nos fédérations varie un peu selon les régions. Il est certain que dans certaines régions l'action coopérative a pris une certaine importance, comme dans le Jura ou le Nord, et non seulement nous aurons placé des camarades du Parti dans des conditions inégales, mais nous aurons placé les fédérations les unes vis-à-vis des autres dans des conditions qui souligneront peut-être un peu trop les différences qui les caractérisent.

Ce que nous devons faire, au contraire, c'est tout autre chose : nous ne devons pas faire rentrer dans les statuts du Parti tous les vœux pieux que nous devons former pour son amélioration; c'est affaire à la propagande que nous faisons, mais ce n'est pas dans les statuts que cela doit figurer...

Willm. — Je ne comprends pas très bien le phénomène auquel nous assistons : tout le monde paraissait unanime tout à l'heure en faveur de la proposition de Clauzel. Je comprendrais tous les dangers qu'on signale si Clauzel voulait faire de la coopération ou du syndicat une obligation pour les militants : mais il n'y a rien de cela dans le projet de Clauzel. Il demande qu'on porte pour ceux de nos camarades qui seront à la fois membres de groupe politique, coopérateurs et syndiqués, la mention sur leur carte. Est-ce que vous croyez que vous allez créer des froissements d'amour-propre parce qu'il y aura un camarade qui aura trois mentions, alors qu'un autre n'en aura qu'une ? La carte type donnera des droits absolument égaux à tous ceux qui en seront titulaires et la mention qui y figurera ne créera pas du tout une hiérarchie dans le Parti.

La proposition de Clauzel est intéressante en ce sens qu'elle va attirer l'attention de tous nos camarades, et pour certains d'entre eux qui ne comprennent pas l'importance qu'il y a à devenir coopérateurs, il y aura pour eux un encouragement à le devenir. Et je ne vois pas très bien par quels arguments on pourrait empêcher de faire une besogne aussi utile.

Jaurès. — Une difficulté grave qui me semble avoir échappé à Clauzel, est celle-ci. Il veut qu'on inscrive le groupe, puis la qualité de syndiqué et de coopérateur, et cela, pour que les militants puissent dire : ma carte démontre que je participe à la plénitude de l'action socialiste et ouvrière. Par conséquent, vous voulez l'inviter, s'il n'est pas dans un syndicat, à y entrer, s'il n'est pas dans une coopérative, à y entrer. Mais il peut se faire que, pour ne pas attendre, il entre dans le syndicat de sa corporation, qui ne sera pas socialiste, dans une coopérative qui ne sera pas socialiste. Or, vous inscrivez donc sur la carte d'adhérent du Parti la qualité de syndiqué, même quand le syndicat auquel appartient le militant ne sera pas socialiste, la qualité de coopérateur, même quand la coopérative à laquelle il appartiendra ne sera pas socialiste. Et ainsi, vous risquez de faire figurer cette participation comme un des titres qui justifient la présence du militant dans le Parti. Alors, vous allez créer une confusion extraordinaire : tous les membres d'un syndicat, même non socialiste, d'une coopérative, même non socialiste, feront figurer leur syndicat, leur coopérative sur la carte qui résumera les titres de participation au Parti, s'imagineront qu'il suffit d'appartenir à un syndicat, même non socialiste, à une coopérative, même non socialiste, pour avoir le droit d'entrer dans le Parti.

En un mot, je vous dis qu'il est imprudent de faire figurer sur la carte d'adhérent au Parti des qualités qui n'impliquent pas que l'on est du Parti, qui peuvent appartenir à des gens qui ne sont pas du Parti.

De la Porte. — Ce danger disparaîtrait si vous n'admettiez pas les syndicats dans le Parti.

Clauzel. — Les arguments que j'ai donnés tout à l'heure restent intacts jusqu'à nouvel ordre, malgré les objections faites par Révelin, Jaurès et Briand, qui ne peuvent pas se soutenir un seul instant :

Jaurès dit : vous allez marquer sur votre carte de socialiste la participation de tel membre à un syndicat, qui n'est pas socialiste ; or, avons admis dès les premiers instants de cette discussion qu'un organe essentiellement socialiste de sa nature, c'est précisément le syndicat lui-même, alors même qu'il ne se serait pas déclaré socialiste. *(Approbation)*.

Pour les coopératives, mon texte ne mentionne que les coopératives socialistes. Puis, je vous ai expliqué pour quel motif je n'ajoutais pas le mot « socialiste » au mot « syndicat », parce que je crois qu'il serait double emploi et que tout syndiqué, qu'il le veuille ou non, est déjà socialiste dans une certaine mesure : il a engagé la bataille contre le patronat, il a affirmé son droit.

Jaurès. — Si vous proposez pour l'entrée des socialistes dans les syndicats et les coopératives l'équivalent de ce que vous allez voter pour les syndicats ouvriers qui sont invités à s'inscrire dans une fédération de métier ou d'industrie, à la bonne heure ; mais ne compliquez pas d'un détail matériel, qui va créer une confusion, votre carte d'adhérent du Parti, qui a besoin d'être la même pour tous les adhérents : c'est le symbole de l'unité : il ne faut pas qu'il y ait de différence : la même carte, le même emblème.

Je demande que nous votions une décision beaucoup plus

ferme et précise, disant que les fédérations sont invitées à faire aux membres de leurs groupes politiques une loi d'adhérer le plus largement possible aux coopératives et aux syndicats de la région. *(Approbation)*.

Lignières. — Je ne voudrais pas que les fédérations soient invitées « à faire une loi », c'est excessif.

Jaurès. — Les fédérations sont invitées à recommander aux membres de leurs groupes politiques... Les membres des groupes vont avoir à répondre à un questionnaire. Comme ils n'auront pas toujours auprès d'eux quelqu'un pour leur en commenter les termes et le sens, si nous leur soumettons des détails trop compliqués, ils finiront par ne plus rien y comprendre.

Willm. — Vous avez oublié que ce sont les fédérations qui seront sur les lieux mêmes qui seront chargées de porter cette mention et qui n'auront pas à porter sur la carte du Parti la présence d'un syndicat qui n'appartiendra pas au Parti... *(Interruptions diverses)*.

Jaurès. — Quelle leçon précieuse vous nous donnez! Voilà que Willm comprend la disposition d'une façon opposée à la façon dont la comprend Clauzel : c'est la démonstration éclatante de l'obscurité que je signalais. Je dépose formellement ma proposition.

Renaudel. — Nous nous trouvons en présence de trois propositions. Nous sommes éclairés.

Révelin. — Je demande à vous faire observer que l'an dernier l'entrée des coopératives n'a été acceptée à la commission du congrès que par une voix de majorité. Je crains que la mesure de faveur que vous demandez pour elles ne se retourne contre vous et qu'on ne demande aux coopératives qui adhèrent au Parti de n'accepter personne qui n'ait au préalable une carte du Parti socialiste.

Voix nombreuses : aux voix!

Jaurès. — Voici la motion Clauzel :

« Les groupes et comités permanents sont invités à faire « figurer sur la carte du Parti délivrée à chacun de leurs « membres la mention de la coopérative socialiste et du « syndicat dont il est adhérent ».

Voici le texte de la Porte :

« Les fédérations sont invitées à faire figurer sur la « carte qu'elles distribueront à chaque membre du Parti la « mention des groupes, comités permanents, syndicats et « coopératives auxquels il appartient ».

Voici enfin la motion Briand-Jaurès :

« Les fédérations seront tenues d'inviter de la façon la
« plus pressante tous les membres de leurs groupes politi-
« ques à adhérer aux coopératives et aux syndicats ».

Clauzel. — Je me rallie à la proposition de la Porte.

Jaurès. — Je mets cette proposition aux voix.

(Repoussée).

(La proposition Briand-Jaurès est adoptée à l'unanimité
moins deux voix).

La séance est levée à minuit.

SÉANCE DU 12 DÉCEMBRE 1900

Présidence du citoyen **Joindy**, *délégué de la*
Fédération de la Seine.

Présents (personnellement ou par leurs suppléants) :
Béguin, Bertrand, Briand, Brunellière, Clauzel, Cipriani,
H. de la Porte, Donier, Dubreuilh, Favrais, Gérault-
Richard, Imbert, Jaurès, Joindy, Krauss, Landrin, Lenor-
mand, Létang, Lévy, Ch. Longuet, Marchand, Orry, Pa-
rassols, Patay, Paul-Louit, Picau, Puges, Renaudel, Reisz,
Révelin, Salembier, Semanaz, Stern-Maydieu, Toussaint,
Willm.

Excusés : Bagnol, Camélinat, Chaucheprat, Fournière,
Fribourg, Ponard.

Absents : Blum, Bourderon, Carnaud, Dejeante, Fauga,
Lepage, Lignières, Martinet, Poulain, Richard, Ser. Tanger.

Révelin. — Il y a un amendement qui a été proposé par
Lenormand et qui semblait, dans la dernière séance, avoir
recueilli l'approbation de la plupart des membres du
comité général. Cet amendement se placerait à la cinquième
section, groupe socialiste parlementaire, article 3, et serait
ainsi conçu :

« Afin de faciliter l'accord commun et la représentation
nécessaire du groupe parlementaire socialiste dans l'œuvre
d'action et de propagande du comité général et de ses
commissions,

« Le soussigné propose l'amendement suivant au projet
de la commission :

« Le groupe parlementaire socialiste élira trois délégués
« qui le représenteront au comité général et y assisteront à
« titre consultatif.

« A. LENORMAND. »

Renaudel. — La fédération de la Seine-Inférieure, dans
son congrès, avait voté le principe de la représentation des
élus au comité général, mais sous cette réserve qu'en dehors

de cette représentation les élus ne devraient pas faire partie du comité général.

Semanaz. — Est-ce que Lenormand, par son amendement, entend que les parlementaires auraient le même pouvoir que les membres du comité général ?

Lenormand. — Dans le projet de la commission il est dit que l'on doit chercher tous les moyens possibles de s'entendre avec le groupe parlementaire. Je voudrais que dans le nouveau comité général il existât la même façon d'agir que dans l'ancien comité, où nous avions accepté une délégation du groupe parlementaire. J'ai été très longtemps d'avis qu'il fallait laisser les élus en dehors de l'organisation générale du Parti, mais quand ils sont appelés, comme dans les questions de propagande, à donner leur concours au Parti socialiste, il est tout naturel qu'ils aient auprès du comité général une représentation directe et égale.

Landrin. — J'appuie Lenormand ; cette proposition est incluse dans le projet que nous avons élaboré ; il est nécessaire que le groupe parlementaire soit représenté au comité général. Un élu est une individualité qui représente, quelle que soit sa valeur personnelle, le suffrage universel.

Reisz. — Nous sommes d'avis, comme l'a dit Lenormand, qu'il y ait ici des députés présents avec lesquels nous entrerons en discussion toutes les fois qu'il y aura lieu de le faire. Oui certes, nous acceptons cette proposition, mais non dans ce sens seulement que les élus se contenteraient de venir prendre l'oreille du comité. Le rôle du comité vis-à-vis d'eux ne doit pas consister à donner de simples conseils.

Jaurès. — Personnellement, je n'ai aucune méfiance pour les élus, et je désire qu'ils soient le plus souvent possible en rapport avec le comité général. Mais je redoute que cette question ne fasse naître quelque danger. Nous avons accordé une représentation directe des commissions exécutives dans les congrès, afin de maintenir dans le prochain comité général l'unité complète d'origine. Je crois que nous ne devons pas commencer à déroger à ce principe de l'unité des membres. Nous avons décidé qu'ils seraient tous choisis par les fédérations départementales, et tous, au même titre, présents au comité général. Si nous commençons à faire exception à cette règle pour le groupe parlementaire, on nous demandera bientôt de faire une autre exception pour d'autres groupements, d'autres organisations, et en particulier pour le congrès lui-même. — Mais il est naturel, dira-t-on, que le congrès, qui a pris les décisions, désigne un certain nombre de membres qui soient en quelque sorte sa survivance directe dans le comité général. Il me semble que nous allons tout droit à la multiplicité d'origines pour le comité.

Et remarquez le danger. Dans les questions pour lesquelles il y aura une très forte majorité au comité général, l'application de cette proposition n'offre pas d'inconvénients ; mais supposez que le comité général, sur des questions délicates, passionnantes, coupant en deux le Parti ou paraissant le couper en deux — (nous l'avons vu ici pour la fameuse loi Millerand-Colliard, au sujet de laquelle nous nous sommes trouvés, après une discussion admirable, 24 contre 24, avec un équilibre des forces tout à fait savant)... oui, bien que nous prévoyions un avenir d'harmonie, il pourra se faire que, sur telle ou telle question également passionnante, le futur comité général se trouve à peu près coupé en deux. Si les trois membres du groupe parlementaire font alors pencher la balance, le comité général, se retournant contre eux, leur dira : « C'est nous qui sommes la volonté des fédérations et des organisations, et c'est la délégation parlementaire qui vient ici trancher les questions... »

Je crois que vous mettriez le groupe parlementaire dans une situation délicate. Il vaut mieux nous en tenir simplement au principe de l'unité d'origine et de l'unité de composition du comité général. Quant à l'admission d'une délégation du groupe parlementaire qui s'expliquera avec le comité général, mais c'est déjà chose faite. Vous avez, en effet, décidé que votre règlement pour l'organisation de la propagande et le tableau de roulement sera soumis au groupe parlementaire ; or, ce règlement prévoit que, s'il y a dans le groupe parlementaire des difficultés, il pourra consulter le comité général ; et, de fait, dès maintenant, des rapports constants sont établis entre notre secrétaire et le secrétaire du groupe parlementaire pour la propagande.

Je ne voudrais pas qu'on se méprît sur ma pensée, étant donné qu'il n'y a en mon esprit aucune espèce de défiance à l'égard des élus ; mais je donne les raisons qui m'empêchent de m'associer à l'indication de Renaudel. S'il est dangereux que les élus viennent au comité comme délégués du groupe parlementaire, il est excellent de leur en ouvrir l'entrée et de les y admettre comme délégués des fédérations elles-mêmes.

Lenormand. — L'expérience du comité d'entente aussi bien que du comité général m'ont fait changer d'opinion sur la représentation des membres du groupe parlementaire. Il faudrait réaliser une entente commune entre le comité général et le groupe des élus de la Chambre. Oui, sans doute, il peut bien se faire que les élus se trouvent parmi nous au même titre que le nôtre, c'est-à-dire comme délégués des fédérations ou des organisations, mais il peut se faire aussi que nous n'ayons pas ici une représentation officielle du groupe parlementaire. Les rapports continueront, dans ce cas, à s'établir par la correspondance, et c'est ce mode de rapports qui m'induit à redouter les conflits. Je sais qu'en ce moment entre Briand et Devèze tout va à merveille; mais je n'ignore pas que Dubreuilh, notre ancien secrétaire, et le secrétaire du groupe parlementaire avaient des relations passablement tendues et difficiles.

Je dois faire ici l'aveu d'une inattention que n'aurait certainement pas dû commettre un militant, c'est que, l'autre jour, en déposant mon amendement, je n'avais pas remarqué que le projet du P. O. F. demandait que le groupe parlementaire fût représenté par deux de ses membres au comité général. Moi, j'en demande trois, de telle sorte qu'on ne puisse dire que, si l'on avait été mis en relation directe avec le groupe parlementaire, tel ou tel événement ne se serait pas produit. J'ajoute que cette admission du groupe parlementaire existera à titre consultatif. Si je demande trois membres, c'est pour que la représentation du groupe parlementaire ait lieu dans nos trois commissions et qu'il participe d'une façon aussi active que possible à toutes nos discussions.

Toussaint. — Il y a bon nombre de députés que nous n'avons pas l'avantage de connaître ici et aussi bon nombre de députés qui ne nous connaissent pas. Eh bien, je demande, — puisqu'il y a un tableau de roulement de trois députés désignés par semaine, — je demande, dis-je, que ces trois députés viennent assister aux séances du comité. De cette façon tout le groupe parlementaire viendra au comité et l'inconvénient que je signalais sera supprimé.

Briand. — Et le service des grèves, qui est d'une importance capitale? Songez que la semaine dernière ce service a exigé l'envoi de cinq députés.

Toussaint. — Les députés de la semaine suivante remplaceraient les absents.

Jaurès. — Tout le monde paraît d'accord pour accorder

la représentation des députés au comité général sans leur accorder le droit de vote en tant que délégués du groupe parlementaire. Il s'agit simplement de savoir dans quelles conditions ce groupe entrera en communication avec le comité général. Peut-être est-il prématuré d'entrer dès maintenant dans les détails du projet ; mais je pense que la meilleure garantie de bons rapports que l'on puisse trouver, c'est de ne pas déterminer le nombre de délégués, et de ne pas donner à cette représentation un caractère obligatoire. Si vous obligez les élus à venir, et à venir au nombre de trois, si vous déclarez en outre qu'après avoir écouté et émis leur propre opinion, au moment de voter ils s'évanouiront, vous les mettez dans une situation fort désagréable. Il vaut mieux dire que le comité général ménagera avec le groupe parlementaire des entrevues toutes les fois que cela sera nécessaire. Cela étant, le groupe désignera le nombre de délégués qu'il juge utile. Pourquoi, par exemple, ne pourrait-il envoyer dix délégués pour une question importante, puisqu'ils ne voteront pas ?

Cordé. — Il faudrait d'abord connaître les sentiments du groupe parlementaire.

Lenormand. — Je fais remarquer que tout en demandant aux députés de venir au comité général, nous n'avons pas l'intention de leur donner une suprématie sur les autres camarades, mais il résulte des leçons de l'expérience qu'il est nécessaire d'être en relations constantes et directes avec le groupe parlementaire. Supposons que la commission de propagande délibère sur l'envoi d'orateurs du jour au lendemain ; le groupe parlementaire aura la possibilité de parler pour ou contre cet envoi.

Cordé. — J'insiste sur ce point, qu'il faut d'abord connaître les sentiments du groupe parlementaire là-dessus.

Révelin. — Cette proposition sera communiquée au groupe parlementaire.

Jaurès. — On ne verra pas dans la proposition présentée à ce sujet qu'elle est un appel fait au groupe parlementaire, mais on y verra qu'on n'accorde à ce groupe que voix consultative. La situation des élus se trouvera diminuée ; nous aurons l'air d'avoir émis un vote de confiance.

(L'amendement Lenormand est rejeté).

Clauzel. — Depuis que la discussion est ouverte je n'ai jamais demandé qu'on remplaçât une disposition de détail par une autre disposition de détail. Je vous ai demandé l'autre jour de bien vouloir accepter le principe de deux articles additionnels. Un a été discuté, et on en avait accepté le principe, modifié par vous, il est vrai, assez profondément : en vertu de ces modifications que vous avez introduites, il ne se trouvera plus à la même place.

Révelin. — Il est hors du projet, c'est ce qui a été décidé.

Clauzel. — Je ne croyais pas que ma proposition eût le caractère d'un simple vœu, mais bien qu'elle constituait une disposition organique prenant la seule place qu'elle peut avoir, après le deuxième article, titre premier. C'est un article additionnel que je vous demande de bien vouloir adopter.

Je passerai à mon autre article additionnel et j'avouerai qu'en son chemin il s'est accompagné d'un autre. Il est ainsi conçu :

« Les fédérations sont invitées à recommander à chacun
« de leurs groupes d'obtenir de tout nouvel adhérent l'en-
« gagement formel de combattre l'alcoolisme par la pro-
« pagande et par l'exemple. »

Je surprends chez mon éminent voisin un geste de contrariété.

Jaurès. — Je suis bien mal récompensé de mon silence ; je vais crier maintenant.

Clauzel. — Je crois comprendre ce que signifie ce geste : c'est que ce texte n'est pas à sa place dans ce que je peux appeler la constitution provisoire de notre Parti.

J'y ai pensé, et dès maintenant permettez-moi de faire valoir deux raisons qui militent en sa faveur.

Depuis deux jours, grâce aux efforts et à l'éloquence d'un des militants les plus vénérés du Parti, quelque chose de semblable à cette proposition est entré dans la législation bourgeoise ou est à la veille d'y entrer. Et bien je vous demande avec confiance de le faire entrer dans la législation du parti socialiste.

J'ai un autre argument. Vous êtes tous persuadés qu'un des plus lamentables fléaux de l'humanité, c'est l'alcoolisme. Tous les partis se sont attachés à le détruire. Ils n'y ont pas réussi : il n'y a qu'un parti qui ait à sa destruction un intérêt primordial, c'est le nôtre ; et je crois que c'est le nôtre aussi qui, seul, aura la force de le supprimer. Voilà pourquoi j'insiste pour qu'il y ait un vote sur ces articles additionnels.

Révelin. — Je vous demande, camarades, d'écarter cet amendement. Nous avons à indiquer simplement dans ce projet les principes généraux qui constituent le Parti, et nous ne devons pas mettre l'alcoolisme à la suite de ces principes, pas plus que nous n'y mettons la suppression des armées permanentes et toutes les revendications immédiates du Parti. Vous savez, camarades, que nous avons accepté une proposition par laquelle nous avons décidé que le comité général aura à préparer un projet complet pour les élections municipales et législatives, projet qui sera précédé d'un exposé théorique des principes du Parti. C'est au moment où le comité général préparera ce programme, que toutes les revendications immédiates pourront y trouver place.

Landrin. — Je suis de l'avis de Révelin. Je ne crois pas que cela doive figurer dans la constitution du Parti.

Révelin. — Permettez-moi de vous dire, camarades, que le projet d'unification que vous préparez est comme une petite barque que nous voulons lancer à la mer. Si tout le monde y jette des roches, sous prétexte d'y mettre du lest, elle sombrera.

Clauzel. — Je n'insisterai pas. Dans une minute, peut-être, je retirerai ma proposition par égard pour le vœu presque unanime du comité. Que les camarades me permettent simplement de leur faire observer que, dans la constitution du Parti, il faut s'occuper avec une sollicitude toute particulière du plus intime et du plus essentiel de ses éléments qui est le militant lui-même, et que, tant qu'il ne sera pas déclaré à la face de l'univers civilisé que, dans la pensée des comités généraux des divers pays, un alcoolique ne peut être un bon socialiste, il manquera quelque chose à la constitution de notre Parti.

Je demande à ajouter encore un mot. Révelin, dans une belle comparaison, nous a accusés d'apporter des blocs de roche au bateau que nous voulons lancer sur l'océan des discussions prochaines. Ce n'est pas un bateau, c'est un beau navire que nous voulons lancer, dans lequel j'aurais voulu mettre un peu d'excellente vapeur.

Jean Longuet. — Les raisons que Révelin a données sont très bonnes, mais si elles doivent nous faire repousser à l'heure présente la proposition Clauzel, il faudra la reprendre plus tard ; car, je pense, comme Clauzel, que ce serait une grande erreur de croire que l'on doive attendre l'avènement de la société collectiviste pour faire disparaître l'alcoolisme. On commence à revenir de cette mauvaise conception et nos camarades du P. O. F. belge inscrivent la lutte contre l'alcoolisme dans la règle du Parti.

Clauzel. — Je n'insiste pas. Mon deuxième article additionnel est celui-ci :

« Les fédérations sont invitées à ne pas confier plus de « deux années de suite la même délégation au même mili-« tant ».

J'explique ma proposition. D'abord je m'adresse aux fédérations, parce que, suivant une donnée très juste, c'est à la fédération que nous devons en appeler et c'est à elle que nous devons demander de se rallier à nos propositions ou de les amender. Je demande que le même militant n'exerce pas pendant plus de deux années la même délégation. Je ne prive pas chaque militant d'exercer sa délégation deux années de suite. Je ne prive pas davantage le militant, après qu'il sera survenu une année qui aura rompu l'espèce de condition de possédant qui s'était formée à son avantage personnel, je ne l'empêche pas de recevoir à nouveau une nouvelle délégation. Il n'est pas du tout question que cette disposition se rapporte au mandat législatif qui n'est pas confié encore malheureusement par les groupes socialistes, par les fédérations. Mais je dis que l'œuvre d'émancipation des travailleurs doit être accomplie par les travailleurs eux-mêmes. Eh bien, je prétends que cette formule n'est pas autre chose qu'une tautologie tout à fait inexacte, superficielle et inutile, si nous n'avons pas pour principe que tout travailleur doit s'exercer à rendre possible son émancipation par tous les moyens qui sont à sa disposition. Or, un des moyens les plus importants, c'est de recevoir, de temps à autre, des délégations efficaces, d'exercer des responsabilités importantes, de prendre une part officielle à la propagande de son Parti.

Vous avez été témoins bien souvent, camarades, d'un événement tout à fait encourageant et consolant pour nous tous quand vous êtes entrés dans les coopératives et les syndicats. Vous avez été frappés du grand nombre de camarades pensant comme vous, parlant avec une certaine éloquence, exerçant une véritable autorité tout à fait légitime dans le milieu, un peu obscur, où ils sont confinés. Il suffirait d'une motion comme celle que je vous soumets pour permettre à tous ces camarades de monter sur un théâtre plus officiel où la portée de leur mérite viendrait de plus haut et irait plus loin.

Autre argument qui a son importance et que je développe. Nous avons pris la malheureuse habitude de condamner quelques-uns de nos camarades à remplir de multiples fonctions qui exigent d'eux une grande dépense d'énergie et font que leur vie est, en quelque sorte, un tour de force, un miracle permanent qui ne peut se prolonger. Nous avons constamment ainsi dans le Parti des arcs puissants qui risquent de se rompre à toute heure, parce qu'ils sont trop tendus.

Je sais qu'il y a des arguments graves contre ma proposition. Il y en a un assez important présenté par Révelin, c'est que nous détruisons dans une certaine mesure la liberté des fédérations et des groupements en leur disant d'adopter des propositions de cette nature. D'abord, remarquez que nous devons combiner dans une certaine mesure la liberté et la discipline. Il y a un point précis dans l'exercice de la liberté, un point où cette liberté devient comme morte. Elle cède devant le droit concurrent de la discipline. Mais ne voyez-vous pas que ce point mort en apparence entre la liberté d'un côté et la discipline de l'autre, c'est le point vivant au contraire, source d'une énergie nouvelle, qui résultera précisément de l'harmonie des deux efforts? Il n'y a pas dommage à la liberté des militants quand ils se soumettent à la discipline, il n'y a pas dommage à la liberté des fédérations ni des groupements quand ils disent : « Oui, librement, nous renonçons à confier plus de deux années de suite la même délégation au même militant, parce que nous croyons, de la sorte, mettre en mouvement chez nous la plus grande somme de nobles énergies, et que, d'autre part, nous gardons pour des besoins urgents les ressources d'intelligence et de courage de tel ou tel de nos militants.

Camarades, quelques-uns d'entre vous se souviennent que lorsque nous avons discuté la représentation des minorités, qui, entre parenthèses, n'est pas encore tout à fait résolue, je vous ai dit que j'étais d'autant moins partisan de ne pas donner un droit de représentation aux minorités que je serais amené probablement, sous forme d'articles additionnels, à soutenir une fois ou l'autre devant vous des propositions pour lesquelles je ne trouverais qu'une infime minorité. Peut-être qu'aujourd'hui je n'aurai que cette infime minorité pour ma proposition. Mais je suis si sûr de la valeur de quelques-unes des raisons que je vous ai apportées ; je suis sûr aussi que la plupart d'entre vous, malgré tout, pensent comme moi. Je sais bien aussi que c'est sans tarder qu'une disposition au moins à peu près semblable à la mienne sera inscrite dans la charte de notre Parti.

Je réponds maintenant à l'objection suivant laquelle des propositions de cette nature atteignent un peu le principe absolu et rigoureux de l'unité, qui est le seul objet de nos préoccupations officielles dans le comité général. Eh bien ! camarades, il ne faut pas nous laisser hypnotiser par le mot unité. Il y a l'unité de cadre, il y a aussi l'unité d'action. C'est en vue d'obtenir le maximum pour ces diverses unités inséparables les unes des autres que j'ai milité dans les dernières séances et que je milite encore dans la séance actuelle. On dit souvent qu'il y a des gens qui, à force de désirer vivre, ont perdu toutes les bonnes raisons que l'on pouvait avoir de conserver le bienfait de la vie, et il y a même sur ce sujet un très beau vers latin que je ne citerai pas..... pour ne pas passionner le débat, suivant l'expression de Lenormand.

Il ne faut pas, camarades, que, sous le noble prétexte de fonder l'unité du Parti, nous nous privions d'une occasion merveilleuse qui nous est offerte de mettre à la tête de nos rangs tous ceux de nos militants qui peuvent y apporter leur intelligence, leur prudence, leur courage et leur bonne volonté.

Reisz. — Je pense que son adoption présente une difficulté matérielle. Nous savons bien dans les organisations syndicales qu'un camarade envoyé en délégation puise dans l'exercice de ses fonctions un enseignement très utile pour lui et ses commettants, qu'il développe son instruction. Dans les syndicats on se dit que le changement des délégués est une cause de développement de l'instruction des camarades ; mais on s'est heurté à des difficultés matérielles. Il ne faut pas seulement que les délégués soient aptes à remplir leur mission, il faut aussi qu'ils soient, dans une certaine mesure, indépendants. C'est là que gît la difficulté. Je demande cependant qu'on présente la proposition Clauzel sous forme de vœu aux organisations.

Orry. — Je m'oppose à la proposition Clauzel. Dans cinq chapitres de notre projet nous parlons d'autonomie, et au sixième nous la détruisons. C'est justement dans cette question de la représentation au comité général que commence et finit l'autonomie. Il peut se faire que dans une organisation il n'y ait pas plusieurs camarades disponibles, alors comment leur imposer de changer de délégué ?

Révelin. — J'ai demandé d'écarter la proposition Clauzel, non seulement parce qu'elle limite le choix de camarades des fédérations, mais pour les raisons décisives que Reisz a indiquées. Aucune fonction ne doit être considérée par un militant comme sa propriété ; ce serait contraire à la théorie même du socialisme. Mais si les mandats sont la propriété du Parti, ils doivent en être la propriété totale, entière, et les groupes, les syndicats et les coopératives doivent pouvoir disposer souverainement de leur choix. S'il leur plaît, pour des raisons personnelles, d'envoyer toujours le même militant, il faut qu'ils puissent le faire. L'avantage d'être investi d'un mandat ne constitue pas pour un camarade une supériorité et, en aucun cas, ne peut être ainsi envisagée. Clauzel imagine que nous vivons, dès maintenant, dans la société communiste ; il suppose qu'aucune entrave ne pèse sur nos camarades. Pour Paris, passe encore : — mais, vous savez comment nos camarades de province sont traités pour envoyer leurs enfants à l'école laïque : que sera-ce lorsqu'ils seront membres du comité général ? On pourrait leur créer par là dans les petites villes une situation intolérable.

Reisz. — On choisit toujours des camarades une certaine indépendance, un semblant d'aisance.

Clauzel. — Je crains bien que mes prévisions ne se réalisent et que ma proposition ne rallie autour d'elle qu'une infime minorité ; mais plus elle est menacée, plus il importe que je la défende, au moins par une dernière considération.

En votant ma proposition, vous créez dans le Parti une sorte d'institution nouvelle à la faveur de laquelle tous les militants du Parti sont amenés, non seulement à travailler et à agir dans leur sphère, mais encore utilisés de telle façon qu'une fois ou l'autre ils peuvent être appelés au grand honneur, ou à la grande charge, de remplir une délégation plus ou moins importante. Révelin nous dit que la délégation n'est qu'une charge. Nous faisons l'expérience de ses dires, mais c'est aussi, je le maintiens, un grand honneur, et nos jeunes camarades Longuet et De la Porte me permettront de leur dire que, si longue que soit leur carrière, ils n'auront jamais de plus grand honneur que celui d'avoir été membres du comité général du Parti socialiste.

Ma proposition aurait pour second avantage de débarrasser, dans une certaine mesure, notre parti de ce qu'on appelle quelquefois le cauchemar des personnalités. J'admets, certes, que les personnalités ont été créées par un ensemble de mérites éclatants qui sont la force et la gloire de notre Parti, mais néanmoins, je pense qu'il n'est pas bon que dans notre Parti on sache que nous avons établi un signe constitutionnel marquant le mode de fonctionnement des personnalités, si hautes soient-elles. Déclarons que, pendant un temps plus ou moins long, nous pouvons nous passer de leur présence dans une délégation déterminée ; chacune de ces personnalités n'en gardera pas moins le droit d'exercer son activité, son talent, et même son génie, car il y a des socialistes qui ont du génie en bien d'autres ouvrages que le nôtre. Je ne diminue aucune action, je les grandis toutes. Aussi, je crois que nos camarades vont prendre une responsabilité plus grave qu'ils ne le pensent en votant contre ma proposition.

Orry. — En demandant le renvoi pur et simple, j'ai l'air de me cramponner à mon fauteuil ; cependant j'insiste pour le rejet de la proposition.

Favrais. -- Je voterai la proposition Clauzel pour deux raisons : pour habituer les militants à penser qu'il n'y a pas d'hommes indispensables, et leur apprendre à sacrifier au besoin leur situation particulière au bien du parti socialiste.

Jaurès. — Une toute petite remarque de détail : dans son texte au moins, je trouve la proposition Clauzel mauvaise pour bien des raisons. D'abord, il faut que Clauzel se résigne à l'idée que cela constituera un précédent, et un précédent qui reviendra pour les candidatures municipales, législatives, etc...

Lévy. — Ce ne serait pas malheureux.

Jaurès. — Que ce soit heureux ou malheureux, il faut que Clauzel se rende compte que ce sera la conséquence forcée de sa proposition. Quand on aura multiplié pour tous les militants les chances de passer par la délégation du comité général; il faudra multiplier les chances de passer par les municipalités, par les syndicats, les coopératives, par le Parlement, par le Sénat. La proposition de Clauzel va donc bien loin, mais je crois qu'une des objections principales est celle-ci. On prétend que la classe ouvrière est incapable de stabilité. La réponse la plus décisive à la bourgeoisie capitaliste, un des meilleurs signes de la capacité administrative de la classe ouvrière pour gérer demain la propriété sociale, c'est de maintenir les mêmes hommes à la tête des syndicats.

Il y a plusieurs manières de se préoccuper des personnalités. On peut s'en préoccuper pour les maintenir ou pour les détruire systématiquement. Je pense que la persé-

vérance avec laquelle l'organisation ouvrière a résisté à ces
préoccupations de personnes, en maintenant un militant uniquement parce qu'il lui rendait des services, est un signe
de majorité économique de la classe ouvrière; c'est le signe
qu'elle pourrait gérer demain tout le domaine social avec
persévérance et efficacité. Je ne suis pas du tout d'avis
qu'on interrompe le mandat par une décision artificielle.
Vous dites que cela stimulerait les militants, mais pas du
tout! Tout ce que vous devez aux militants c'est, par l'organisation du Parti, l'occasion de montrer leur dévouement et
leur mérite, et vous touchez ce but par l'organisation décen-
tralisée que vous vous proposez. Si vous décidez que les
militants qui ont rendu des services seront systématiquement écartés, je dirai presque que vous tendez une prime à
la paresse des autres, puisqu'ils pourront arriver aux fonctions décisives du Parti sans avoir rendu les mêmes services que ceux qui les occupaient antérieurement.

Mais, pour que la proposition de Clauzel fût complète, il
vous faudrait spécifier que, non seulement une fédération
départementale ne pourrait, après un laps de temps déterminé, renouveler leurs mandats aux mêmes militants, mais
que les autres organisations ne pourraient recueillir ces
militants. Il faut aller jusque-là.

Béguin. — Je suis contrarié de ne pas être de l'avis de
Clauzel, d'autant plus que, j'en suis sûr, il a pris son idée
dans la coopération. En effet, les coopératives, il y a quinze
ans, avaient décidé que le conseil d'administration devait
disparaître après un an. Nous avons reconnu qu'à Paris
cela pouvait encore marcher, parce qu'il y a toujours des
militants en nombre suffisant, mais en province cela créait
une impossibilité absolue. Je sais bien que lorsque l'unité
sera faite, il viendra des demi-bourgeois, des gens ayant
une certaine instruction, mais pour le moment il est certain
que tous les militants ne peuvent être délégués des organisations.

Il en est de même pour les groupes politiques et les syndicats. Nous pouvons inviter nos camarades à ne pas renouveler un mandat, lorsqu'ils peuvent s'en dispenser, mais
nous ne pouvons faire de cela une règle.

Lévy. — Cette proposition a une grande importance. Elle
est née de l'opinion qui porte à dire que certains hommes,
très peu nombreux, parlent toujours au nom du Parti.
Jamais un comité n'a été aussi suivi que le comité général.
Les syndicats ont, il est vrai, des difficultés à trouver des

secrétaires, mais le recrutement du comité général sera toujours facile : on trouvera toujours plus de candidats qu'il n'en faut. Chez nous nous avons un secrétaire inamovible qui finit par être involontairement une autorité. On pourrait dire, par exemple, que le comité général sera renouvelé par moitié tous les six mois. Je voudrais qu'il en fût de même pour les candidats. Il y a des personnalités qui s'imposent au Parti socialiste : Jaurès, Vaillant, etc., de sorte que le jour où elles disparaîtront on remarquera le vide causé par leur absence ; mais, au bout de quelque temps, on trouvera des camarades aussi aptes que ces citoyens à remplir leur devoir socialiste. Je suis partisan de la proposition Clauzel.

Jaurès. — Puisque vous m'avez admonesté personnellement, je dirai que je me considère comme d'autant moins indispensable que je n'ai jamais été élu deux fois de suite. Le suffrage universel m'a fait, avec une libéralité parfaite, l'application de la règle que propose Clauzel.

Semanaz. — Je suis contre la proposition Clauzel. Les organisations syndicales et coopératives florissantes doivent leur prospérité au maintien des mêmes administrateurs qui, avec un soin jaloux, continuent l'œuvre par eux commencée.

Fillol. — Je n'accepte pas la proposition Clauzel, mais je pense, comme Reisz, que, sous forme de vœu, elle n'a rien de choquant.

Clauzel. — Les objections que l'on a faites ne portent que sur des situations que j'appellerai exceptionnelles. Je pense que l'on n'a pas détruit les arguments que j'ai apportés. J'ajoute que si j'ai un peu abusé, la dernière fois, de l'obligeance du comité général, c'est parce que j'avais pris un engagement formel vis-à-vis des groupes avec lesquels j'entretiens des relations d'amitié.

(La proposition Clauzel est rejetée).

Clauzel. — Je pense que, tout en rejetant cette proposition, nos camarades sont d'avis qu'elle figure dans le questionnaire ? (Cris de : non ! non !)

Fillol. — Je demande que l'on pose la question au congrès sous forme de vœu.

Révelin. — Je vous demande d'écarter également cette proposition sous forme de vœu, et je proteste contre l'affirmation de Clauzel qu'il ne lui a rien été répondu, que ses arguments subsistent tout entiers. Ce ne serait pas une bonne méthode de travail que de faire reparaitre, sous forme de vœu, une proposition qui aurait été rejetée du cadre de notre projet.

(Cette seconde proposition est rejetée.)

La séance est levée à 11 heures 30.

Présidence du citoyen **Lefèvre**, *délégué de la Fédération
du Rhône.*

La séance est ouverte à 9 h. 30.

Présents (personnellement ou par leurs suppléants): Bagnol,
Béguin, Blum, Briand, Camélinat, Capjuzan, Clauzel,
Cipriani, De la Porte, Donier, Dubreuilh, Fournière, Fribourg, Jaurès, Joindy, Krauss, Lenormand, Charles Longuet,
Patay, Paul Louit, Ponard, Puges, Reisz, Révelin, Roland,
Salembier, Stern-Maydieu, Willm.

Excusés: Brunellière, Chaucheprat, Gérault-Richard,
Landrin, Lévy, Parassols, Renaudel, Richard, Tanger.

Absents: Bertrand, Bourderon, Carnaud, Dejeante,
Favrais, Fauga, Imbert, Lepage, Létang, Marchand, Martinet, Picau, Poulain, Richard, Ser, Semanaz.

Willm. — Je dois faire une communication du P. O. S.
R. Il m'a donné mandat de demander au comité général
d'insérer dans le projet, à la place que vous jugerez bonne,
une invitation à tous les groupes de créer partout où ils le
pourront des groupes de jeunesse anti-militariste. Notre
propre organisation, depuis quelque temps, s'est occupée de
cette question: elle a créé des groupes de jeunesse qui ont
été réunis en fédérations. Il y a là une excellente méthode
pour la diffusion de nos doctrines et la propagande révolutionnaire qui fait contrepoids à la propagande cléricale, qui
prend nos jeunes gens aussitôt que possible et ne les lâche
plus. Il serait bon d'attirer l'attention des groupes sur ce
point.

Révelin. — Comme c'est une motion additionnelle, je
demanderai à Willm qu'elle soit discutée quand nous aurons
terminé la discussion sur le texte du projet.

Willm. — Si vous voulez.

Révelin. — Il reste à examiner les articles relatifs au
prochain congrès:

V. Le congrès prochain. — Dispositions provisoires.

Art. 20. — Le prochain congrès sera constitué sur les mêmes bases que les deux derniers congrès avec les modifications suivantes :

Les organisations auront droit :

1° à un délégué par cinq groupes ou fraction de cinq groupes ;

2° à un délégué par 5,000 suffrages ou fraction de 5,000 suffrages obtenus au premier tour des élections législatives.

Il n'est pas attribué de voix de droit aux fédérations avant qu'elles soient organisées conformément à ce projet.

Art. 21. — Les groupes devront avoir notifié leur existence au comité général avant le 1er janvier 1901, soit directement, soit par l'intermédiaire de leur organisation.

Art. 22. — Le congrès se réunira à Paris le 7, 8, et 9 avril 1901.

Art. 23. — Les délégués ne pourront recevoir qu'un seul mandat.

Henri de la Porte. — Un certain nombre de groupes de ma fédération ont déjà discuté ce projet, et ils sont d'avis d'adopter le cumul du mandat et la désignation par chaque groupe de son délégué. Il serait impossible à cinq groupes de s'unir pour nommer un seul délégué. Ce serait de plus porter atteinte à l'autonomie des groupes. Ce qui a entraîné le vote de la commission, nous nous en rendons bien compte, c'est la nécessité de faire obstacle à cette éternelle question de vote par tête ou par mandat. Certains groupes ont déjà trouvé la solution : ce serait de mettre dans le projet du règlement du prochain congrès que le vote par mandat sera de droit, dès qu'il sera demandé par un certain nombre de délégués. Je conclus en demandant que les délégués pour le prochain congrès soient choisis par les groupes exactement comme au dernier congrès.

Révelin. — Nous avons cherché la disposition qui nous éloignerait le moins des traditions anciennes. Le procédé que nous propose de la Porte ne résoudrait pas la difficulté ; car c'était précisément la réglementation que le vote par mandat serait de droit quand il serait demandé. Lignières nous avait suggéré que la solution la plus heureuse était d'appeler les groupes à s'entendre au nombre de cinq.

Renaudel. — J'ai à vous faire remarquer qu'il n'y a pas seulement une question de vote par mandat qui a fait que l'on s'est rallié à l'opinion du P. S. R. sur cette théorie d'un certain nombre de mandats. On a visé surtout ce fait

que le congrès présentait une certaine indécision par suite
du trop grand nombre de mandats, et c'est à cela qu'on a voulu
parer. La question du vote par mandat vient en surplus, c'est
une amélioration à apporter ; il faut en profiter dans la
mesure où nous le pouvons. De la Porte a dit qu'il y aura
des difficultés, mais n'y avait-il pas des délégués qui avaient
plusieurs mandats ? Le congrès va être convoqué sur la
base des organisations ; quelle difficulté allez-vous rencontrer, par conséquent, pour faire nommer les délégués par
cinq groupes ? Je n'en vois pas quant à moi.

Henri de la Porte. — Vous venez de présenter l'argument du nombre de délégués. Or, par le projet que nous
propose la commission, nous aurions un délégué par cinq
groupes ; je crois que c'était au moins la moyenne au dernier congrès ; il y avait même des délégués qui avaient une
dizaine de mandats.

Renaudel. — Il y avait 2,200 mandats représentés au
dernier congrès par 15 à 1,800 délégués.

Henri de la Porte. — Cet argument ne me paraît pas
suffisant pour détruire l'opinion que je vous disais tout à
l'heure, à savoir qu'il serait difficile de réunir cinq groupes
pour la désignation d'un seul délégué. Vous ne pouvez pas
trouver facilement dans chaque fédération cinq groupes qui
se mettront d'accord.

Révelin. — Il y a un argument qui a été indiqué contre
la validité du dernier congrès : c'est l'accusation de majorer
sa représentation en faisant état de groupes dont l'existence
n'est pas certaine. Pour préparer à l'idée que chaque
groupe a droit à une représentation distincte, et pour écarter cette suspicion, il nous avait semblé nécessaire d'accepter
ce moyen qui permet de se rapprocher de la moyenne de
vingt groupes.

Jaurès. — Je m'excuse tout d'abord auprès de la commission ; je n'assistais pas à cette partie de la discussion et
je n'ai pu lui présenter à cette occasion mes raisons contre
cette proposition. J'avais demandé à la commission d'adopter
déjà pour un prochain congrès le système qu'on esquisse
comme devant être le système définitif ; j'avais demandé
qu'on constituât la délégation au prochain congrès par les
fédérations, que l'on invitât tous les groupes d'un département à s'unir en commun et à nommer en commun un délégué. Vous m'avez objecté que c'était prématuré, que, tant
que la constitution définitive du Parti n'était pas faite, il
n'était pas possible d'associer dans un même vote des

groupes qui seraient encore rivaux. Et bien, si cette rivalité
persistante, qui ne prendra fin que lorsque l'unité aura été
officiellement établie, empêche les groupes d'un même
département de procéder à un vote commun, alors qu'ils
disposeront de plusieurs délégués et pourront, par conséquent, amortir les chocs en faisant une part à la rivalité,
cette rivalité devient plus terrible lorsque cinq groupes
auront à s'entendre pour un seul délégué et qu'aucune part
ne pourra être faite à la minorité. Vous aurez des chocs
terribles, des difficultés redoutables. Vous avez un grand
nombre de départements où existent diverses tendances.
Prenez la région du Nord, le Pas-de-Calais où dans les
mêmes villes, comme Denain et Valenciennes, il y a des
groupes du P. O. F. à côté des fédérations autonomes du
Nord et du Pas-de-Calais : allez-vous obliger ces groupes à
se réunir par cinq pour choisir un délégué unique, ou bien
les groupes divergents d'une même ville seront-ils obligés
d'aller chacun de leur côté pour compléter le nombre de
cinq ? Ne créez-vous pas ainsi une sorte d'anarchie où personne ne se reconnaîtra plus ?

Entre le système définitif que nous préparons, c'est-à-
dire le système basé sur les fédérations, et le système provisoire, tel qu'il a été pratiquée jusqu'ici, il n'y a pas de
milieu. Il faut accepter le système provisoire qui a fonctionné
jusqu'ici. Le rapporteur nous a objecté que nous verrions,
par suite de l'application du système provisoire, reparaître
les difficultés du vote par mandat et du vote par tête.
Remarquez que les difficultés ne sont pas nées au sujet du
vote par tête ou par mandat. D'ailleurs si le prochain congrès avait le même état d'esprit que l'ancien, il n'est pas de
règlement capable d'empêcher cette dificulté de se produire.
La difficulté, mais elle est née de ce qu'il y avait des mandats
contestés. « Vous voulez, nous disait-on, le vote par tête,
parce qu'il y a un grand nombre de délégués présents, et
nous voulons, nous, le vote par mandat, parce qu'il y a des
mandats fictifs qui ne doivent pas entrer en ligne de
compte. » La seule garantie repose sur le fait d'avoir vérifié à
temps l'exactitude du mandat. Or, c'est bien ce fait que nous
avons prévu en décidant que tous les groupes devraient
avoir fait constater, régulièrement leur existence au premier
janvier prochain par le comité général pour être admis au
congrès.

Reste la question du nombre des groupes. On craint que
le trop grand nombre de délégués n'empêche le congrès

d'aboutir. Je fais remarquer que la différence sur ce point entre l'ancien congrès et le nouveau ne sera pas bien grande. Vous m'objecterez que des groupes nouveaux se sont produits depuis le dernier congrès, que l'Alliance communiste a déposé hier soir, sur le bureau du comité général, l'indication d'un certain nombre de groupes nouveaux, que le chiffre des groupes nouveaux au prochain congrès sera encore plus considérable que dans l'ancien, que nous aurons au moins 600 délégués et plus. Mais remarquez que, dès que l'on a atteint le nombre de 3 ou 400, la présence de 100 ou 200 délégués de plus n'est pas de nature à créer des inconvénients nouveaux. Et puis, laissez-moi vous dire que, cette fois, le travail aura passé au crible de nos discussions, qu'il aura été minutieusement préparé. Oui, je sais bien que des chocs se produisent entre le projet élaboré par nos camarades du P. O. F. et du P. S. R. et le projet du comité général, mais, comme la question posée dans les groupes aura été soigneusement étudiée, je ne crois pas qu'elle empêche le congrès d'aboutir. Votre système ne crée-t-il pas une sorte de prime à la décomposition des groupes?

Révelin. — Mais la prime à la décomposition sera cinq fois moins forte.

Jaurès. — Au lieu de créer un groupe pour avoir un délégué de plus, on sera obligé d'en créer cinq. Et vous dites que ce sera malaisé, sinon impossible. A mon sens, la création factice de groupes, avec les difficultés qu'elle peut faire naître, subsiste dans votre système comme dans le système du dernier congrès. Tant que l'unité n'est pas complètement organisée, tant qu'elle n'apparaît pas comme un fait définitif qui décourage pour ainsi dire les rivalités, par l'impuissance même à laquelle elles sont condamnées, je ne crois pas qu'il soit possible d'obliger cinq groupes d'autant plus ennemis qu'ils seront plus voisins à s'entendre pour le choix d'un seul délégué. Par conséquent je demande, et c'est encore là le plus simple, que nous maintenions l'ancien système sans modification, avec cette seule différence et cette précaution, la seule que nous ont demandée nos camarades du P. O. S. R., d'établir l'existence des groupes à une époque déterminée.

Orry. — Renaudel prétend que nous pourrions avoir des délégués représentant cinq groupes, parce qu'au dernier congrès il y en avait qui représentaient dix groupes. Ce n'est pas la même chose. Ceux qui avaient plusieurs mandats étaient des parisiens. C'est parce qu'ils habitaient

Paris qu'ils étaient désignés. Par conséquent votre argument tombe.

Capjuzan. — Je crois que Jaurès fait erreur lorsqu'il prétend que la situation serait la même, qu'on ne pourrait jamais réaliser l'entente des groupes d'une même localité. Mais il y a un point que vous n'avez peut-être pas observé, c'est que les groupes ne seront pas dans l'obligation formelle de déléguer les camarades de la localité, qu'ils pourront déléguer d'autres camarades.

Jaurès. — De deux choses l'une : ou bien les groupes essaieront de s'entendre spontanément avec les groupes d'une autre localité, ce qui sera difficile ; ou bien ils emprunteront l'intermédiaire de leur organisation centrale. Cette seconde hypothèse fera qu'il n'y aura plus une seule désignation de délégué faite directement par les groupes. Ces désignations, dont l'ensemble sera réparti par petits paquets de cinq groupes, seront-elles vraiment l'expression des volontés de la classe ouvrière ?

Ainsi c'est l'organisation du P. S. R. qui a demandé la représentation des minorités, parce qu'elle a prévu qu'il y aurait toujours entre les groupes d'une même région des divergences telles qu'il en résulterait la nécessité de faire aux minorités leur part. Et ce sont ces mêmes camarades qui nous disent, avant même que l'unité soit faite, que les groupes pourront s'entendre aisément soit entre eux, soit avec d'autres groupes. Je crois vraiment qu'avec la garantie qui a été accordée à l'unanimité par le comité général, c'est-à-dire l'obligation pour les groupes de produire leur état civil socialiste avant le 1er janvier prochain, je crois, dis-je, qu'avec cette garantie vous avez toute satisfaction.

Révelin. — La commission pensait qu'avec le chiffre prévu par elle de 4 ou 500 délégués, le travail de vérification serait dur, mais encore possible. D'autre part, rappelez-vous ce précédent congrès de Paris, dans lequel il a fallu préparer un projet d'unité ; il n'a pas été possible de discuter réellement dans le congrès lui-même. On fut obligé de nommer, chaque fois, une commission des résolutions, et notez que toute une partie de la discussion eut lieu hors du congrès à la commission des résolutions.

Allemane. — La situation n'est pas la même, puisque nous faisons le travail préparatoire du referendum et que le congrès est en quelque sorte virtuellement ouvert aussitôt que notre projet est envoyé. Le résultat du referendum sera en somme identique au résultat du congrès. Les discussions que vous prévoyez, vous ne les aurez pas. Rien ne ressemblera moins aux deux congrès qui ont précédé que le troisième que nous préparons.

Révelin. — Je pense que nous ne pouvons pas, en tout état de cause, éviter une commission de résolutions, et il est fâcheux d'avoir un deuxième congrès au petit pied dans le congrès lui-même ; je voudrais que la commission de résolutions ait aussi peu de travail que possible. Je suppose qu'au projet que nous préparons il y ait très peu d'amendements ; je suppose que, s'inspirant de ces amendements, le comité général élabore un projet définitif qui donne satisfaction. Il viendra d'autres organisations pour discuter tous ces points qui reposeront toutes les questions litigieuses posées au précédent congrès. Nous sommes en face du comité général ; nos camarades socialistes, au moins ceux qui adhèrent au P. O. F., s'ils viennent au congrès, seront placés en face de deux projets : en ce cas, il faudrait trouver un moyen, soit d'accorder les deux projets, soit de faire marquer une préférence pour l'un d'entre eux. Quant à l'argument qu'a donné Jaurès, que la fédération fasse l'addition des voix, il en sera ainsi de toute façon toutes les fois que les groupes ne pourront envoyer de délégués. Je crois que vous serez en face d'un congrès extrêmement nombreux. Dans presque toutes les organisations, si vous pouviez avoir sous les yeux la liste de tous les groupes, vous verriez que les groupes épars dans les départements sont extrêmement peu nombreux ; dans presque toutes les organisations nationales ces groupes sont constitués déjà à l'état de fédérations.

On pourrait admettre que les délégués sont non pas les délégués de groupes, mais les délégués de fédérations.

Jaurès. — Je reviens sur la question de cette sorte de fédération de cinq groupes, création passagère qui n'existera que pour le prochain congrès.

Si à la rigueur la formation de cinq groupes est possible pour les organisations fortement centralisées, pour les autres, il est très difficile ou impossible d'organiser ces groupements artificiels et transitoires. Dans le Tarn, par exemple, il y a trois groupes blanquistes, trois groupes du P. S. R. ; quand il faudra que ces derniers s'entendent avec les groupes du P. O. F., par quels moyens s'entendront-ils ? Par correspondance, alors qu'ils n'ont pas été peut-être en relation directe les uns avec les autres : nous créons l'impossible, l'incompréhensible. Je suis convaincu que ce système va embrouiller la convocation du congrès. Le comité général passera tout son temps à débrouiller cet écheveau constamment emmêlé.

Cordé. — Il y a des groupes isolés qui, jusqu'ici, n'ont pas adhéré à la fédération départementale. En outre, tous les départements n'ont pas encore constitué de fédération, par exemple l'Eure, où les deux tiers des groupes demandent leur adhésion au Parti...

Jaurès. — Ils seront obligés, pour assister au congrès, de s'affilier à une organisation.

Cordé. — C'est ce que je leur ai dit. Je leur ai dit : « S'il n'y a pas de fédération dans l'Eure, il y en a une dans la Seine-Inférieure. Affiliez-vous à celle-là, si bon vous semble. »

Jaurès. — Mais, remarquez-le bien, nous faisons des combinaisons d'autorité que nous n'avons pas le droit de faire. N'agirions-nous pas sagement en nous référant au précédent du dernier congrès ?

Henri de la Porte. — Il y a toute une série d'objections qui n'ont pas été présentées. Il n'est pas en notre pouvoir de forcer les groupes à désigner un délégué que souvent ils ne connaîtront pas. Il faut laisser les groupes libres d'envoyer comme délégué un de leurs membres, ou toute autre personne qui leur plaira. Comment voulez-vous qu'un militant de province se fasse désigner à la fois par son groupe et par quatre groupes qui pourront ne pas le connaître du tout ? C'est toujours à Paris que l'on viendra demander les délégués, comme on l'a fait pour beaucoup d'entre nous au dernier congrès.

Séguélas. — Indépendamment des difficultés signalées par Jaurès, notez qu'il faut tenir compte de l'égoïsme particulier de chaque groupe, qui voudra avoir sa représentation particulière au congrès. Je ne vois pas une garantie dans la proposition de Révelin, j'y vois une cause de mécontentement général.

Lefèvre. — Voici l'amendement Jaurès-De la Porte : « Le prochain congrès sera constitué sur les mêmes bases que le dernier. »

(Adopté).

Reste le paragraphe des 5,000 suffrages.

Allemane. — Il y a là une injustice ; je considère que le fait de demander cinq mille voix à une circonscription où il est presque matériellement impossible de les réunir, c'est trop demander. Il serait plus rationnel de fixer un minimum à partir duquel une représentation au congrès serait accordée. Je trouve que c'est suffisant. Quand un collège électoral a obtenu une certaine minorité, il mérite d'être représenté, et c'est tout ; je ne comprends pas que l'on double la représentation. Je considère qu'une représentation unique pour un collège électoral est suffisante.

Bagnol. — Allemane a d'autant plus raison qu'il y a des circonscriptions où il n'est pas possible d'atteindre le chiffre de 5.000 voix.

Allemane. — Qu'appelez-vous fraction ?

Jaurès. — Dans notre projet nous graduons par fraction de 5.000, mais nous faisons une échelle de délégués suivant le chiffre des suffrages obtenus dans la fédération. La proposition d'Allemane serait en contradiction avec ce que le comité général a déjà adopté.

Allemane. — Je parle de collège électoral. Faites-vous une addition des voix électorales obtenues dans une fédération ?

Jaurès. — Mais oui, toujours en vertu du principe qu'une région déterminée a droit à un nombre de délégués d'autant plus élevé qu'elle a recueilli pour les élections législatives un nombre de suffrages plus considérable. Que vous appliquiez le principe dans les limites du collège électoral ou demain dans les fédérations départementales, c'est toujours le même, établissant que le nombre de délégués est proportionnel à celui des suffrages obtenus, tandis que vous dites : « A condition qu'on ait obtenu un minimum de voix dans le collège électoral aujourd'hui, dans la fédération demain ». Il y a un intérêt considérable à maintenir strictement pour les convocations du prochain congrès le procédé employé pour le congrès précédent. Il est, en effet, essentiel de constater que, s'il y a eu dans le congrès des contestations très violentes, elles ont porté sur le droit de vote par tête ou par mandat, sur la mise en œuvre du mécanisme, mais non sur le mécanisme lui-même. Je répète qu'il y a un intérêt considérable à convoquer le congrès constituant du Parti sur les bases de convocation précédentes qui n'ont soulevé aucune contestation.

Révelin. — Aucune contestation, dites-vous ? Le congrès n'a-t-il pas été unanime à cette résolution qui implique, ce me semble, des contestations. « Le comité général devra ouvrir sans retard une consultation sur le meilleur mode d'organisation et d'unification du parti socialiste et aussi sur le meilleur mode de convocation du prochain congrès ».

Jaurès. — Je reconnais que nous avons le droit de proposer tous les systèmes; mais je constate, encore une fois, que le meilleur système est celui qui, en fait, n'a jamais été l'objet d'aucune contestation directe de la part d'aucune organisation.

Capjuzan. — Mais, pardon, tout le monde a contesté et protesté, d'abord sur la représentation individuelle, le vote par mandat, etc. Si les contestations ne sont pas tombées sur toutes les questions, c'est que l'on n'a pas eu le temps et les moyens de le faire.

Jaurès. — Nous soulevons un malentendu. Lorsque le comité général a préparé la convocation du congrès, les bases de convocation étaient admises à l'unanimité. Les protestations ont porté sur l'application du système et non sur le système lui-même.

Révelin. — Si vous décidez de maintenir les bases anciennes, il faut les adopter tout entières.

Lenormand. — Tant que l'unité ne sera pas faite, nous aurons pour les voix électorales les mêmes ennuis qu'on signalait pour la représentation des groupes. Dans la circonscription électorale il y a des candidats qui appartiennent à différents partis.

Renaudel. — J'accentue les réserves que j'ai eu l'occasion de formuler dans le cours de la discussion au sujet de la représentation à accorder aux suffrages socialistes : je vous demande de supprimer la représentation des voix électorales.

Henri de la Porte. — On a mis en avant ce qui s'est passé au dernier congrès. Je crois que les divisions qui se sont produites alors viennent uniquement de ce qu'il n'y a pas de criterium facile pour savoir dans quels cas le vote par mandat est de droit. C'est pour cela que je dépose un article additionnel, établissant que le vote par mandat sera de droit toutes les fois qu'il aura été demandé par cent délégués.

Révelin. — On avait fixé sur ce point autrefois le dixième des délégués, pourquoi changer cela?

Je vous demande d'écarter la proposition Renaudel, parce que, si nous nous en tenons aux bases du système ancien de constitution du congrès, nous faisons quelque chose de très sage. Ces bases de convocation ont pour elles d'avoir obtenu deux fois le consentement du Parti. Il est inutile de surcharger cette discussion si difficile d'une nouvelle difficulté.

Willm. — Je me rallie à la manière de voir d'Allemane. Il y a un certain nombre de délégués qui verraient avec plaisir que les voix électorales ne soient pas représentées, parce qu'elles ne représentent rien de précis. Il y a beaucoup de voix non socialistes représentant simplement une opinion générale autour de laquelle vient se grouper un certain nombre de gens, nombre qui peut varier suivant les conditions dans lesquelles la bataille s'engage.

Jaurès. — C'est ainsi que se font les révolutions.

Willm. — Comme il y a un courant d'opinion favorable à la représentation des voix électorales et que ce courant paraît devoir entraîner la majorité, je crois qu'il est inutile de s'obstiner à lutter contre lui ; mais j'estime, d'autre part, qu'il convient de réduire cette représentation au strict minimum possible. La proposition Allemane me paraît légitime ; elle considère les collèges électoraux comme formant un tout et elle leur accorde une voix en tant que collège électoral.

Briand. — Je crois que la question de la représentation des voix électorales ne se pose pas. Nous tenons notre mandat d'un certain nombre d'éléments ; nous n'avons pas le droit d'en distraire un seul. Le principe de la représentation des voix électorales ne peut même pas se poser.

Willm. — J'appuie avec la même force la proposition Allemane.

Jean Longuet. — Il y a un grand inconvénient à la proposition Allemane. On prend les collèges électoraux comme des quantités invariables. Remarquez que si un collège électoral peut compter un nombre infime de voix socialistes, il en est d'autres qui en ont un nombre considérable. On ne peut comparer la circonscription de Saint-Denis, où Walter obtient plus de 10.000 voix, à la circonscription de Caen où notre candidat en obtenait tout juste 540. Il est juste de donner à la région où il y a un millier de voix socialistes un plus grand nombre de délégués au congrès.

(La proposition Renaudel-Allemane est rejetée).

(L'article 21 est adopté).

Dubreuilh. — Je voudrais savoir si le dernier congrès a déterminé que le prochain congrès aurait lieu à Paris. Y a-t-il une décision ? Je rappellerai au comité général que le congrès de 1899 a décidé que le congrès du Parti ne se tiendrait pas deux années de suite dans la même ville. Exception a été faite pour 1900, à cause de l'Exposition : je demanderai si l'on ne juge pas bon de fixer une autre ville que Paris.

Lefèvre. — Avez-vous une autre ville à proposer, ou est-ce simplement une question ?

Révelin. — Il est certain que le pacte constitutif du Parti prévoyait le congrès à Paris, puis en province. Mais c'est une question dont il faudrait saisir les camarades des groupes. D'autre part, il y a de graves raisons économiques qui font qu'il y a une difficulté sérieuse à transporter le congrès un peu partout en France. Il y a aussi l'attrait qu'exerce un voyage à Paris. C'est une question à soumettre aux groupes, lorsque le Parti sera unifié. Pour le prochain congrès, la commission, à l'unanimité, a proposé Paris.

Jean Longuet. — Il faut tenir compte de la résolution du congrès de 1899, en vertu de laquelle le congrès ne peut avoir lieu deux fois dans la même ville. L'argument donné par Révelin de l'attrait d'une visite à Paris n'est pas admissible. Il serait inadmissible que, parce que Paris est le centre de la France, on fasse tous les congrès à Paris.

Dubreuilh. — Je ne nie pas la valeur des raisons données par Révelin, mais la tenue du congrès dans une ville différente chaque année se trouve inscrite dans le statut du Parti. Je demande donc un vote.

Lefèvre. — Dubreuilh a posé une question au comité général. Il a demandé s'il ne pensait pas qu'il vaudrait mieux tenir le congrès ailleurs qu'à Paris ; il n'a pas proposé de ville. Je mets aux voix que le congrès se réunira à Paris.

Cette proposition est adoptée.

Révelin. — En raison de la modification apportée à l'art. 20, l'art. 23 serait ainsi rédigé :

Article 23. — Un délégué pourra être porteur de dix mandats au maximum.

Adopté.

Proposition de la Porte :

« Le vote par mandat sera de droit au congrès lorsqu'il « sera demandé par cent délégués ».

Henri de la Porte. — Etant donné l'observation de Révelin, que, dans le règlement même du dernier congrès, le vote par mandat était de droit, lorsqu'il était demandé par le dixième des délégués, je pourrais retirer ma proposition ; mais vous vous trouverez au congrès en présence de la difficulté suivante, savoir : si la question que l'on discute est ou non une question de principe. Cette difficulté me paraît énorme ; c'est pourquoi je maintiens mon article additionnel.

Briand. — Nous allons nous trouver, au prochain congrès, en face des difficultés qui nous ont assaillis au dernier. Le vote par mandat serait très désirable, mais il faut le désirer dans la mesure du possible. Au dernier congrès, c'est sur la validation des mandats que je me suis opposé au vote par mandats. Il y avait 158 mandats contestés. Chaque vote demandant une heure et demie, nous aurions voté 158 fois.

Allemane. — Nous y serions encore.

Briand. — Il ne faut pas donner place à une obstruction systématique. Que la proposition soit soulevée pour une question de fond, c'est naturel ; il ne faudrait qu'elle pût être mise sur le tapis pour une question infime ou de simple formalité, la nomination du bureau par exemple. Le texte donne lieu à des interprétations équivoques. Il est nécessaire que le vote par mandat ne puisse avoir lieu que sur une question qui en vaille la peine. Je ne crois pas, d'ailleurs, que beaucoup de congrès soulèvent les difficultés qui se sont présentées au dernier, relativement à la validation des mandats.

Henri de la Porte. — Votre principal argument porte sur l'obstruction. Si vous admettez qu'une fraction viendra au congrès avec l'intention de l'empêcher d'aboutir d'une façon contraire à ses vues, cet argument n'est que spécieux : il est, en effet, toujours possible de faire de l'obstruction. Nous pouvons considérer qu'au prochain congrès l'organisation sera meilleure qu'au dernier, puisqu'on aura eu plus de temps pour vérifier les mandats. Et pourquoi faire toujours valoir l'argument de la mauvaise foi ?

Allemane. — Pourquoi ne pas spécifier que le vote par mandat n'aura lieu qu'au sujet des résolutions, la seule chose qui nous tienne à cœur ? On parle de la question de principes ; mais songez qu'on peut baptiser principe tout ce qu'on veut.

Jaurès. — On baptisera aussi résolution tout ce qu'on voudra.

Allemane. — Je ne dis pas que toutes les résolutions exigent un vote exceptionnel ; cependant le vote qui porte sur les résolutions a un caractère d'une valeur réelle.

Henri de la Porte. — Je maintiens mon texte.

(La proposition de la Porte est rejetée).

Révelin. — La commission propose l'article suivant :

Art. 24. — Il sera voté par tête sur les questions d'organisation intérieure du congrès, et par mandat sur les questions de principe, chaque fois que demande en sera faite par le dixième des mandats représentés.

Adopté.

Art. 25. — Tout délégué devra verser trois francs par mandat dont il sera porteur.

(Cet article est adopté).

Dubreuilh. — Je demande sous quelle forme sera envoyé aux groupements le projet d'unification qui vient d'être voté ? De quelle signature sera-t-il revêtu ?

Allemane. — Je suis heureux que Dubreuilh ait posé cette question. Si nous mettons des noms, quelques-uns de nos camarades du Parti ne figureront pas sur le projet. Je demande que l'on signe : « Comité général du Parti socialiste ».

Jaurès. — Je trouve qu'il est intéressant d'indiquer les organisations que contient le comité général. Voici pourquoi. A côté de notre projet il y en a un autre qui n'est pas négligeable, puisqu'il émane d'organisations influentes, qu'il est signé du P. O. F., de l'Alliance communiste, et appuyé aussi par les fédérations importantes du Haut-Rhin et du Doubs. Ce projet est accompagné des noms des organisations qui l'ont élaboré et adopté. Personne, certes, ne songe à arracher aux camarades ici présents du P. S. R. une adhésion apparente à un projet qui n'est pas le leur. Aussi je crois que nous devrions mettre en tête du projet : « Le comité général, composé par les organisations suivantes.... » et le nom des délégués de ces organisations. « Le comité général s'est réuni conformément au mandat que lui avait donné le congrès ; à la majorité de ses membres, il a adopté la résolution suivante.... »

Ainsi nous indiquons bien qu'il y a une minorité, mais nos camarades ne peuvent se refuser à paraître faire partie du comité général, puisqu'ils en font partie réellement. Dans l'exposé des motifs, notre rapporteur indiquera avec précision les réserves et les objections faites par la minorité.

Dubreuilh. — La proposition de Jaurès nous donne en partie satisfaction, mais à une condition, c'est que les réserves que nous avons faites soient mentionnées dans la circulaire qui sera envoyée aux groupes avec l'exposé des motifs, c'est à dire que nous ne paraissions pas adopter deux projets contradictoires. (Approuvé).

Renaudel. — Nos camarades auront une autre satisfaction en ce qui concerne le compte-rendu in extenso qui sera publié.

La séance est levée à 11 heures 30.

SÉANCE DU 19 DÉCEMBRE

*Présidence du citoyen **Landrin**, délégué du Parti
socialiste révolutionnaire.*

La séance est ouverte à 9 heures 30.

Présents (personnellement ou par leurs suppléants) :
Béguin, Blum, Briand, Camélinat, Capjuzan, Clauzel, Cipriani,
de la Porte, Donier, Dubreuilh, Fournière, Fribourg,
Gérault-Richard, Imbert, Jaurès, Joindy, Krauss, Landrin,
Lenormand, Lepage, Létang, Lévy, Charles Longuet, Orry,
Patay, Paul Louit, Puges, Renaudel, Reisz, Révelin, Roland,
Salembier, Ser, Semanaz, Stern-Maydieu, Tanger, Willm.

Excusés : Bourderon, Brunellière, Chaucheprat, Favrais,
Parassols, Ponard.

Absents : Bagnol, Bertrand, Carnaud, Dejeante, Fauga,
Marchand, Martinet, Picau, Poulain, Richard.

Révelin. — Il va venir tout d'abord en discussion la
proposition faite par Willm et qui s'intercalerait dans un
des articles du projet. Puis, nous passerons à la question de
la fédération de la Seine ; je ne vous ai pas préparé de rapport
aujourd'hui à ce sujet, d'abord en raison du travail qui pesait
sur moi, et ensuite parce qu'il est nécessaire qu'il y ait ici
une discussion préalable, étant donné qu'il y a des projets
qui sont tels qu'ils dispensent en quelque sorte la commission de tout travail préparatoire.

Willm. — Je ne demanderais pas la parole sur la proposition que j'ai formulée à la dernière séance, si le camarade Longuet ne nous avait prévenus qu'il avait quelques
réserves à faire. Voici le but de notre proposition.

Nous demandons que, dans un article du projet rédigé
comme le comité jugera convenable, on inscrive une invitation aux fédérations de créer des groupes de jeunesse
socialiste. Nous nous plaçons à un point de vue tout spécial et se rapportant aux événements que nous venons de
traverser. Je parle de l'affaire Dreyfus. Une chose qui a dû
frapper tous les esprits, c'est que tous nos adversaires

cléricaux, antisémites, réactionnaires, recrutaient leurs principales troupes parmi les jeunes gens qui ont fait la masse autour des meneurs ; cela constitue un état d'esprit fort inquiétant pour les jeunes gens qui y sont soumis avant d'avoir acquis la capacité civile et politique. Les jeunes gens passent ensuite au régiment : là, on achève de déprimer leur cerveau. Au point de vue anti-militariste, il y aurait intérêt à créer des groupes de jeunesse socialiste et révolutionnaire. Grâce à la motion votée par le dernier congrès des bourses et aux termes de laquelle ces organisations sont invitées à entretenir des relations constantes avec les jeunes gens qui sont au régiment, il y aura une main-mise sur le jeune homme avant son entrée au régiment : suivi au régiment, le jeune homme sera, à sa sortie, recueilli par les groupes politiques.

Ces jeunes gens ainsi dirigés nous en amèneront d'autres qui auraient été réfractaires à nos idées, s'ils n'avaient pas trouvé dans la chambrée des camarades imbus de nos principes et de nos doctrines. Les groupes feront ainsi une excellente propagande au sein de la caserne.

Ch. Longuet. — Si la proposition avait été développée comme elle vient de l'être, je n'aurais pas fait un geste de réserve. J'approuve tout ce qu'a dit Willm ; seulement, il y avait un malentendu, je croyais qu'il s'agissait de la représentation.

Révelin. — Ce qui serait désirable, c'est que ces groupes fussent créés sous ce titre général « groupes de jeunesse » ; ils seront surtout anti-militaristes, c'est entendu, mais il ne faut pas viser un point particulier.

Landrin. — Je mets aux voix la proposition de Willm.

(Cette proposition est adoptée à l'unanimité.)

Briand. — Le comité m'avait donné mandat de transmettre au groupe parlementaire le texte du projet relatif à l'organisation du groupe. J'ai fait cette transmission ; le groupe s'en est occupé. Devèze m'a fait savoir qu'il retournait le projet avec des observations. Je ne l'ai pas encore reçu. Elles porteraient sur la propagande : les élus consentiraient à recevoir des délégations pour aller dans les grèves, mais n'admettraient pas qu'on pût les déléguer dans des réunions de simple propagande. J'ai fait remarquer à Devèze qu'il serait peut-être intéressant qu'une délégation vînt soutenir cette proposition devant nous. Je ne lui ai pas laissé ignorer que le comité général ne consentirait sans doute pas à faire la distinction que voudrait établir le groupe parlementaire.

Landrin. — Nous n'avons qu'à attendre les explications données par le groupe parlementaire. Êtes-vous d'avis de passer à la discussion générale sur la fédération de la Seine ?

(Approbation).

Le projet de la commission est le suivant :

IL.... Art. 6. — Les groupes du département de la Seine formeront plusieurs fédérations. Ces fédérations seront invitées à constituer un comité interfédéral.

Jean Longuet. — Vous savez que dans le premier projet qui vous a été soumis, il est question de diviser la Seine en plusieurs fédérations. Au premier abord, nous ne nous sommes pas élevés contre cette idée. Joindy et moi ; nous pensions qu'il fallait mûrir la question et l'examiner. Puis, nous avons consulté beaucoup de camarades, et voici le résultat de nos réflexions.

D'abord, il nous semble qu'une fédération est quelque chose qui constitue un tout autonome, qui se forme par affinité, et qu'on ne crée pas artificiellement et de toutes pièces. Les fédérations créées dans ces conditions auraient une existence purement fictive et ne répondraient pas à grand chose, elles seraient artificielles et arbitraires. En fait, l'unité qui existe à l'heure actuelle dans le département de la Seine, c'est l'arrondissement à Paris, et, dans la banlieue, la circonscription. Il est évident, en effet, que les arrondissements de la banlieue sont vastes et que les différentes communes qui les composent n'ont pas beaucoup de rapports ensemble. Au contraire, la circonscription forme dans la banlieue un tout semblable à ce qu'est l'arrondissement dans Paris : par exemple, dans l'arrondissement de Saint-Denis, entre le groupe de Pantin et celui de Boulogne, il y a très peu de rapports, et il est plus facile au groupe de Boulogne d'aller à Paris que d'aller à Pantin.

Si donc on voulait se baser sur cette division, ce n'est pas quatre ou cinq fédérations qu'il faudrait, mais vingt-cinq, une par arrondissement et par circonscription. Vous voyez ce que cela a d'absurde. On ne conçoit pas qu'il y ait vingt-cinq fédérations pour la Seine, alors qu'il n'y a qu'une fédération pour la Bretagne, et ce serait un grand tort de subdiviser d'une façon aussi grande le département de la Seine.

D'autre part, le fait de diviser un département en plusieurs parties crée un précédent qui peut être regrettable. Chaque fois qu'en province il pourra se produire que des divisions d'opinion correspondent à des divisions géographiques, les camarades chercheront à se séparer en deux. Si dans un département grand, pour ainsi parler, comme un mouchoir de poche, on organise plusieurs fédérations, à plus forte raison peut-on les créer dans des départements très vastes.

Un argument a frappé plusieurs camarades à qui est venue l'idée de diviser le département de la Seine. En vertu de cet argument, étant donné que ce département comprend toutes les opinions, une fois divisé, les militants y auraient des discussions moins fréquentes et moins vives.

Je ne suis pas de cet avis. Les divisions prennent beaucoup d'acuité sur le terrain local, et il y a plus de chance qu'elles soient moins fortes lorsque tous les groupements seront réunis. Alors, les questions se poseront sur des principes et non sur des personnes.

Par conséquent, je pense que l'organisation à créer dans la Seine serait une organisation fédérale, une fédération subdivisée en sections ; chacune de ces sections comporterait un arrondissement ou une circonscription, aurait pour son action une certaine autonomie ; ces sections auraient un conseil local, mais formeraient dans l'ensemble une fédération unique. Le principal argument sur lequel se base le projet de plusieurs fédérations, c'est la question de distance. On a fait valoir la difficulté de réunir des militants de communes très éloignées. Cette difficulté n'existe pas dans la Seine. Là, moins qu'ailleurs, on comprendrait une division en plusieurs fédérations dans un seul département qui est le plus petit de France.

Reisz. — Lorsque notre parti a soutenu à la commission d'organisation l'idée de plusieurs fédérations, il n'entendait pas fixer le chiffre à quatre ou cinq, mais à douze ou treize.

On a voté le principe de l'autonomie des groupes. Il s'ensuit que l'on pourra laisser les groupes libres de se fédérer par arrondissement ; puis, les fédérations se relier entre elles par un comité interfédéral qui choisira une certaine quantité de délégués pour les envoyer au comité.

Si l'on crée plusieurs fédérations, on laissera aux syndicats la faculté d'aller à la fédération de l'arrondissement qu'il leur plaira de choisir.

Le système d'une seule fédération rendrait impossible

toute réunion, toute discussion d'ensemble, tandis que ce serait chose facile pour des fédérations par arrondissement.

Le 8e, le 9e, deux ou trois arrondissements limitrophes peuvent se réunir et constituer une fédération : les syndicats, à raison de leur siège social, pourraient aller se loger, par exemple, dans le 10e arrondissement. D'autres syndicats, les tonneliers par exemple, pourraient se loger, à raison de leur centre de travail, dans le 12e.

S'il y a un comité interfédéral, les idées multiples qui existent dans nos divers groupes y pourront avoir leur répercussion, ne risqueront pas d'y être étouffées par la multiplicité des groupes. Ce n'est pas pour assurer la persistance des tendances diverses, mais pour faciliter le travail et le coudoiement des camarades, que nous désirerions voir fonctionner le système de plusieurs fédérations.

Jean Longuet. — Le camarade Reisz vient d'apporter un nouvel argument en faveur de ma thèse. Où iront les syndicats ? Un syndicat irait-il plutôt au 10e, sous prétexte que la Bourse se trouve au 10e, qu'au 12e, par exemple, alors que son centre pourrait se trouver là ? C'est une raison décisive pour qu'il n'y ait pas plusieurs fédérations : vous ne pouvez rattacher les syndicats qui s'étendent sur l'ensemble du département à une fédération d'arrondissement.

Willm. — Je combats la proposition de Longuet. Lorsque Longuet base son argumentation sur le peu d'importance du département au point de vue territorial, il oublie, me semble-t-il, qu'il ne faut pas envisager la superficie couverte par l'organisation, mais le nombre des militants, l'action socialiste et révolutionnaire de ses groupes. Or, il est certain que vous ne pouvez comparer le département de la Seine à aucun autre département français ; dans aucun autre département il n'y a une agglomération aussi puissante, non seulement au point de vue du nombre des militants, mais au point de vue des tendances et des différentes affinités, étant donné que les cinq organisations socialistes ont le centre d'action le plus complet dans le département de la Seine même.

Il est certain qu'une fédération unique aurait pour résultat immédiat de réveiller d'une façon sourde les rivalités qui existent dès aujourd'hui ; une des deux tendances voulant s'imposer, cette fédération serait vouée, aussitôt après sa constitution, à des déchirements intérieurs, et ce ne serait pas là, j'imagine, une garantie de la durée de l'unité.

Au contraire, tenant compte d'une situation de fait que nous ne pouvons pas passer sous silence, qui durera au moins moralement longtemps après que le congrès aura discuté de l'unité et l'aura décidée, — il me semble que nous devrions nous rallier à la proposition défendue par le P. S. R., et également formulée par le P. O. S. R., à savoir de constituer dans la Seine un nombre quelconque à fixer de fédérations.

Jean Longuet. — Arbitrairement.

Willm. — Pas du tout. Dans notre projet, nous prenons pour base, en principe, l'arrondissement. Toutefois, nous reconnaissons volontiers qu'il y a certains arrondissements où l'action socialiste est très développée, d'autres où elle est à peu près nulle. Nous ne voyons pas très bien, par exemple, une fédération du 1er ou du 2e arrondissement. Il est bien entendu que certains arrondissements de Paris où l'action est presque nulle, se joindraient à d'autres pour ne former qu'une fédération unique. Mais dans le 19e ou dans le 20e, comme dans d'autres où il y a des militants qui luttent depuis des années pour créer des groupes très solides, il est bien naturel qu'on donne aux groupes le droit de se constituer en fédération. Ce sera une garantie pour les organisations qui sont appelées à disparaître et qui conserveront au sein de ces fédérations le bénéfice moral de leurs forces et de leurs propagandes.

Quant aux syndicats, je ne sais pas si le camarade Reisz n'a pas eu le don de se faire comprendre. Un grand nombre de syndicats de Paris ont leur siège social à la Bourse du travail, d'autres à l'annexe, rue Jean-Jacques-Rousseau, d'autres dans les différents arrondissements ; il est certain que les syndicats composés d'adhérents appartenant à différents quartiers, seront libres de choisir la fédération à laquelle ils jugeront à propos de venir demander leur admission.

Notre projet respecte avant tout l'autonomie des individus dans les groupes, des groupes dans les fédérations. Du moment que nous pouvons concilier le désir d'unité du Parti avec le respect de la liberté d'action des groupes et des individus, nous devons prendre le projet qui donnera le plus de satisfaction à ces différentes tendances.

D'un autre côté, nous avons songé qu'il y aurait intérêt à ce qu'à un moment donné il y eût unité d'action dans le département de la Seine. Cette unité sera réalisée par un comité interfédéral qui sera chargé d'unir sur des points déterminés les efforts de toutes ces fédérations et d'arriver à créer un bloc.

Je crois, sous réserve d'autres arguments, que nous devons maintenir notre proposition de diviser le département de la Seine en un certain nombre de fédérations.

Semanaz. — Si c'est à cela que se borne la division du département de la Seine, en plusieurs fédérations réunies par un comité interfédéral, nous ne devons pas y voir le même inconvénient que s'il s'agissait de donner au département de la Seine un privilège spécial, une représentation plus forte au comité général.

Willm. — Cela n'a jamais été notre avis.

André Lefèvre. — Au premier abord, j'étais très séduit par la proposition de nos camarades du P. S. R., mais, plus j'entends discuter, plus je suis convaincu que c'est Longuet qui a raison.

L'objection qu'on a faite pour les syndicats m'apparaît comme très forte. Je sais bien qu'il y a quelques corporations qui sont plus particulièrement installées dans certains arrondissements, mais, en fait, l'immense majorité des syndiqués de Paris sont répartis dans toute la ville. Or, leur siège social étant à la Bourse du travail, ce sont les fédérations du siège social qui se trouveront contenir tous les syndicats.

Le citoyen Willm nous disait en substance : « Notre but, en demandant pour le département de la Seine la division, et, par conséquent, un régime d'exception, c'est de laisser à chaque individu et à chaque groupe la possibilité d'adhérer où il voudra... »

D'abord, vous ne laissez pas à chaque individu la possibilité d'adhérer où il voudra... Je n'insiste pas pour l'individu ; mais en laissant aux syndicats la possibilité d'aller adhérer à telle ou telle fédération, vous les mettez en mesure de fournir l'appoint nécessaire pour faire marcher telle ou telle fédération dans tel ou tel sens.

Vous êtes, de plus, préoccupés par la crainte qu'une fédération unique ne se trouve divisée en deux tendances. Croyez-vous qu'on ne retrouvera pas les deux tendances dans chacune des petites fédérations aussi bien que dans le sein du comité interfédéral ?

Willm. — Avec des garanties que n'offrira pas votre fédération.

André Lefèvre. — Vous n'allez donc rien éviter du tout, puisque les deux tendances se feront jour dans le comité interfédéral. J'ajoute que cette crainte que vous avez de voir deux tendances n'est pas un argument à nous opposer, puisque dans l'application de l'un et de l'autre système vous ne les éviterez pas. Dans ces conditions, pourquoi redouter plus particulièrement cette lutte dans la fédération de la Seine, pour aboutir du reste à l'installer deux fois « dans les fédérations et dans le comité interfédéral »? Je ne crois donc pas qu'il y ait lieu de doter Paris d'un régime d'exception : je demande pour lui le droit commun.

Reisz. — Si on avait décidé de supprimer l'autonomie des groupes et si on avait dit que dans chaque arrondissement il y aurait un seul groupe, votre objection aurait sa raison d'être. Mais vous avez émis un vote laissant aux groupes leur autonomie et leur accordant le droit de s'entendre et de constituer une fédération. Avec le système de la fédération unique, ces groupes, qui seront très nombreux, ne pourront, en raison même de ce nombre et de leur dispersion, s'entendre pour constituer une fédération ; ils resteront autonomes, et leur adhésion à la fédération de la Seine se fera directement. Donc cette entente qu'on envisageait entre ces groupes multiples ne se produira pas ; ils n'auront de contact entre eux que lorsque la fédération se réunira.

Henri de la Porte. — Il en est de même pour les fédérations de province.

Reisz. — L'impossibilité de réunir tous les membres du département de la Seine empêchera tout contact entre les militants, non pas de l'ensemble du département, mais même de l'arrondissement. Il me semble qu'il est utile que les fédérations se forment par arrondissements, pour centraliser les éléments que vous avez voulu laisser divisés.

André Lefèvre. — Et dans le département du Nord?

Reisz. — Là, nous avions des raisons d'agir ainsi. Si on adoptait une fédération unique, les groupes de chaque arrondissement que vous avez laissés divisés par le maintien de l'autonomie de chaque groupe, adhèreront directement à la fédération de la Seine ; les divisions subsisteront longtemps entre les groupes d'une même localité, puisqu'il ne leur sera pas permis de se concentrer entre eux et de faire l'entente que nous demandons tous.

J'appuie le principe de création de multiples fédérations. Quant au nombre de membres du comité interfédéral, qui devront être délégués au comité général, il y aura lieu de le déterminer. Mais songez aussi que tel ou tel candidat peut déplaire à la fédération de la Seine, alors que dans son milieu il est connu comme bon militant. Si vous voulez qu'une bonne action s'exerce entre les membres d'un même arrondissement ou d'une même circonscription, il est nécessaire qu'il y ait entre eux une bonne et sérieuse entente.

Jean Longuet. — Nous n'avons jamais dit que nous allions prendre des groupes épars pour les grouper brutalement et systématiquement dans une fédération. Nous prenons le développement naturel du groupe par arrondissement ou par circonscription; nous le respectons; seulement nous considérons les arrondissements comme des sections qui, tout en conservant une très grande autonomie, ne sont pas laissés épars.

Willm. — Si vous respectez l'autonomie des sections, je ne vois pas pourquoi vous ne les appelez pas des fédérations.

Jean Longuet. — A la première séance où le projet d'union est venu devant le comité général, nous étions tous d'avis qu'il ne faudrait pas laisser les groupes dans l'isolement. Nous sommes toujours d'accord sur ce point, mais je dis que cette union des groupes, pour les élections et beaucoup de cas analogues, est suffisamment réalisée au sein de la section qui, tout en ayant une certaine autonomie, ne forme qu'une partie d'un tout. C'est ce qui se passe partout en France; il n'y a pas de raison pour qu'il en soit d'autre sorte dans la Seine. Faites abstraction de vos idées de parisiens, et demandez-vous s'il ne semble pas un peu grotesque de voir la Seine former une vingtaine de fédérations, alors qu'il y a des fédérations qui comprennent cinq départements.

André Lefèvre. — Il n'y a pas de raison pour qu'ils n'en aient pas tous autant.

Lenormand. — Je crois que nous devons former dans le département de la Seine plusieurs fédérations reliées par une confédération qui aura sa représentation légale.

Le sectionnement par arrondissements est très simple à Paris, mais plus compliqué pour la banlieue. Vous ne pouvez admettre que l'arrondissement de Saint-Denis, par exemple, forme une seule section dans la fédération. C'est pour cela qu'il y aurait intérêt, comme le demandait Allemane, à se rendre compte des divisions à faire avec une carte géographique en main. Certains arrondissements de la banlieue pourront être reliés à des arrondissements de

Paris. Il faut que nos camarades de la commission mettent à l'étude ce projet et nous signalent tous les points à élucider, tant dans le projet de Longuet que dans celui de Reisz.

Fribourg. — J'indiquerai que dans notre organisation nous avions la crainte qu'une fédération unique ne devînt un vaste comité électoral, et ne serait-ce pas là l'aboutissant de la fédération unique ?

Révelin. — Aucune fédération ne le peut, d'après les statuts qui ont été votés.

Il ne faudrait pas, camarades, qu'une question de mots vous séparât.

Fribourg. — Si, ainsi que nous l'a expliqué le camarade Longuet, les sections qu'il propose sont autonomes, d'un bout de l'année à l'autre ; si elles forment un comité de section ou un comité d'union réuni dans la fédération, il n'y aura plus qu'une question de mots et nous serons d'accord dans les faits.

Nous nous rallierons certainement à la proposition, mais il faudrait alors nous expliquer le fonctionnement intérieur de votre fédération, nous prouver qu'elle nous présente des garanties, que les sections d'arrondissements seront autonomes, auront leur vie propre. Si vous ne leur donnez leur autonomie que de temps en temps, ce ne seront que des comités électoraux, et c'est ce que nous voulons éviter.

Révelin. — J'avais proposé autrefois à la commission un projet que je modifie et qui me paraît encore aujourd'hui ce qui serait le plus satisfaisant.

Dans ce projet, on prévoyait la constitution d'une fédération unique de la Seine... Une idée même nous avait séduits à un moment donné, c'était la très grande facilité de créer une fédération sur la rive gauche de la Seine à Paris : mais nous y avons renoncé. Il est certain que, pour la banlieue, à cause des communications, la difficulté serait extrême. Alors, nous avons été ramenés à l'idée de suivre à peu de chose près les arrondissements, ou de grouper un ou deux arrondissements.

L'économie du projet pourrait être la suivante : La Seine formerait une fédération régionale qui comprendrait des sections dont chacune aurait tous les droits et tous les devoirs d'une fédération départementale : mais il serait mieux encore de dire : « Il y aura dans le département de la Seine une fédération départementale unique : son rôle consistera à ne fonctionner que dans les très grandes circonstances ». D'autre part, on constituera un certain nombre de fédérations comprenant soit un, soit deux, soit trois arrondissements, ou moins d'un arrondissement pour la banlieue, et ces fédérations d'arrondissements seraient une exception pour le département de la Seine. Pour les militants de la province, cela s'expliquera très bien, en raison du nombre de voix socialistes de chaque arrondissement.

J'ai cherché pour Paris, et je crois qu'avec douze fédérations d'arrondissements, nous pourrions arriver à résoudre le problème.

Je pense que, pour la rive gauche, il pourrait être créé quatre fédérations : une pour le 5e et le 6e (les camarades du 6e auraient intérêt à s'appuyer sur ceux du 5e) ; une autre pour le 13e et le 14e ; une pour le 7e et le 15e (dans le 7e, il n'y a qu'un quartier, celui du Gros-Caillou, qui est très actif, mais il entretient des relations avec les camarades du 15e). Je pense qu'il y aurait avantage à réunir le 1er, le 2e et le 3e ; le 4e pourrait rester autonome ; le 8e et le 16e pourraient être réunis ; le 9e pourrait être réuni soit au 17e, soit au 18e ; puis le 11e, puis le 12e. Il y aurait ainsi douze fédérations.

Pour Sceaux, il pourrait y en avoir une, ou peut-être deux, parce qu'il y a la circonscription de Charenton qui se trouve éloignée des deux autres ; pour Saint-Denis, il en faudrait deux ou trois ; en sorte qu'on trouverait quinze fédérations d'arrondissements.

Mais, pour la représentation même au comité général, il serait bon que ce ne soit pas la fédération de la Seine dans son ensemble qui soit représentée, du moment que vous avez admis la fédération directe. Ces fédérations d'arrondissement auront à faire connaître le nombre de groupes qu'elles représentent, ainsi que le nombre de suffrages socialistes. La fédération de la Seine n'aura à intervenir dans son ensemble que pour les élections sénatoriales ; pour le reste, ce seront les fédérations d'arrondissement. N'oubliez pas que ce n'est pas la fédération dans aucun cas qui désigne les candidats ; ce sont les unions de groupes.

Il y aura des cas très rares dans lesquels la fédération s'affirmera dans sa totalité. Le statut du département de la Seine pourrait prévoir ces réunions. Il n'est pas nécessaire que le comité fédéral se réunisse souvent, parce qu'il y a rarement l'occasion de mobiliser toutes les forces du Parti ; au contraire, des réunions plus fréquentes se produiront entre camarades d'une même fédération d'arrondissement.

En ce qui concerne les syndicats et les coopératives, la solution de la difficulté apparaît d'elle-même. Il me semble que, pour les coopératives, elles adhèrent tout naturellement à la fédération de l'arrondissement où elles sont ; quant aux syndicats, nous pourrons leur laisser le choix d'adhérer soit à une fédération d'arrondissement, soit uniquement à la fédération de la Seine.

Reisz. — Si le fait de la constitution d'une fédération unique n'entraîne pas pour les syndicats des frais nouveaux, j'accepte.

Révelin. — Nous donnons ainsi satisfaction au désir d'unité que nous avons tous, en nous inspirant de la situation de fait. C'est un projet de transaction qui pourra donner satisfaction à tout le monde.

Gérault-Richard. — D'après les calculs qu'a faits Révelin, on peut porter ces fédérations d'arrondissement à quinze ou dix-huit : toutes ces fédérations devront s'interfédérer pour avoir des délégués au comité général ; je crains que cela n'amène un régime de faveur que n'admettront pas facilement les camarades de province.

Révelin. — Les chiffres montreront que non, en raison de la façon dont nous avons calculé les mandats.

Landrin. — Je désirerais faire quelques observations. La question électorale n'a rien à voir dans l'organisation des fédérations, puisqu'il est entendu que le quartier est autonome pour les élections municipales, et la circonscription pour les élections législatives.

Je ne crois pas qu'il soit possible de faire une fédération unique pour le département de la Seine : cela n'existe que de nom ; il se formerait dans cette fédération des sous-fédérations qui agiraient de leur côté et pourraient amener la désunion.

Le camarade Longuet disait : mais il y a des fédérations départementales qui comprennent plusieurs départements... Il a été parlé de la fédération de la Basse-Normandie, par exemple : pourquoi comprend-t-elle plusieurs départements ? Mais c'est tout simplement parce qu'elle ne comprend pas assez de groupes. Si ces groupes arrivent à augmenter d'eux-mêmes, ils demanderont à former une fédération par département. Il faut tenir compte, dans une certaine mesure, de la division administrative, puisqu'elle existe, c'est entendu, mais on aurait tort de ne s'attacher qu'à cela.

Je n'approuve pas non plus d'une façon absolue le projet présenté par les camarades du P. O. S. R. et par Réve-

lin : nous aurions trop de fédérations dans le département
de la Seine. Il serait préférable de diviser le département
de la Seine en un nombre à déterminer de fédérations : cinq,
six, sept ou huit, et je voudrais que chacune de ces fédérations comprît une partie de la capitale et une partie de la
banlieue. C'est une division facile à faire ; cela aurait l'avantage de relier d'une façon plus étroite les camarades de la
banlieue avec ceux de Paris ; au point de vue des communications, c'est ce qu'il y a de plus pratique.

Cette combinaison n'est pas une gêne pour la question
électorale, puisqu'elle reste hors des fédérations.

Mais je vais même plus loin, je ne suis pas partisan du
comité interfédéral ; je suis partisan de l'autonomie absolue
de ces fédérations, de même qu'il y a l'autonomie des fédérations départementales, pour plusieurs départements qui
se touchent.

D'un autre côté, je vois un danger dans ce comité interfédéral, c'est que, siégeant à Paris avec le comité général, il
ne s'établisse un antagonisme entre les deux comités. Lorsque nous avons discuté la question de la formation du comité
général, nous avions proposé que la commission exécutive
n'eût pas la même origine que le comité général dans son
entier, de crainte d'un antagonisme entre ces deux pouvoirs. Je redoute le même antagonisme dans le cas présent.
Étant donné la situation particulière du département de la
Seine, le comité interfédéral représentera une véritable
force. Le voisinage des deux comités pourrait créer la division que nous cherchons à éviter.

Henri de la Porte. — Ce serait la Commune en face
de la Convention.

Willm. — Je ne puis que me rallier au projet de Révelin ;
notre projet n'était donc pas grotesque, comme cela a été
dit, puisque Révelin nous donne satisfaction : que l'on ait
un comité interfédéral, ou une fédération départementale
qui ne se réunisse que de loin en loin, au fond, la chose est
la même.

Jean Longuet. — Révelin ne nous donne pas simplement
une satisfaction d'amour-propre, comme paraît le croire
Willm, il admet un principe important qui est l'unité d'action
dans le département, unité que vous voudriez briser. Il y a dans
la Seine à faire une propagande générale qui ne peut être
faite que par un organisme commun, à moins que vous ne
pensiez que le comité général ne doive s'occuper que de la
Seine ; on ne peut pas fractionner le département en fédé-

rations ne se connaissant pas et n'ayant pas de lien entre elles pour une action commune.

Je demande qu'on consulte un peu les groupes du département de la Seine...

Willm. — Je le demande aussi !

Jean Longuet. — J'ai eu l'occasion de consulter beaucoup de groupes ; j'ai eu celle d'aller à Saint-Ouen, à Puteaux, à Champigny ; les groupes que j'ai vus sont partisans d'une fédération unique. Il serait plus sage de s'en rapporter sur ce point aux groupes du département de la Seine qu'à ceux du reste de la France.

Révelin. — Il est bien entendu qu'on s'inspire a de préférence des réponses du département de la Seine.

Reisz. — Nous ne sommes pas d'accord, lorsqu'on veut amalgamer la banlieue avec Paris. J'estime que, de tout temps, les militants doivent mener une action commune et non pas se séparer momentanément pour reprendre à une période déterminée une action commune. Je choisis l'exemple du groupe des Lilas ; j'admets que les camarades de ce groupe, parce qu'ils sont à proximité du 20ᵉ, viennent se constituer avec lui en fédération. Ils viennent pendant un temps déterminé faire de la propagande socialiste avec nous ; mais au moment d'une période électorale, alors que cet appoint de la commune des Lilas nous serait utile, ces camarades ne se trouveront-ils pas séparés de la fédération du 20ᵉ ?... Les relations ne doivent pas être interrompues. Au lieu de ne prendre qu'une portion de la banlieue, je ne vois pas pourquoi on ne prendrait pas une circonscription entière pour former une fédération.

Renaudel. — Il y a une question de difficulté matérielle à résoudre. Landrin a une conception, Révelin en a une autre. Mais ces deux conceptions peuvent se fondre, selon la façon dont on résoudra la difficulté matérielle. Il y a donc une étude topographique du projet à faire.

Mais il y a d'autre part une question de principe, celle que Landrin signalait. Je crois, comme lui, que la création d'un comité interfédéral pourra faire naître un antagonisme avec le comité général, ce qui peut être dangereux. Dans le Nord, la situation n'est pas la même, étant donné que le comité fédéral, qui est également puissant, n'est pas dans la même ville que le comité général. Il pourrait être dangereux, selon moi, de créer un organisme puissant à côté du comité général.

Camélinat. — Il est bien évident que le département de

la Seine appelle une organisation toute autre que les autres départements. Quoi qu'on fasse, l'agglomération immense qu'il y a dans le département de la Seine nous oblige à créer des fédérations d'arrondissement ou de circonscription. C'est là une nécessité pratique inévitable.

D'un autre côté, on ne peut pas empêcher que cette agglomération du département de la Seine n'ait, comme tous les autres départements, une existence propre qui se manifestera dans certaines circonstances spéciales. Je crois que le projet que Révelin nous apportera nous donnera satisfaction aux deux points de vue que je viens d'indiquer.

André Lefèvre. — Landrin me paraît très logique avec lui-même. Il nous propose de ne pas faire une fédération unique, mais quatre fédérations, par exemple, qui seront des fédérations autonomes au même titre que les fédérations de n'importe quel autre département.

Je ne suis pas de l'avis de Landrin, puisque je suis partisan d'une fédération unique ; mais je ne suis pas non plus de l'avis de Révelin qui nous propose une fédération unique qui n'exercera son action que dans des circonstances extraordinaires, ou plutôt un système de fédérations comprenant un ou deux arrondissements et réunies par une sorte de comité d'entente. Il me semble que ce ne peut pas être là une véritable fédération, et j'insiste pour qu'on n'emploie pas le même vocable pour le département de la Seine que pour les autres. Qu'il y ait une fédération départementale et des unions de groupes dans une circonscription ou un arrondissement, je trouverais cela parfait. On objectait à un moment donné qu'une fédération unique de la Seine pourrait ne devenir presque exclusivement qu'une grosse machine électorale. Il a été fait justice de cet argument par cette réponse que seule la circonscription pourrait intervenir dans une période électorale.

On parlait tout à l'heure de l'action commune que doivent exercer deux arrondissements cités tout à l'heure : le 5e et le 6e par exemple. Mettez qu'ils aient formé une fédération ; mais, en période électorale, ils reprennent leur autonomie. Par conséquent, quelle action relie plus particulièrement le 5e et le 6e, si ce n'est une partie de l'œuvre de propagande qui est à exercer dans tout le pays.

Je ne vois donc pas, quant à moi, la nécessité de ces fédérations plus ou moins hybrides dont parlait Révelin. Je ne comprends qu'une fédération de la Seine qui fonctionnera sans arrêt.

Révelin. — Qu'est-ce qui alimentera la fédération de la Seine ?

André Lefèvre. — Je ne comprends pas l'objection de Révelin, ou plutôt, je la comprends trop bien : je lui réponds qu'est-ce qui alimentera le comité interfédéral ?

Willm. — Nous abandonnerons volontiers le comité interfédéral. (Rires).

André Lefèvre. — Le comité général reste en présence de trois choses : ou la fédération de la Seine, ou pas de fédération, ou quatre fédérations sectionnant le département. Quant à moi, je demande que nous réalisions la fédération dans le département de la Seine contre les différentes propositions qui tendent à la détruire en fait.

Révelin. — Je suis persuadé que le projet qui concilie le mieux les aspirations communes qui se dégagent de cette discussion est celui que j'ai indiqué. Il donne satisfaction aux partisans de la fédération unique en ce qu'il crée une véritable fédération de la Seine, qui aura un comité fédéral. Je suis convaincu aussi qu'en créant des fédérations d'arrondissements qui seront de véritables fédérations ayant leur représentation directe au comité général, nous ne portons aucune atteinte aux fédérations de la province, dont l'amour-propre n'a pas lieu d'être blessé ; et, d'autre part, nous répondons à des nécessités électorales que vous oubliez un peu pour le département de la Seine.

J'écarte d'abord l'argument qui consiste à dire qu'il y aurait antagonisme entre le comité fédéral de la Seine et le comité général ; cet argument me surprend. Si vous êtes logiques, allez jusqu'au bout ; demandez un nouveau Versailles, décapitalisez Paris. Cet argument n'a pas de force pour des socialistes.

J'ajoute que le passé peut servir d'exemple. Il est des organisations nationales qui avaient une union fédérative de la Seine, qui n'empêchait pas les groupes, répandus sur tout le territoire de la République, de vivre et d'agir. Cet exemple n'est-il pas la réfutation de l'argument fourni sur ce point ?

Je trouve ensuite que le projet de Landrin n'est pas logique : il découpe la Seine en cinq ou six secteurs, en allant de la périphérie au centre. Ce qui a inspiré ce projet, c'est le projet que les radicaux ont souvent présenté autrefois, de découper Paris en de grands secteurs. Mais pourquoi ont-ils voulu le faire ? Pour noyer les voix réactionnaires du centre de Paris dans les voix populaires d'autres arrondissements. Mais nous n'avons pas à avoir cette préoccupation. Nous constituons une fédération entre socialistes ; ce n'est donc pas le même cas.

D'autre part, il est difficile d'obliger les camarades de l'extrême banlieue à se réunir avec des camarades du 19e ou du 20e, alors que les moyens de communications ne sont pas très faciles. S'il s'agit de camarades de Saint-Denis ou de Pantin, ils viendront débarquer à la gare du Nord, par exemple, et ils se trouveront encore éloignés du centre où ils pourraient être appelés à se réunir. Pour faire une réunion de groupes, il faut que les camarades soient rapprochés les uns des autres ; n'oublions pas que la journée de travail finit tard.

Ce projet, qui consiste à diviser en grands secteurs me paraît illogique et à peu près impraticable.

Il faut partir de l'état de choses existant, c'est-à-dire des unions de groupes qui fonctionnent déjà. Quant à la fédération unique de la Seine, il ne faut pas la décréter d'emblée, dès aujourd'hui, mais la préparer par des fédérations d'arrondissement qui seront peut-être un peu nombreuses, mais dans lesquelles les militants seront rapprochés les uns des autres et pourront se réunir facilement.

Je le répète, vous ne pouvez pas décréter l'unité, pas plus que vous ne l'avez fait pour l'organisation du Parti d'une façon générale : vous vous êtes bornés à indiquer les moyens de la réaliser.

La séance est levée à minuit.

SÉANCE DU 26 DÉCEMBRE 1900

Sous la présidence du citoyen **Lenormand,** *délégué
de la Fédération de l'Yonne*

———

La séance est ouverte à 9 h. 30.
Présents : Briand, Camélinat, Capjuzan, Clauzel, Cipria-
ni, Dejeante, De la Porte, Dubreuilh, Gérault-Richard,
Huret, Imbert, Lenormand, Lévy, Ch. Longuet, Marchand,
Orry, Patay, Paul Louit, Paris, Puges, Renaudel, Reisz,
Révelin, Ser, Semanaz, Tanger, Willm.
Suppléés : Bagnol, par Henriet ; Blum, par Rossignol ;
Brunellière, par Andrieux ; Carnaud, par Fillol ; Fauga,
par Séguélas ; Fournière, par Lambert ; Joindy, par Jean
Longuet ; Krauss, par Bigot ; Landrin, par Chéradame ;
Lepage, par Génin ; Létang, par Noir ; Poulain, par Las-
sale ; Roland, par Toussaint ; Stern-Maydieu, par Cordé.
Excusé : Jaurès.
Absents : Béguin, Bertrand, Bourderon, Chaucheprat,
Donier, Favrais, Fribourg, Parassols, Pouard, Richard,
Salembier.

Renaudel. — Je reprends ma proposition de la semaine
dernière tendant à ce que le projet d'unification soit publié
immédiatement. Il y a un ou deux points concernant le département qui seraient à discuter. C'est la raison qui a été
invoquée il y a huit jours contre ces propositions. Je demande qu'ils le soient immédiatement. La fédération que
je représente doit avoir un congrès le 27 janvier. Comment
voulez-vous qu'elle discute, si vous ne lui avez pas donné
les éléments nécessaires ?

Révelin. — Je suis persuadé que nous pourrons avoir
terminé le projet le premier janvier.

Henri de la Porte. — Et les cartes ?

Révelin. — La question est réservée pour plus tard, elle
est accessoire.

Clauzel. — C'est inexact.

Henri de la Porte. — On a proposé un amendement

qui a été ensuite retiré et ajourné à la suite de la discussion.

Révelin. — Cela ne doit pas figurer dans le projet.

Clauzel. — Notre rapporteur a pris l'engagement formel de nous donner des garanties pour la représentation des minorités et la représentation proportionnelle. Si ces deux points ne sont pas sauvegardés, tout le projet croule. Je crois également que notre discussion ne doit pas être close sans que nous indiquions le maximum et le minimum des pouvoirs que nous entendons donner au comité général.

Tanger. — Je suis chargé, au nom de l'unanimité de la commission de propagande, de proposer la création d'un journal quotidien du Parti sur les bases coopératives, et nous demandons qu'il en soit fait état dans le projet d'unification.

La séance est levée à minuit.

SÉANCE DU 28 DÉCEMBRE 1900

Présidence du citoyen **Pillot,** *délégué du
Parti socialiste-révolutionnaire.*

———

La séance est ouverte à 9 heures 25.

Présents : Blum, Briand, Caméliuat, Capjuzan, Clauzel,
Cipriani, Déjeante, de la Porte, Dubreuilh, Gérault-Richard,
Huret, Imbert, Lenormand, Lepage, Charles Longuet,
Orry, Patay, Paul Louit, Puges, Renaudel, Révelin, Ser.

Suppléés : Joindy, par Bigot ; Krauss, par André Lefèvre ; Poulain, par Lassalle ; Richard, par Devèze ; Roland,
par Toussaint.

Excusés : Chaucheprat, Jaurès et Tanger.

Absents : Bagnol, Béguin, Bertrand, Bourderon, Brunellière, Carnaud, Donier, Favrais, Fauga, Fournière, Fribourg, Landrin, Létang, Lévy, Marchand, Parassols,
Paris, Ponard, Reisz, Salembier, Semanaz, Stern-Maydieu,
Willm.

Devèze (délégué du groupe parlementaire). — Nous
nous sommes entendus pour constituer un tableau de roulement comprenant trois élus par semaine.

Révelin. — Nous n'avons pas dit qu'il y aurait un élu ou
trois par semaine. Il est évident que, lorsque le Parti sera
plus fort, ce nombre pourra être augmenté.

Devèze. — Il faut tenir compte des élus disponibles.
Vous savez que les demandes d'élus sont considérables.
Toutes les semaines il y en a presque une dizaine. Pour le
moment le groupe socialiste parlementaire se compose d'une
quarantaine de membres et, si on voulait répondre à toutes
les demandes, il ne faudrait pas trois délégués par semaine,
mais dix. Parmi ces demandes le groupe parlementaire a
pensé à créer deux catégories. Dans la première sont les
grèves ; pour les grèves on répond d'urgence, sans délibérer. Il y a en effet trois élus par semaine qui, sur ce point,
se tiennent à votre disposition. Mais si vous les faites partir

le lundi, le mardi ou le jeudi, vous ne les avez plus ensuite et vous savez combien il est difficile de faire partir un élu, lorsqu'il ne s'y attend pas ; car chacun a ses occupations. Mais si vous nous faites faire des conférences et de la propagande, nous ne pouvons être en même temps à votre disposition pour les grèves. Nous ne voulons pas dire que nous nous refusons à satisfaire aux exigences de la propagande, mais nous ne pouvons dépasser la limite du possible. Depuis le commencement de la saison de nombreux élus se sont déplacés dans ce but ; mais vous savez que pour la propagande le secrétaire du groupe est forcé de prendre un élu hors du tableau de roulement - et qu'en dehors de ce tableau on ne peut guère nous soumettre à une obligation.

Révelin. — Nous ne parlons d'obligation dans aucun de nos articles. Il est impossible que l'autonomie du groupe parlementaire soit respectée davantage qu'elle ne l'est dans notre projet. Rouanet a dit qu'il était bon que vous eussiez un règlement intérieur ; c'est votre affaire. Nous n'avons pas à vous imposer de vous réunir à la suite de chaque demande d'élus, c'est le secrétaire qui en est chargé.

Devèze. — Alors vous nous laissez trop de liberté. (Rires).

Gérault-Richard. — Je pense qu'il n'est pas nécessaire d'entrer dans de plus amples détails à cet égard. Devèze dit très justement que, pour les grèves, il faut parer d'urgence au danger qui menace les travailleurs, mais que pour la propagande il n'en est pas de même. Or nous savons que, quand nos camarades des départements organisent une réunion, c'est toujours pour une date assez éloignée. On a donc tout le temps de s'entendre avec le groupe parlementaire. Notre projet, comme disait Révelin, ne vous lie pas ; il vous laisse votre liberté. Vous vous plaignez qu'elle est trop grande : ce n'est pas mon avis, sûr que je suis d'avance que vous n'en ferez pas mauvais usage.

Devèze. — Au fond, je ne crois pas qu'il y ait une grande différence entre les paroles de Gérault-Richard et les miennes. Il va de soi que le groupe ne pourra donner d'élu pour la propagande que lorsque les élus inscrits au tableau de roulement ne seront pas nécessaires pour les grèves. Ces temps derniers, tous les élus ont marché, sauf quatre qui étaient malades et que d'autres ont remplacés.

Révelin. — Ce qui est grave, c'est que l'on annonce le départ d'un camarade, et que celui-ci ne parte pas.

Devèze. — C'est un fait isolé. Dufour avait pris trop tard connaissance de la lettre qu'on lui avait envoyée.

Imbert. — Je déclare que j'ai pour le travail de tous les élus le plus profond respect... Et je dis cela très sincèrement.

Je m'appuie surtout sur quelques chiffres qui me paraissent probants. Vous prenez trois élus par semaine ; il y a 52 semaines dans l'année, cela représente 156 déplacements. Si les 40 élus font les 156 déplacements, nous aurons, je crois, satisfaction sur toute la ligne.

Lenormand. — Je ne crois pas que le jour où le Parti sera unifié le chiffre que nous avons fixé sera suffisant. On reproche au Parti socialiste de manquer d'orateurs ; eh bien, je ne crois pas que c'est avec le tableau de roulement du groupe parlementaire que l'on aura satisfaction entière, lorsque le Parti sera unifié. Songez à cette malheureuse grève de Calais qui a si souvent manqué d'orateurs.

Devèze. — Pensez-vous qu'il n'y ait pas eu assez d'élus à Calais ?

Lenormand. — Il me semble que c'est l'avis général que l'élu doit considérer que le devoir de siéger à la Chambre passe après celui de faire en province une propagande active.

Lefèvre. — Il faudra indiquer dans le règlement que les orateurs pour les conférences seront choisis à l'avance et non pas, comme cela s'est fait au dernier moment, par dépêche.

Orry. — La commission de propagande a demandé aux groupes d'avertir quinze jours à l'avance.

Révelin. — Voici le texte amendé [1].

(Approuvé).

Devèze. — Nous désirerions qu'au lieu de mettre « les membres du groupe sont inscrits », on mît : « tous les membres du groupe », de telle façon que ceux qui ne voudront pas se faire inscrire au tableau ne soient pas comptés comme appartenant au groupe socialiste. (Approuvé).

FÉDÉRATION DE LA SEINE

Révelin. — Je proposerai à nos camarades de considérer la discussion de ce soir comme provisoire, jusqu'à ce que tous nos camarades absents en ce moment en aient eu connaissance et aient pu présenter leurs observations. (Approuvé).

1. Voir *Projet d'unité*, section V.

Je vais maintenant vous soumettre le travail que j'ai fait
à ce sujet sur la question de la fédération de la Seine assimilée à une fédération départementale. On peut diviser
Paris en un certain nombre de sections. On a pensé qu'il
serait possible de réaliser un certain nombre de fédérations
d'arrondissement ne réunissant qu'un petit nombre d'arrondissements. Depuis j'ai fait un travail pour tous les départements dans lesquels se trouvent des voix socialistes et j'ai
relevé avec la population le nombre de groupes.

J'ai fait le même travail sur les arrondissements de Paris
et de banlieue, et j'ai examiné comment on pourrait diviser
Paris par sections. Le problème me paraît aussi ardu que
celui de la quadrature du cercle. C'est d'ailleurs, remarquez-le bien, un simple projet que je vous soumets sans
préjugés sur le résultat pratique de son application. J'ai
imaginé six sections que l'on pourrait réduire à cinq ou
même à quatre, en prenant pour bases les deux principes
de la contigüité territoriale et des voies de pénétration, afin
de réunir les circonscriptions de banlieue aux arrondissements voisins. J'entre dans le détail. La première des six
sections que j'ai imaginées comprendrait les arrondissements du centre, le 1er, le 3e et le 4e. Cette section, assez
vaste, serait la seule qui ne serait pas rattachée à une circonscription de banlieue. Elle renfermerait une population
de 320.000 habitants et un chiffre de 10.000 suffrages socialistes. Ces arrondissements sont placés dans une situation
spéciale à cause de l'envahissement du cléricalisme et de
l'antisémitisme.

La deuxième section embrasserait la partie ouest de Paris;
elle n'apporte pas grande force au Parti, mais par sa circonscription de banlieue elle devient puissante : 324.000 habitants et six mille suffrages. J'y ajoute la troisième circonscription de la Seine, Saint-Denis, Clichy et Levallois-Perret.
Pour les arrondissements de l'ouest, j'ai un total de 24.000
voix avec une population qui n'est pas inférieure à 200.000
habitants. Il y a de grandes distances; mais, par contre, les
voies de pénétration sont nombreuses.

L'hypothèse peut vous paraître bizarre; voyez ce qu'elle
vaut.

Troisième section. Elle comprend les arrondissements
du nord, le 10e, le 18e et le 19e, c'est-à-dire les gares de
l'est et du nord, dans Paris, renferme 493.000 habitants,
et, dans Paris seulement, 35.000 suffrages. Il conviendrait
d'y ajouter les deux autres circonscriptions de Saint-Denis,

Pantin, Aubervilliers, Neuilly-Saint-Gervais, Bondy-Dreuil,
qui comprennent un total de 10.000 voix.

La quatrième section comprend les arrondissements de
l'est, le 11e, le 12e et le 20e, dans lesquels se trouvent les
gares de la Bastille et de Lyon, et la première circonscription de Sceaux, Montreuil, Vincennes, Charenton, Saint-
Maur. Total des voix socialistes : 40.000.

Sur la rive gauche, j'ai supposé deux sections ; une section sud qui comprendrait les 5e, 6e et 13e arrondissements,
323.000 habitants et 20.000 suffrages. L'autre section du
sud-ouest, embrassant les 14e et 15e arrondissements, renfermerait 324.000 habitants, à Paris, et 16.000 suffrages ;
augmentée de la 4e circonscription de Sceaux, Vanves, Issy,
Bourg-la-Reine, elle donnerait un total approximatif de
20.000 voix.

On pourrait réunir toute la rive gauche dans une seule
section. Si vous supposez que ces sections sont assimilées
à des fédérations départementales et qu'elles ont droit à un
délégué de droit chacune, vous rendez l'injustice impossible. Additionnant la population des cinq départements de
la Bretagne, je groupe deux millions et demi d'habitants
ayant droit à cinq délégués. Les sections de Paris auraient
six délégués de droit. Une seule fédération pourrait protester, la fédération du Nord et du Pas-de-Calais à laquelle
il serait juste, pour que le projet ne violât pas le principe
d'égalité, d'ajouter deux ou trois délégués de droit.

Le système de ces sections obligerait les camarades à se
rapprocher : il serait donc que leurs affinités et leur mouvement de sympathie trouveraient satisfaction ; mais s'il ne
réussit pas à rapprocher les camarades vivant dans la
même section, il devient nécessaire de fonder une seule
fédération de la Seine, où les rivalités seraient, pour ainsi
dire, noyées.

J'ai construit ce système comme un architecte dessinerait
un plan de maison mis au concours, sans savoir le moins
du monde si son dessin sera accepté. Je ne vous cache pas
que l'architecte pense que le plan le plus simple et le plus
logique consisterait à soumettre la Seine à la loi commune :
cela rendrait inutiles les articles et les commentaires.

Longuet. — Je ferai remarquer que Révelin par ce projet apporte la confirmation formelle de tous les arguments
que j'ai présentés en faveur de notre conception qui a pour
base une organisation exempte de toute formation arbitraire
et de tout découpage superficiel des circonscriptions au gré

de la fantaisie du comité général. La forme naturelle pour la Seine, c'est l'arrondissement dans Paris, la circonscription électorale dans la banlieue. J'en reviens à ce que j'ai soutenu: la fédération de la Seine identique à celles des autres départements. L'autre combinaison est dénuée d'avantages et offre beaucoup d'inconvénients ; de plus, elle me parait aussi peu esthétique que possible ; elle semble avoir quelque chose de barbare qui blesse notre idée de l'unité du Parti.

J'admets qu'une seule fédération sera une agglomération énorme qui fonctionnera difficilement. Mais je soutiens que le remède à cette maladie constitutionnelle nous le trouvons dans notre titre II qui, avant d'envisager la possibilité de constituer un état particulier pour la Seine, nous enjoint de considérer les groupes d'une commune ou d'un quartier comme obligés de former une union de commune ou de quartier, de considérer les groupes de section comme ayant le devoir de former des unions de sections. Par conséquent, rien ne sera plus facile que d'établir un suffrage à double et à triple degré, et lorsque les groupes auront nommé leur délégation à l'union du quartier, lorsque l'union de quartier aura nommé ses délégués aux sections de circonscriptions législatives ou d'arrondissements, il n'y aura certainement pas, si je puis m'exprimer ainsi, pléthore de représentants.

Autre considération beaucoup plus grave. Quand nous instituons les fédérations départementales comme la forme nouvelle, essentielle du Parti, nous nous préoccupons de morceler le plus possible la force de résistance que les anciennes organisations, malgré toute leur bonne volonté socialiste, seraient portées à opposer les unes aux autres. Or nous allons arriver dans cette fédération de la Seine à mettre en présence toutes les anciennes organisations à la fois et aussi les nouvelles : syndicats, coopératives, fédérations socialistes révolutionnaires, qui ont déjà un avis propre.

Cette objection est sérieuse. Elle m'était présentée par un camarade que nous pouvons regretter de ne pas avoir parmi nous, le docteur Fauquet. Si nous donnons à tous les organes centraux des anciennes organisations un rendez-vous fréquent, officiel, on peut craindre que leur rassemblement sur un seul point n'occasionne de vives discussions et même de petits scandales qui diminueront dans l'histoire prochaine du Parti socialiste l'importance du premier résultat acquis. Mais il me semble que nous n'éviterons pas mieux ce grave inconvénient en sectionnant la fédération de la Seine comme le propose Révelin.

Révelin. — Je ne propose rien.

Clauzel. — Je supposais bien que je n'irais pas loin dans ma discussion sans rencontrer une objection de Révelin ; mais je me suis fait à cet égard une philosophie particulière. (Rires).

Si dans ces demi-fédérations, ces tiers ou ces sixièmes de fédérations nous mettons en présence les anciennes forces vitales des fédérations, nous aboutirons peut-être à des scandales moindres, mais plus multipliés dont le total sera aussi fâcheux.

Je ne crois pas que ces deux raisons très graves en apparence soient péremptoires. Il y en a une autre. Une organisation qui a beaucoup fait pour l'unité, dont nous pouvons dire même, qu'en constituant l'unité, nous suivons quelques-uns des grands enseignements constitutionnels qu'elle nous a donnés, le P. O. S. R. tient à ce qu'il y ait un morcellement des fédérations de la Seine. Nous devons réfléchir à cet égard et faire au P. O. S. R. la plus large mesure de concessions possible. Mais le P. O. S. R. ne voit-il pas que précisément tout notre projet de constitution de l'unité du Parti est un décalque de ses propres idées et que, par conséquent, nous appliquons quelques-unes de ses vues habituelles, historiques, par suite que lui, à ce point de vue, doit être préparé à nous faire quelques concessions ?

Il y a une question plus délicate dont nous nous sommes entretenus hors du comité général. Elle est publique, pourquoi n'en pas parler ? Il est certain qu'à la faveur du morcellement de la fédération de la Seine, des organisations socialistes qui ont plus particulièrement milité sur certains champs d'action peuvent nourrir le très légitime espoir de recueillir à l'avenir quelques satisfactions qui seront particulières à leurs anciennes organisations survivant malgré tout dans l'organisation nouvelle. Inutile de dire que dans la 20e circonscription, dans la 11e, ou dans telle ou telle autre de Saint-Denis ou d'ailleurs, il y a la possibilité pour des organisations, auxquelles nous tenons beaucoup, que nous respectons, d'avoir des avantages particuliers ; mais il faut avoir le courage de disséquer cette objection. Si nous la divisons en plusieurs objections partielles, nous verrons qu'elle ne tient plus debout.

En effet, quand une organisation appartenant au Parti socialiste tient à avoir encore des satisfactions, de quel ordre peuvent être ces satisfactions, puisque je les suppose et les proclame tout à fait légitimes ? Des satisfactions de principes et des satisfactions de personnes : or, peut-on supposer un instant que les principes qui sont les plus chers au P. S. R., au P. O. S. R. soient tellement en désaccord avec les principes constitutifs naturels du Parti socialiste entier ? Il y a d'autres satisfactions, des satisfactions de personnes. Eh bien à qui l'idée pourrait-elle venir que dans une fédération unique on ne saura pas faire aux hommes du P. S. R., de l'Alliance communiste, que je considère comme des organisations dignes de tout respect, ou aux hommes du P. O. S. R., la place à laquelle ils ont droit, ou mieux, la place même dont nous avons besoin ? Par conséquent, satisfaction de personnes et satisfaction de principes, les organisations quelles qu'elles soient ont le droit d'attendre que nous les leur donnions dans une fédération unique.

Il y avait d'autres arguments en faveur du morcellement ; notre rapporteur vient de les abandonner. Il n'a pas insisté sur une certaine raison qu'il tirait de la condamnation par une école d'économistes d'une doctrine des rapports de la périphérie avec le centre. Je ne sais si tous nos camarades ont parfaitement saisi de quoi il s'agissait. Pour moi, je ne l'avais pas compris. Aujourd'hui il n'y est pas revenu, je n'en ferai donc pas état. Je ne ferai pas état davantage de ce qu'il a dit lorsque, se penchant non plus sur une carte réelle, mais sur une carte imaginaire, il nous montrait les difficultés toute particulières qu'éprouvent les représentants des groupes dans telle ou telle partie de la banlieue débarquant à la gare du Nord ou de l'Est, pour se rendre sur tel point particulier où on les convoquerait. Puisque la Seine est, de tous les départements, celui où il y a la plus grande facilité pour vivre côte à côte, comment peut-on faire état d'une difficulté imaginaire à se rendre plus ou moins vite à une réunion ? Il y a des fédérations constituées dans le Nord et le Pas-de-Calais, pour lesquelles, de tel centre à tel autre, il y a des distances qui ne sont pas inférieures à deux cents kilomètres, et, tout récemment, il nous est venu la bonne nouvelle qu'il existait désormais une fédération socialiste de la Savoie pour le département de la Savoie et de la Haute-Savoie. C'est là qu'il y aurait des raisons de multiplier les fédérations à l'envi en raison des obstacles à franchir ! Que diraient nos camarades de province, si on avait maintenu cet argument en vertu duquel leurs amis du comité général gémiraient sur le triste sort de notre camarade de Noisy-le-Sec, obligé de venir salle Chaynes ou rue Portefoin, tandis qu'eux-mêmes ont à traverser des montagnes, à franchir des avalanches, à traverser des torrents. (Rires). Tous ces arguments ne sont pas sérieux. Ils ont été abandonnés, d'autres subsistent, et je crois que l'on peut les réduire à un minimum de gravité.

Il reste un argument auquel Longuet a donné toute sa vigueur. Nous nous efforçons, a-t-il dit en substance, de réaliser ici l'unité par l'institution d'une fédération unique dans le département que, jusqu'au moment où nous aurons donné des motifs impérieux pour l'abandon de ce principe essentiel, dominant, de notre charte d'unification, nous avons toute raison de le maintenir.

Nous avons un autre argument qui a été indiqué. Depuis je ne sais combien d'années, le Parti socialiste, justement héritier sur ce point, comme sur d'autres, de quelques-unes des anciennes revendications du Parti radical, qui n'était peut-être pas autre chose lui-même qu'un Parti où la future conscience socialiste s'élaborait plus ou moins péniblement, le Parti socialiste, dis-je, revendique le droit pour la Seine d'obéir à une loi exactement semblable à celle de tous les départements, et il a trouvé, dans l'attente de cette loi qui fonctionnerait prochainement, l'espérance certaine que le Parti arriverait vite, du sein du conseil municipal de Paris et du conseil général de la Seine, à des résultats avantageux. Et à nos pires ennemis, les réactionnaires et les opportunistes, nous allons donner par une déclaration, une résolution du comité général, ce grand argument que nous aussi nous croyons qu'il y a un droit particulier à imposer à la Seine des conditions spéciales !

Mais en nous réduisant à la prétention de ceux qui veulent multiplier les fédérations de la Seine au minimum qu'indiquait Révelin, nous nous trouvons en présence de six fédérations de la Seine.

Je vous rappelle, et vous serez peut-être appelés à trouver que sur ce point j'insiste trop, que nous n'avons établi aucune garantie pour le fonctionnement de la représentation proportionnelle, alors que nous l'avons établie sans aucune espèce de restriction dans notre charte constitutive du Parti. Or, en vertu de cette représentation proportionnelle, il n'y a pas une seule des six fédérations qui ne puisse exiger au moins trois représentants au comité général. Trois fois six, dix-huit ; plus dix-huit suppléants, cela fait trente-six délégués au comité général. Et voyez alors où nous arrivons. Vous vous proposiez quelques concessions pour calmer les susceptibilités des fédérations du Nord et du Pas-de-

Calais ; mais il ne suffirait pas de leur accorder cinq ou six représentants de plus, il faudrait leur accorder une représentation qui ne les mît pas en état d'infériorité à l'égard de celle de la Seine.

On nous a dit que le Nord et le Pas-de-Calais, représentés ensemble, n'arrivaient pas à un chiffre de population aussi considérable que celui de la Seine, ainsi que comme suffrages exprimés. Mais dans notre Parti il ne faut pas oublier que nous avons les coopératives et les syndicats, et que c'est dans le Nord et dans le Pas-de-Calais que se trouvent les groupements syndicaux les plus considérables, ayant le droit d'être représentés conformément à ce que j'appelle encore une fois la charte constitutive de notre unification. C'est d'une part seize représentants et d'autre part dix-huit représentants. Que de récriminations vont être soulevées, que de concessions vous allez avoir à consentir ! Et, de nouveau, je vous engage à envisager l'hypothèse d'un comité général énorme qui ne pourra se mouvoir, je le déclare d'avance. Ces arguments développés, je déclare m'en tenir au principe d'une fédération unique pour tous les départements et notamment pour le département de la Seine.

Révelin. — J'ai un mot à répondre à cet excellent réquisitoire contre un projet que je ne vous ai présenté que pour vous montrer ce qu'il donnait. Quant à l'objection que j'ai opposée au projet de Landrin, Clauzel reconnaît qu'elle est sérieuse ; que Longuet la reprenne pour son compte contre le sectionnement de la Seine ; mais contre moi elle ne prouverait rien. Clauzel demande des garanties pour quelques-unes des organisations en présence. Mais d'après le texte même du projet vous n'avez pas à vous préoccuper de l'élection d'un comité général, attendu que dans l'article 7 il est dit ceci : « Les groupes d'un département ou d'une région forment une fédération unique. Les délégués des groupes se réunissent chaque année au congrès de la fédération et ils élisent un comité fédéral ».

C'est donc au congrès annuel de la fédération qu'est élu par les délégués à ce congrès le comité fédéral lui-même. Et alors c'est là que s'applique cette représentation proportionnelle pour laquelle vous nous demandez de vous donner des garanties. Pour la fédération de la Seine, si elle rentre dans le droit commun, il n'y a pas besoin de garanties ; pour la constitution du comité fédéral il y a 25 ou 30 membres élus au congrès dans toutes les fédérations départementales. De ce côté aucune crainte.

Je voudrais voir aussi disparaître l'argument relatif à la représentation au comité général. Vous confondez la représentation au congrès général avec la représentation au comité général. C'est pour la représentation au congrès national du Parti qu'il y a toujours ou presque toujours un minimum de trois délégués : lorsqu'il s'agit de la représentation de la fédération départementale au comité général, il n'est rien dit de semblable ; la quotité n'a pas été fixée ; elle le sera d'après l'économie du projet, lorsqu'on se sera trouvé en présence d'un congrès qui aura fait connaître le nombre de ses mandats. Vous savez qu'il a été impossible d'établir un travail parce qu'on n'avait pas de documents. Mais qu'a-t-il été convenu ? C'est que, pour la plupart des fédérations, il n'y avait lieu qu'à une seule représentation.

Clauzel. — Vous oubliez l'explication donnée par Bertrand, que l'on ne consentait pas à établir dans le règlement d'exception. On disait : nous établirons la proportionnelle comme règle ; mais là où la fédération se trouvera avoir droit, en raison du petit nombre de mandats, à un seul délégué, vous saviez que vous étiez parfaitement dans l'impossibilité de faire fonctionner la proportionnelle. Si l'on veut établir quand même la proportionnelle, ce n'est pas un comité général de 120, mais un véritable congrès de 300 membres qu'il faudra. Moi, je veux bien.

Je pense au surplus que le P. S. R., qui avait préparé un projet, y reviendra peut-être en face de ces difficultés. Quant à nous, il est important que nous nous mettions d'accord ici même au comité général, avant d'aller porter les bases de ce texte dans nos organisations.

La séance est levée à 11 h. 45.

SÉANCE DU 2 JANVIER 1901

Sous la présidence du citoyen **Paul Louit**, *délégué de la*
Fédération du Lot

La séance est ouverte 9 h. 30.
Présents : Béguin, Briand, Camélinat, Capjuzan, Chau-
cheprat, Clauzel, Cipriani, De la Porte, Dubreuilh, Gérault-
Richard, Imbert, Jaurès, Joindy, Lenormand, Ch. Longuet,
Orry, Patay, Paul Louit, Renaudel, Révelin, Tanger.
Suppléés : Bagnol, par Lefèvre ; Donier, par de Pres-
sensé ; Fournière, par Lambert ; Krauss, par André
Lefèvre ; Létang, par Pellot ; Marchand, par Chéradame ;
Puges, par Chevallerie ; Roland, par Toussaint.
Absents : Bertrand, Blum, Bourderon, Brunellière, Car-
naud, Dejeante, Favrais, Fauga, Fribourg, Huret, Landrin,
Lepage, Lévy, Parassols, Paris, Ponard, Poulain, Reisz,
Richard, Salembier, Ser, Semanaz, Stern-Maydieu, Willm.

Renaudel. — Révelin m'a dit que la partie du projet
relative aux départements est dès maintenant prête ; on
pourrait donc la livrer à l'impression. Je demande que le
nécessaire soit fait.
Dubreuilh. — Le P. S. R. n'est pas opposé à cette publication, mais il demande que nos réserves y soient in-
cluses.
Ces réserves sont les suivantes :
« Les délégués de l'Alliance communiste, du Parti socialiste
révolutionnaire, et de la Fédération du Doubs, du Haut-
Rhin et de la Haute-Saône ont formulé, le 2 janvier, les
réserves suivantes :
« Considérant la nécessité, pour les éléments socialistes
révolutionnaires, de trouver au sein du Parti unifié les
conditions suffisantes à leur existence et à leur propagande ;
« Considérant que le projet du comité général ne comporte
pas ces garanties indispensables ;
« Les délégués de l'Alliance communiste, du Parti socialiste
révolutionnaire et de la Fédération du Doubs, du Haut-

Rhin et de la Haute-Saône ne signent le présent projet que sous bénéfice de réserves formelles sur tous les points où le projet du comité général ne coïncide pas avec le projet commun élaboré par l'Alliance communiste, le Parti ouvrier français, le Parti socialiste révolutionnaire et la Fédération du Doubs, du Haut-Rhin et de la Haute-Saône, notamment en ce qui touche le caractère d'opposition irréductible du Parti à l'état bourgeois, la participation des syndicats et coopératives au Parti, la base de représentation des diverses unités du Parti au congrès et au comité général, la constitution du comité général, l'autonomie des groupes, l'organisation fédérale du département de la Seine.

« Les délégués de l'Alliance communiste, du Parti socialiste révolutionnaire et de la Fédération du Doubs, du Haut-Rhin et de la Haute-Saône, font également toutes leurs réserves touchant : 1° Le mode de convocation du prochain congrès qui tend par la multiplication des délégués, à rendre impossible tout débat, sérieux et approfondi ; 2° Le siège du congrès qui ne peut se tenir à Paris qu'en violation du statut constitutif du Parti.

« Les délégués de l'Alliance communiste, du Parti socialiste révolutionnaire et de la Fédération du Doubs, du Haut-Rhin et de la Haute-Saône se réservent en outre le droit de défendre devant le congrès leur propre intérêt, sous réserve des seuls amendements qui pourraient y être introduits d'ici là par les groupes de leurs organisations. »

Briand. — Je croyais qu'il avait été décidé que le projet serait publié comme accepté par la majorité.

Dubreuilh. — Sur la proposition d'Allemane et après discussion entre Allemane et Jaurès, il a été décidé que le projet porterait le nom de tous les membres du comité général.

Jaurès. — Il a été décidé qu'en tête du projet, on écrirait : « Le comité général, composé des membres dont les noms suivent... » : qu'on ajouterait le nom des organisations représentées. On devait écrire ensuite : le comité général, ainsi composé, a adopté à la majorité les dispositions suivantes. De plus, il était décidé que les principales objections de la minorité seraient indiquées.

Dubreuilh. — Nous demandons que nos réserves figurent sous quelque forme que ce soit, mais le plus expressément possible, dans le corps même du projet.

Révelin. — Ce ne peut être que dans une note.

Dubreuilh. — Nous avons rédigé ces réserves par écrit.

Dupetit. — Il est extraordinaire qu'après notre discussion, on vienne formuler de pareilles réserves qui démolissent tout ce qui a été fait. On aurait pu le faire au début, mais à l'heure actuelle, je trouve que ce n'est pas un mode de discussion logique.

Briand. — Même dans l'ancien comité général, où nous avons eu l'occasion de formuler des réserves, elles n'ont jamais figuré dans les pièces authentiques ; la minorité s'inclinait devant la décision de la majorité, demandant seulement qu'il fût indiqué que la décision avait été prise à la majorité. Pour le dernier procès-verbal, nous avons fait remarquer qu'étant rédigé au nom de la majorité, il n'engageait qu'elle.

Quant aux réserves dont il vient de nous être donné lecture, il est un point que, pour ma part, je ne puis laisser passer sans protester. Qu'entend-on par opposition irréductible du Parti à l'état bourgeois ? Que nous avons fait un projet qui engage des compromissions ? Sur quel point ? Vous semblez indiquer que notre projet est un projet de compromissions. Vous devez rappeler dans quelle séance de la commission d'unification ou du comité général vous avez élevé cette protestation.

Dubreuilh. — Il y a eu des précédents au comité général. L'an dernier, lorsqu'on a discuté la question de la participation aux élections sénatoriales, différentes fractions, entre autres le P. O. S. R., le P. S. R., la fédération du Doubs ont fait des réserves, demandant qu'elles soient mentionnées au procès-verbal de presse qui a paru à l'époque. En tout cas, c'est une demande formelle de nos organisations.

Briand a fait allusion à une partie du projet que nous avons rédigé avec le P. O. F., qui est la formule traditionnelle ayant servi de base aux deux congrès précédents, que les élus du Parti devraient en toute occasion refuser les votes de crédits, entre autres le budget de l'Etat.

Briand. — Nous avons le droit d'exiger que vous ne vous en teniez pas à des termes aussi vagues, pouvant prêter à des interprétations inexactes.

Jaurès. — Le budget municipal ?

André Lefèvre. — Il faudrait mettre tous les budgets, même ceux des communes socialistes ; elles ont des dépenses obligatoires de police ; j'imagine que vous ne les voterez pas.

Dubreuilh. — Vous ne pouvez nous imposer un texte.

Jaurès. — Il n'est peut-être pas indiscret de demander quelle est la portée que vous attachez à certains mots. En ce qui concerne le choix de la ville où siègera le congrès, qui se tient, non pas à une date ordinaire, mais à une date exceptionnelle, en choisissant Paris, nous brisons le statut constitutionnel du Parti. Quel est le sens que vous donnez à ces mots : « Nous faisons des réserves ». Cela veut-il dire que vous vous réservez de frapper de nullité toutes les décisions d'un congrès qui se sera tenu irrégulièrement, d'après vous, à Paris?

Dubreuilh. — Nous n'avons pas abordé ce genre de discussion : par conséquent, je ne puis répondre ce soir au camarade Jaurès.

Jaurès. — Je demande alors que Dubreuilh transmette les questions que nous a suggérées son texte.

Briand. — Cette question ne me semble pas devoir se poser. Nous soumettons un projet à l'étude de l'ensemble des groupes, c'est-à-dire au Parti socialiste, qui est souverain, pour fixer le siège de son congrès. Si la majorité des groupes choisit Paris, Paris sera choisi. Les congrès sont souverains. Celui de 1899 avait décidé que les syndicats étaient compris dans le Parti, ce qui n'a pas empêché nos camarades du P. S. R. de demander qu'on les exclue. Le référendum décidera et je suis convaincu que le P. S. R. effacera ses réserves lorsque la majorité des groupes se sera prononcée.

Jaurès. — La question ne disparaît pas, parce que, si les réserves peuvent disparaître éventuellement lorsque les groupes auront répondu, il n'en est pas moins vrai qu'elles seront formulées préalablement à la réponse des groupes qu'elles peuvent influencer. Il faut que les groupes, consultés par le comité général, sachent si, au cas où ils choisiraient Paris, il y a une fraction du Parti qui déclare que le congrès sera nul. Il est nécessaire que chacun explique les conditions qu'il met à la légalité du congrès, afin qu'il n'y ait pas de surprise.

Dubreuilh. — L'objection de Jaurès, je parle en mon nom personnel, tombe d'elle-même. Le congrès, une fois réuni à Paris, peut déclarer qu'il y est légitimement réuni; il est souverain sur ce point comme sur tous les autres. Par cela même qu'il est souverain, nous serons tout aussi bien disposés à nous incliner que s'il s'était tenu à Carpentras, par exemple.

Jaurès. — Il faut que cette réponse très claire, qui me

suffit à moi, soit faite à tous les groupes qui, invinciblement, en lisant les réserves formulées par le P. S. R. se poseront la même question. Il faut donc qu'il soit mentionné dans la communication faite aux groupes que, nonobstant cette réserve, si la majorité des groupes décide qu'il y a lieu de tenir le congrès à Paris, les membres du P. S. R. accepteront qu'il y soit tenu.

De plus, il est dit dans la communication du P. S. R. qu'il se réserve la faculté d'accueillir les amendements qui seraient présentés par le P. O. F., par l'A. C., c'est-à-dire une des trois parties contractantes. Puisqu'on communique officiellement aux groupes qu'il y a un contrat entre ces trois organisations, il me semble qu'il faudrait leur faire connaître la teneur de ce contrat. Est-il impliqué dans le contrat que le P. O. F. prendra part au congrès prochain? Le contrat dont on communique l'existence aux groupes, comprend-il la participation du P. O. F. au prochain congrès?

Dubreuilh. — Il n'est pas question du P. O. F. dans la lecture que je viens de vous faire; il est simplement indiqué que le P. O. F. a élaboré avec nous un projet commun.

Jaurès. — Vous indiquez que vous n'acceptez d'amendements que ceux qui seront produits au congrès par une des parties qui ont délibéré au projet commun. Vous prévoyez donc qu'il viendra des amendements du P. O. F. et vous vous réservez de les accepter comme ceux des autres parties contractantes. Il faut dire aux groupes si le P. O. F. sera présent pour formuler ces amendements.

Dubreuilh. — Nous ne pouvons préjuger si le P. O. F. présentera des amendements; nous sommes dans le même doute et la même attente que vous-mêmes. Nous souhaitons seulement qu'il vienne et nous ferons tous nos efforts pour l'amener. Mais vous faites un projet commun et les réponses qui seront présentées, qu'elles émanent du P. O. F. ou de groupes de l'Alliance, il devra en être tenu compte, puisque, jusqu'à une certaine époque nous ne saurons pas si le P. O. F. vient au congrès. Admettons qu'il n'y vienne pas; nous nous considérons, dans cette hypothèse, comme dépositaires d'une partie du projet pour le P. O. F. en ce qu'elle est commune avec le nôtre; de sorte qu'en défendant notre projet commun, nous défendons le projet du P. O. F.

Jaurès. — Mais lorsque vous indiquez aux groupes que vous vous réservez de n'accepter d'amendements que ceux qui émaneront d'une des parties contractantes, ce n'est pas une simple communication que vous faites à la curiosité des groupes ; encore faut-il dire si le P. O. F. sera présent pour formuler ces amendements.

En outre, cela signifie-t-il que tout amendement qui n'émanera pas de l'initiative d'une des trois parties contractantes sera considéré d'emblée comme nul et repoussé sans discussion ? Y a-t-il une sorte de congrès formé des trois parties contractantes, comme vous dites dans la diplomatie du nouveau socialisme ?

Capjuzan. — Ce n'est pas la question.

Tanger. — Ce qui amène Jaurès à formuler cette question, c'est la forme dans laquelle est présentée cette réserve. On pourrait la formuler autrement.

Nous ne pouvons mettre dans les réserves que nous formulons, que nous défendrons ce projet devant le congrès, parce qu'au moment où nous referons le projet amendé, il pourra n'être plus le même.

Renaudel. — Je ne m'oppose pas aux réserves faites par nos camarades du P. S. R., mais je crois qu'elles n'ont pas à figurer dans la publication qui va être faite ; il ne faut pas oublier que cette publication a un caractère provisoire. Ce n'est même pas le projet qui sera envoyé aux groupes, puisqu'il y manque ce qui concerne la Seine. Il faudra que notre secrétaire rédige une note indiquant que ce projet n'est livré à la publicité que dans le but de renseigner les groupes, mais que le projet définitif n'a pas encore vu le jour. C'est au moment de la publication définitive que le P. S. R. pourra faire ses réserves.

Gérault-Richard. — Je pense que les réserves du P. S. R. et de l'Alliance communiste trouveront plutôt leur place dans l'exposé des motifs, qui est le résumé des discussions.

Tanger. — Il est impossible que nous ne disions pas, ayant rédigé un projet, pourquoi nous en signons un autre et que nous n'expliquions pas l'attitude que nous aurons au congrès. Il est évident que Dubreuilh accepte que nos réserves figurent en tète de l'exposé des motifs, mais nous avons rédigé ces réserves pour leur donner la forme que nous leur désirons.

Jaurès. — Je trouve tout à fait légitime de dire que c'est à la majorité de ses membres que le comité général a adopté ce projet et il est impossible d'engager la responsabilité de la minorité dans un vote qu'elle n'a pas émis. Mais il y a quelque chose de pénible à faire paraître ces réserves comme une sorte de petit bloc qu'on introduit dans le projet du comité général. Cela a l'inconvénient de paraître suspecter la sincérité de l'exposé des motifs et de couper officiellement le comité général en deux : une majorité qui vote ses articles et une minorité qui fait ses réserves. Du moment que le rapporteur, dans son exposé des motifs, formule ces réserves, cela suffit. Et puisqu'il est entendu qu'en dehors du comité général un autre projet a été signé par trois organisations, il y a vraiment quelque chose d'abusif à faire entrer ce dernier projet jusque dans celui du comité général.

Briand. — D'autant qu'il y a des points du projet du P. S. R. et du P. O. F. sur lesquels le P. S. R. est revenu : la représentation proportionnelle des minorités, par exemple. Est-ce que le P. S. R. a demandé au P. O. F. de formuler cette réserve ? Non, pourtant il eût été juste de le faire. Le P. S. R. nous a pris des choses, à nous, qui n'étaient pas dans son projet...

Capjuzan. — On vous a dit que c'était une erreur. Dans notre pensée, nous étions partisans de la représentation des minorités.

Briand. — Elle n'est pas conciliable avec le projet du P. O. F. Il est donc juste que vous fassiez formuler des réserves, ou alors vous reconnaîtrez qu'en face du P. O. F. vous n'avez pas les mêmes exigences qu'au sein du comité général.

Pillot. — Les réserves seront faites par les groupes, lorsqu'ils auront répondu ; nous modifierons alors notre projet, de même que le P. S. R. modifiera le sien.

Dubreuilh. — Nous sommes maîtres de nos réserves ; vous les acceptez ou vous les refusez.

Briand. — Nous, nous gardons bien de les refuser.

Dubreuilh. — Vous parlez du projet du P. O. F. ; il n'y a pas de projet du P. O. F., il y a un projet commun du P. O. F., de l'Alliance communiste et du P. S. R.

Briand. — C'était le projet du P. O. F., que le P. O. S. R. avait accepté.

André Lefèvre. — Vous dites que vous acceptez tous les points sur lesquels nous sommes d'accord et que vous rejetez tous les autres. Cela équivaut à n'accepter que votre projet, et alors on se demande à quoi ont servi toutes nos discussions.

Renaudel. — Ceci revient à poser la question comme je l'avais posée tout à l'heure. Je demandais que la publication

du projet eût lieu immédiatement à titre de renseignement.
Nos camarades peuvent prendre sur eux de rapporter leur
réserves au moment de la publication définitive.

André Lefèvre. — C'est d'autant plus nécessaire que
les réserves commencent ainsi :

« Considérant la nécessité pour les éléments socialistes
« révolutionnaires de trouver au sein du parti unifié les
« conditions suffisantes à leur existence et à leur propa-
« gande ;

« Considérant que le projet du comité général ne comporte
« pas ces garanties indispensables ».

Ces réserves sont assez générales ; je demande qu'elles
soient précisées.

Dubreuilh. — Nous sommes prêts à nous associer à la
proposition Renaudel, à la condition que lorsque le projet
sera publié, le secrétaire du comité général déclare que ce
n'est, en quelque sorte, qu'un document provisoire.

(Approuvé).

Briand. — J'ai déjà publié une note indiquant que ce
qui avait paru du projet était provisoire. Je renouvellerai
cette note.

Dubreuilh. — Il y a une différence entre le projet voté
ici et la publication faite antérieurement. Il est certain que
le mot provisoire ne s'applique pas de la même façon à ces
publications.

Jaurès. Cette publication n'est pas provisoire au double
degré où vous l'entendez. Ce sera provisoire en ce sens que
les groupes n'ont pas ratifié, mais ce sera définitif en ce
sens que c'est adopté définitivement par le comité général.
On pourrait donner satisfaction à Dubreuilh en disant :
« Voici la partie du projet qui a été adopté jusqu'ici par le
comité général. Quand le comité général aura terminé le
projet, nous publierons l'exposé des motifs qui contiendra
les réserves de la minorité.»

Dubreuilh. — J'accepte dans ces conditions [1].

Adopté.

[1]. Le texte des réserves a été remis au rapporteur et publié avec une
légère modification.

Au lieu de : « notamment en ce qui touche le caractère d'opposition
irréductible du Parti à l'état bourgeois », il faut lire selon la rédaction
définitive : « notamment en ce qui touche l'obligation pour les élus parlementaires de refuser le vote du budget ».

FÉDÉRATION DE LA SEINE

Pillot. — Clauzel nous disait qu'en créant plusieurs fédérations, nous faisions une loi spéciale pour le département de la Seine. Nous croyons que le cadre du département de la Seine est trop étroit ; c'est pourquoi nous demandons qu'il soit élargi et comprenne plusieurs fédérations. En outre, il y a un intérêt supérieur à ne pas être écrasé par une grande fédération. Dire que plusieurs fédérations n'apporteraient aucune part active à la marche du Parti socialiste, c'est nous demander implicitement de la façon la plus aimable de nous suicider. Et puisque les délégués d'autres fédérations demandent des garanties, nous dirons que nous demandons, nous aussi, des garanties et que nous ne voulons pas d'une fédération unique où nous disparaîtrions.

Jean Longuet. — Je suis heureux de cette objection. Si Pillot croit que dans l'unité les groupes qu'il qualifie de révolutionnaires seront écrasés, il ne faut pas faire l'unité. Sans la moindre idée de suspecter le socialisme de nos camarades de province, je dirai qu'il suffit de jeter un coup d'œil sur le département de la Seine, pour voir que c'est le département le plus révolutionnaire. A l'exception de certaines sections où il peut y avoir une majorité modérée, pour toutes les autres vous auriez une majorité nettement révolutionnaire. Moi, je trouve qu'on ne devrait écraser ni les uns, ni les autres arrondissements ; le bien du Parti est dans l'équilibre. Mais si le camarade Pillot veut permettre aux éléments modérés de l'emporter, il n'a qu'à faire des sections : il y en aura de révolutionnaires et d'autres qui seront modérées..

Pillot. — Le congrès nous a démontré le contraire.

Gérault-Richard. — La garantie que Pillot cherche dans le sectionnement du département de la Seine pour les éléments socialistes révolutionnaires, il ne la trouverait pas du tout dans son projet. Je suppose qu'on réunisse, d'une part, les éléments socialistes révolutionnaires et, d'autre part, les éléments qui ne sont pas socialistes révolutionnaires suivant sa formule, qu'arriverait-il ? Ces sections prendraient des décisions lorsqu'elles seraient réunies dans leur autonomie ; mais lorsqu'il s'agirait d'avoir une sanction générale, elles se trouveraient opposées. Ce serait diviser des éléments qui, comme le disait Longuet, ont le plus grand intérêt à rester unis. C'est justement parce que nous considérons que les deux tendances de notre Parti ont intérêt à se mouvoir dans un organisme unique, que nous poursuivons l'unification du Parti, et c'est parce que nous croyons que notre Parti a souffert de l'opposition de ~es diverses tendances que nous voulons y mettre un terme. Il faut que les révolutionnaires et les modérés ou les soi-disants tels se trouvent réunis, qu'ils discutent et que de l'ensemble de leurs tendances résulte une moyenne d'opinion. C'est pour l'établissement de cette moyenne que nous voulons une fédération unique.

Capjuzan. — Nous sommes contre la fédération unique parce que nous y voyons de grands dangers. A la dernière séance, Clauzel assimilait le Parti socialiste à la Commune de Paris ; cela n'est pas exact, parce que les divisions qui peuvent exister dans les fédérations ont toujours leur répercusssion dans le comité général. Le danger de la fédération unique, c'est de mettre Paris en contact avec le gouvernement, dont les forces réactionnaires sont nécessairement ennemies du Parti socialiste. Une fédération unique pourrait prendre une décision contraire à l'intérêt du Parti et qui engagerait le Parti tout entier. Il vaudrait mieux créer cinq ou six fédérations à Paris, sans comité inter-fédéral ; elles seraient reliées par le comité général qui prendrait des décisions toutes les fois qu'il y aurait lieu d'en prendre.

Gérault-Richard. — Et le scrutin de liste ?

Briand. — Lorsqu'on publiera la sténographie de cette discussion, on constatera que le Parti socialiste, au moment où il s'occupe d'établir sa constitution, prend contre Paris les mêmes précautions qu'il a reprochées à tous les gouvernements bourgeois (Rires). Dans toutes les luttes électorales, nous avons réclamé pour Paris le droit commun et nos adversaires nous répondaient : mais vous n'y songez pas, Paris n'est pas une ville ordinaire, c'est une sorte de monstre ; il est près du gouvernement, ses initiatives peuvent engager toute la France, il est indispensable de prendre des précautions à son égard. On ne lui permet pas, par exemple, la mairie centrale ; on le place dans cet état fragmentaire où vous voulez le mettre, vis-à-vis du gouvernement socialiste, c'est-à-dire de la direction du Parti. C'est ce qui ressortira nettement de notre discussion et nos adversaires viendront nous dire : Oh ! l'autonomie de Paris et de la Seine, nous savons ce que vous en faites dans le Parti socialiste ; vous avez profité de nos leçons et vous avez

compris comme nous le grave danger d'assimiler Paris aux
autres villes en le faisant bénéficier du droit commun.

Au point de vue révolutionnaire pourtant, il n'est pas
possible que vous ne permettiez pas à l'ensemble de la
population révolutionnaire de Paris de grouper ses efforts.
C'est précisément parce que le Parti a été fragmenté que les
nationalistes, dans des circonstances graves, à l'heure du
péril, se sont trouvés les maîtres de la rue. Nous avons
essayé cependant de remonter le courant, de disputer Paris
aux bandes césariennes. Toutes les organisations se sont
réunies à la salle Vanthier pour vigiler en commun. Mais
quand il s'est agi d'aller dans la rue, nous nous sommes
trouvés 250. Voilà ce qu'avait produit la division de Paris.
Que vous fassiez des sections pour le bon fonctionnement
du comité, je n'y vois pas d'inconvénient, j'y vois même des
avantages ; mais il faudra toujours envisager la nécessité
d'un organe commun. Certains de nos amis parlent volontiers de l'action révolutionnaire. J'espère que, par là, ils
n'entendent pas seulement la prise d'assaut des urnes électorales. Cependant, jusqu'à ce jour, il semble bien que,
depuis dix ans, l'action révolutionnaire ait été limitée à
cela. Ne pensez-vous pas qu'il est temps de s'organiser
pour une action plus décisive ?

Renaudel. — Il y a quinze jours, il semblait qu'il y eût
au comité général une majorité en faveur du sectionnement
de Paris. Le rapport oral de la commission portait que la
division en fédérations serait faite pour Paris.. Le rapporteur allait même plus loin : dans un projet, vague, il est
vrai, et rudimentaire, il indiquait qu'on pourrait diviser
Paris en dix-huit ou vingt fédérations. Longuet, Clauzel,
Lefèvre désirent une fédération unique, en admettant toutefois, comme Briand, un sectionnement administratif. Je
trouve que la création d'une fédération unique simplifie trop
vite la besogne et risque de concentrer et d'aviver l'acuité
des discussions de ces deux dernières années. N'allez pas
croire qu'en créant une fédération unique vous réaliserez
l'unité immédiatement. Il faut aller du simple au composé.
J'espère que Clauzel ne s'opposera pas à la précision de
cette formule scientifique.

Je voudrais répondre à l'argument le plus sérieux fourni
par les adversaires de notre thèse, argument en vertu duquel la création de plusieurs fédérations constituerait un
régime d'exception et de faveur. Remontons à la création
des fédérations départementales et demandons-nous ce

qu'elles sont. Ces fédérations ne sont-elles pas comprises
dans des circonscriptions géographiques datant d'une centaine d'années ? Croyez-vous que ces circonscriptions correspondent aux desiderata du socialisme et que le système
suranné de ces délimitations artificielles sera appliqué dans
la société future ? Il est certain, à mon sens, que les organismes de l'avenir ne pourront être basés que sur les pro-
ductions régionales, industrielles, etc.

Je pense qu'en instituant une fédération unique, vous
créez un régime d'exception, et que le régime de plusieurs
fédérations serait, à tous les points de vue, meilleur. C'est
ici que je trouve à placer la raison pour laquelle je suis
opposé à la création d'un comité interfédéral. Je ne reprends
pas l'argument tiré de l'assimilation entre la situation
d'aujourd'hui et celle de la Commune, — je ne crois pas
que nos camarades voient une injure dans cette comparaison
avec les réacteurs de 1871. Qu'est-ce qui a dicté les préoccupations du gouvernement bourgeois dans cette circons-
tance ? C'est que Paris était à cette époque la capitale intellectuelle révolutionnaire de la France ; elle était opposée
au gouvernement ; mais ici, rien n'est pareil. C'est une
organisation qui se fait dans le Parti socialiste lui-même,
sans impliquer un acte de méfiance à l'égard de Paris. La
méfiance ne vise que cette serre chaude où les personnalités
peuvent venir s'affirmer d'une façon constante, et susciter
des divisions que nous voudrions noyer dans l'unité.

Je ne crois pas, comme on l'a dit, que l'institution de
plusieurs fédérations dans la Seine serait en quelque sorte
la décapitalisation de la France socialiste, puisque le comité
général, organisme central du Parti, a son siège à Paris.
Si un mouvement révolutionnaire quelconque se produit,
est-ce que ce ne sera pas le devoir du comité général d'entrer le premier dans la bataille ? Lorsqu'est venue en discussion la constitution du comité général, un argument du
même genre a été employé pour prouver qu'une commission
exécutive émanée du congrès était une chose mauvaise,
parce qu'il pourrait y avoir des antagonismes. On peut employer le même argument pour le comité interfédéral, d'autant plus que le comité général et le comité interfédéral
n'auront plus aucun rapport et pourront dire tous deux
qu'ils constituent la direction intellectuelle du Parti.

Je ne trouve pas monstrueux le projet de Révelin, mais
je ne le conçois pas comme lui.

Révelin. — Il est d'autant plus satisfaisant que c'est le vôtre.

Paul Louit. — Je suis arrivé au même résultat en divisant Paris en six fédérations, dans le projet suivant, dont vous voudrez bien entendre la lecture :

Le département de la Seine est divisé en six fédérations :

1re FÉDÉRATION : 1er, 4e, 5e, 6e, 7e et 8e arrondissements, avec 113.700 électeurs et 14.593 voix socialistes ;

2e FÉDÉRATION : 2e, 3e, 9e, 10e et 11e arrondissements, avec 144,500 électeurs et 26.700 voix socialistes ;

3e FÉDÉRATION : 12e, 13e, 14e arrondissements, 2e circonscription de Sceaux (Charenton, Saint-Maur, Nogent, etc.); 3e circonscription de Sceaux (Ivry, Vitry, Villejuif, Choisy, etc.), avec 129.300 électeurs et 36,600 voix socialistes ;

4e FÉDÉRATION : 15e et 16e arrondissements, 4e circonscription de Sceaux (Vanves, Sceaux, etc.), avec 87,400 électeurs et 12,850 voix socialistes ;

5e FÉDÉRATION : 17e et 18e arrondissements ; 3e circonscription de Saint-Denis (Levallois et Clichy); 2e circonscription de Saint-Denis (Saint-Denis, Aubervilliers, Saint-Ouen), avec 150,000 électeurs et 30.700 voix socialistes ;

6e FÉDÉRATION : 19e et 20e arrondissements, 1re circonscription de Saint-Denis (Pantin, Noisy, etc.); 1re circonscription de Sceaux (Montreuil, Vincennes), avec 96,300 électeurs et 30,500 voix socialistes.

PAUL LOUIS.
PATAY.
H. DE LA PORTE.
RENAUDEL.

Tanger. — Renaudel a donné un bon argument ; mais au point de vue du raisonnement pur, il est assez difficile de combattre l'idée d'une fédération unique. Le comité général a le tort de se placer trop souvent à ce point de vue spécial. Nous ne sommes pas une commission chargée de créer un parti socialiste, nous nous trouvons devant une situation déjà faite. Il faut en tenir compte. Certaines organisations socialistes craignent de ne pas avoir dans une fédération unique les garanties qu'elles désirent. Puisque leur crainte n'engage aucune question de principe, vous pouvez bien en tenir compte. Vous n'avez pas imposé la fédération départementale ; vous avez laissé la faculté de s'organiser en fédérations régionales. Ce que vous accordez à la province, vous pouvez l'accorder à Paris. Jaurès disait que dans certaines circonstances il faudrait une réunion de toutes les fédérations départementales et Gérault signalait un cas où ce serait nécessaire. Mais quand vous avez décidé que les groupes appartenant à une organisation, déjà existants, subsisteraient et que vous avez refusé de décréter la fusion de ces groupes, vous n'avez pas dit par cela même qu'il ne viendrait pas un jour où ces groupes devraient fusionner.

Vous avez décidé que les organisations subsisteraient ; la meilleure manière d'aider cette persistance, c'est de donner satisfaction aux organisations qui désirent le sectionnement de Paris. Déjà vous voyez les fédérations se constituer en fédérations de banlieue. Nous croyons qu'une fédération unique, par suite des discussions qui y seront soulevées, sera impuissante. Laissez les organisations qui se rencontrent le plus facilement se rencontrer comme elles le désirent.

Révelin. — Nous ne devrions pas revenir sur le projet de sectionnement dans son détail. Cela fera l'objet d'une discussion quand l'heure sera venue. Le projet du camarade Paul Louit est contestable. Mais ce que devons discuter, c'est le principe. Le comité général est en présence de trois solutions : la fédération de la Seine assimilée aux autres fédérations, avec des sections qui, en raison du nombre d'habitants qu'elles renfermeront, auront une vie très active. Deuxième solution : il y aura dans la Seine plusieurs fédérations, six par exemple, ou bien trois ; l'alliance communiste en désire trois. J'estime qu'il est difficile de faire une division par trois. Ce qui est grave, c'est que l'on conçoit trois ou six fédérations complètement distinctes, pareilles à des compartiments étanches, et que l'on repousse ce minimum de garantie de l'unité : un comité interfédéral.

Entre ces deux projets, il y a une solution intermédiaire, une fédération unique avec un comité fédéral qui représenterait le Parti socialiste de la Seine toutes les fois qu'il y aurait à exercer une action d'ensemble. Et puis, les sections ou fédérations d'arrondissement seraient assimilées par exception aux fédérations départementales, parce qu'elles seraient représentées directement au comité général. Nous devons limiter notre discussion aux principes.

La solution la plus satisfaisante, c'est la fédération unique. Tout ce que nous pouvons dire en invoquant les affinités ou les antipathies, se retrouve au même degré dans une ou dans six fédérations. Celles-ci s'opposeront les unes aux autres dans des champs clos plus restreints, mais l'intensité de la lutte sera la même. Vous ne décapitalisez pas Paris,

dites-vous. Oui, dans ce sens que vous laissez le gouvernement du Parti socialiste à Paris ; mais vous visez les socialistes de la Seine contre lesquels vous semblez avoir je ne
sais quelle arrière-pensée. Il me semble qu'à travers toutes
les épreuves Paris demeure la ville où les socialistes ont
été le plus fortement pénétrés du besoin d'unité du Parti.
Il est certain qu'en morcelant le département de la Seine,
vous arrachez aux socialistes de Paris une partie de leur
force. L'argument de Clauzel n'est pas complètement exact,
en ce sens que, si le département de la Seine était sectionné,
ce ne serait pas pour lui une faveur, parce que ses voix
seront partagées en plusieurs fractions. C'est ce qui résulte
des chiffres que je vous ai lus. S'il y a une fédération
unique, le département de la Seine se trouve légitimement
infériorisé ; mais ce tort est léger. Il ne faut pas que la
province oublie la force extrême des socialistes à Paris. Sur
600.000 voix socialistes, il y en a 200.000 à Paris. Clauzel
nous montrait, — hélas ! comme il embellissait les choses ! —
avec quelle facilité nos camarades de province constituent
des fédérations départementales ou régionales uniques...
Mais, quoi que vous fassiez, vous ne pouvez transporter les
Chambres hors de Paris où elles siègent, et la fédération de
la Seine ne peut exercer avec la même sûreté sa pression,
son action propre.

Mais l'histoire des révolutions passées démontre bien
que, s'il n'y avait pas eu une force révolutionnaire localisée
à Paris, tous les mouvements révolutionnaires qui ont eu
là leur point de départ auraient échoué. Lorsque la Convention faiblissait, Paris la forçait à agir. On dit qu'à Paris,
la plupart des organisations nationales ont conservé des
représentants en grand nombre et que les divergences se
sont, de ce fait même, accentuées ; on peut répondre que là
aussi s'est affirmé avec plus de force le besoin d'unité,
parce que Paris est le centre d'une action plus énergique
exercée sur les pouvoirs publics.

Je demanderai maintenant pourquoi on veut réunir les
groupes de la rive gauche et de la rive droite : c'est que,
sans doute, vous avez pensé qu'ils fusionneraient étroitement, plus fraternellement. A mon sens, ce n'est pas cela
que vous devez faire pour réaliser l'unité. Nous n'avons pas
à savoir s'il y a eu des luttes dans le passé. Le congrès a
dit : « Il faut réaliser l'unité. » Ayant pris comme base le
département, la commune, la région, vous n'avez pas à vous
inquiéter des divisions passées. Il vous suffit de dire aux

groupes : « Réunissez-vous ; prenez vos décisions à la majorité. » Avec ces garanties, la fédération de la Seine n'est oppressive pour personne.

Le projet le plus redoutable consiste à décomposer le département de la Seine, à lui arracher son unité socialiste ; vous voulez faire l'unité en théorie et vous l'empêchez dans la pratique. Croyez-vous qu'il sera plus facile d'apaiser les conflits, en disséminant les groupements qu'en les réunissant, ceux du 12° arrondissement et ceux du 11° par exemple, et en les adjurant de s'entendre. Est-ce que vous ne sentez pas le mal fait au Parti par le refus du comité général de faire une manifestation d'ensemble ? N'avez-vous pas senti que, si Paris a vu diminuer la force du Parti socialiste et s'est laissé entamer par le nationalisme et l'antisémitisme, c'est qu'il n'y a pas eu une action d'ensemble capable de déterminer un mouvement d'enthousiasme qui aurait fait fléchir toutes les tentatives de la réaction ?

Si vous avez plusieurs fédérations, dans chacune vous retrouverez les organisations en conflit ; de sorte que le sacrifice que les camarades doivent faire par l'oubli de leurs antipathies, il faut qu'ils le fassent plus directement encore que pour venir dans une fédération unique ; en sorte que tout ce à quoi on est conduit en étudiant le projet de sectionnement, c'est le désir de renforcer l'unité.

Vous avez de plus assez de grandes sections où toute la part possible d'indépendance se trouve réalisée par le projet que vous avez voté ; la Seine avec ses quarante-quatre circonscriptions, Paris avec ses vingt arrondissements peuvent vivre avec toute l'autonomie désirable, et vous aurez ainsi réalisé l'unité d'action et unifié le Parti.

Quant aux antagonismes possibles entre le comité interfédéral et le comité général, je n'y crois pas ; cela peut arriver d'ailleurs avec toutes les fédérations départementales.

André Lefèvre. — La proposition mixte de plusieurs fédérations avec un comité interfédéral disparaît ; elle me paraît abandonnée par tout le monde. Il n'y a en effet que deux propositions logiques : l'une consistant en plusieurs fédérations complètement séparées, l'autre en une seule fédération. La solution mixte aurait les inconvénients de chacune des deux autres. Car les antagonismes se manifesteraient d'abord dans la fédération particulière, puis dans la fédération générale. Quant à la proposition de fédérations qui seraient des espèces de compartiments étanches, comme on disait tout à l'heure, j'ai bien peur qu'elle n'aboutisse à un résultat peu satisfaisant. « Nous ferons, disait-on, de petites fédérations dans le département de la Seine pour que les divisions ne s'y produisent pas. Cela peut nous conduire loin. Je vois surgir non seulement le sectionnement électoral, mais encore le sectionnement par opinions. Nous avons à l'heure actuelle un certain nombre de fractions dans le Parti socialiste, qui constituent non plus des fédérations par sectionnement territorial, mais par opinions ; j'ai grand peur que l'application de votre argument ne nous conduise à empêcher dans la Seine l'unité socialiste. Je ne crois pas que ce soit là un argument sérieux.

Briand disait avec beaucoup d'esprit que nous fournissions à nos adversaires un aliment de polémique pour le *Temps* ou les *Débats* ; il est bien évident que la crainte de la ville de Paris n'entre pas dans nos préoccupations.

A ceux qui parlaient de sectionnement on répondait : « Prenez-y bien garde ; vous allez avoir dans la Seine des fédérations extrêmement vastes, 313 groupes socialistes. Dans le département du Nord, il y en a 280 ; de 313 à 280, la différence n'est pas si considérable ? Or, l'on voit déjà se dessiner une tendance à faire une fédération régionale du Nord et du Pas-de-Calais qui réunirait 319 groupes. Et ne sentez-vous pas que d'autres départements vont venir objecter qu'il y a une lutte chez eux entre plusieurs organisations socialistes. Si le département de la Seine, pour éviter ces luttes, a fait un sectionnement, pourquoi les départements ne la feraient-ils pas eux-mêmes ? »

Renaudel. — Ce ne serait pas un inconvénient. Dans ma pensée, ce que je veux supprimer, ce sont les questions individuelles, ce qui n'est pas la même chose.

André Lefèvre. — Les questions individuelles se présenteront également dans la section. Il y avait une certaine partie de l'opinion socialiste qui craignait d'être majorisée. Vous savez que c'est la véritable préoccupation de tout le monde. La logique conseillait de faire le sectionnement par opinions qui existe déjà à l'heure actuelle, et non le sectionnement territorial. Je voudrais attirer maintenant votre attention sur un autre argument que je développe. Dans les départements où il existe une fédération départementale unique, il y aura toujours, de par la loi de la majorité, communauté de vue chaque fois qu'il s'agira d'exercer une action quelconque sur ou contre les pouvoirs publics représentés par le préfet et le conseil général. Vous proposez de créer un certain nombre de fédérations séparées comme par des cloisons étanches. Lorsqu'il faudra exercer cette action unitaire, on pourra, dans telle section, décider que l'on agira, et dans telle autre que l'on n'agira pas. On brisera ainsi tout effet. Puisque nous sommes en présence d'une organisation administrative unitaire, que nous la combattons, il faut, dans la circonscription territoriale, à cette force unitaire une force du même genre.

Imbert. — Pour dissiper les craintes que Capjuzan exprimait à l'égard d'une seule fédération, je lui poserai une question. Pense-t-il que la division en plusieurs fédérations du département de la Seine se fera au point de vue géographique, en sections de fédérations, que l'on appellera comme on voudra, mais qui seront réunies dans une fédération unique, ou bien créera-t-on une série de fédérations qui correspondront aux écoles qui existent à l'heure actuelle ?

Capjuzan. — Pas du tout.

Imbert. — Dans ce cas on arriverait au résultat suivant : on ferait l'unité dans toute la France par la suppression de toutes les organisations; et c'est à Paris seulement qu'on laisserait subsister leurs rivalités.

Capjuzan. — Je maintiens mon opinion. Nous voulons, de la façon la plus profitable pour le Parti socialiste, sectionner Paris en fédérations, à condition que ces fédérations soient autonomes. Nous voyons là une garantie contre la tendance que pourrait avoir Paris d'engager le Parti tout entier.

Jaurès. — Je ne crois pas que Tanger ait bien résolu la question tout à l'heure, puisqu'il a conclu à la multiplicité des organisations ; mais il l'a très bien posée. Il a dit qu'il lui semblait qu'au point de vue de la raison pure, une fédération unique serait préférable, et je lui réponds que cela est également préférable au point de vue de la tradition révolutionnaire de son organisation particulière. J'entends par là, sans toutefois vous enfermer étroitement dans les formules, la tactique, la tradition de la période blanquiste. Votre Parti est la suite du mouvement blanquiste avec toutes les transformations qu'impliquent les modifications survenues dans l'état économique, politique et social. La tradition blanquiste implique la prédominance de Paris unifié et organisé. Ce n'est pas douteux. Il y a une espèce de renversement paradoxal dans la position relative des partis dans ce que j'ai lu, il y a quelques semaines, sous la plume

d'un des militants les plus considérables. Ce militant disait
que nous étions, nous, avec les fédérations autonomes, les
Girondins, pour la dissémination, et il se trouve maintenant
que c'est nous, les Girondins, qui voulons organiser les
forces du Parti et que c'est vous, les blanquistes, qui avez
peur que la Commune de 93 fasse la loi à la Convention.
La Convention, ce sera le comité général; la Commune de 93,
ce sera la fédération de la Seine. Eh bien, dans la tradition
révolutionnaire qui nous a donné naissance, il y avait un
sectionnement; les forces révolutionnaires étaient en chaque
quartier constituées à l'état de sections. Mais elles étaient
reliées entre elles dans le conseil général de la commune
qui, par un signal, mobilisait toutes les forces des sections
et déterminait les grandes journées révolutionnaires. Le
blanquisme, qui est le contraire du girondinisme, de la dissémination des forces, reprend la conception girondine.
C'est bizarre.

Evidemment, Tanger a raison de dire qu'au point de vue
de la tradition l'idée unitaire vaut mieux; il ajoute qu'il
faut tenir compte de l'état des faits, qu'il y a en ce moment
des organisations anciennes ayant leur tempérament particulier et qu'il ne faut pas rapprocher brusquement, brutalement. Mais c'est ici que, plein aussi de la préoccupation
des faits, je suis effrayé de votre projet de sectionnement.
De deux choses l'une : ou bien votre sectionnement géographique ne permettra pas à chacune de ces tendances de
s'exprimer — et alors vous ne gagnerez rien — ou bien vous
n'aurez des garanties que si, dans chacune des organisations
sectionnées géographiquement, une des organisations actuellement constituées prédomine. Nous allons arriver par conséquent à ranimer la division, les rivalités, les antagonismes
des anciennes organisations en leur donnant une forme
géographique et territoriale. Je prévois un grand danger si
vous n'obligez pas toutes ces organisations à se grouper en
une fédération unique; le danger, c'est qu'elles puissent
former librement des groupes variables, que, par exemple,
telle fédération de l'ouest de Paris puisse se grouper avec
telle autre fédération de tempérament analogue de l'extré-
mité est, en sautant par dessus une fédération du centre qui
sera d'un autre tempérament politique. Vous aurez ainsi
tout simplement reconstitué les anciennes organisations. La
vie politique de Paris se brisera dans la lutte entre les
anciennes organisations. Je crains même que les anciennes
rivalités ne soient aiguisées, chaque organisation ayant

désormais son champ d'action particulier d'où, peu à peu,
elle éliminera les éléments un peu différents. Vous n'aurez
réussi qu'à isoler les différentes tendances et les différentes
conceptions du Parti, ce que je crois dangereux. Il y a intérêt pour l'unité à ce que les différentes organisations aient
l'occasion de converser les unes avec les autres. Pourquoi,
si nous sommes modérés, nous exposer à tomber de plus
en plus dans le modérantisme ? Pourquoi ne pas nous rendre le service, en causant quelquefois avec vous, de nous
réchauffer un peu de l'esprit révolutionnaire ? Ici, la pure
flamme révolutionnaire qui brillera d'autant plus aisément
qu'elle n'aura plus aucun élément à réchauffer ; là, les
modérés qui, dans leur isolement, se modéreront de plus
en plus. Mais c'est la dislocation complète du Parti.

Dubreuilh. — C'est leur affaire.

Jaurès. — Même au point de vue révolutionnaire,
nous avons intérêt à ce que l'intensité de la vie socialiste
ne se perde dans aucune fraction du Parti, et c'est votre intérêt, d'autre part, que les modérés le soient le moins possible. Dans toutes les réunions parisiennes, l'élément révolutionnaire sera toujours la majorité, même lorsqu'il
sera à l'ouverture de la séance la minorité, parce que la
vigueur révolutionnaire finit toujours par vaincre les résis-
tances. Nous l'avons vu dans les fédérations des indépendants, où il y avait des radicaux. Nous n'avons pas dormi
tranquilles jusqu'au moment où nous nous sommes appliqués l'épithète de révolutionnaires. L'étiquette vient d'abord,
la chose étiquetée ne tarde pas à la suivre.

Camélinat. — L'organisation du Parti socialiste doit
être faite avec l'idée que nous nous faisons de la société
future. Pour moi, je suis loin de trouver les fédérations
départementales trop grandes ; je crois qu'elles devraient
être régionales. Il est impossible, théoriquement et prati-
quement, de découper, pour ainsi dire, Paris en tranches
socialistes. Figurez-vous Paris découpé ainsi dans la société
future. Où voyez-vous la commune ?

Donnez toute l'autonomie possible aux sections de cette
fédération, j'en suis partisan ; mais que vous ayez l'intention de disséminer la vie d'un département qui se caractérise par l'unité d'un cerveau absolument révolutionnaire,
voilà qui me paraît étrange. Vous craignez de voir le Parti
révolutionnaire noyé en quelque sorte par les modérés : ne
craignez pas cela ; c'est toujours le contraire qui se produit.
D'ailleurs, si vous procédez ainsi, les modérés resteront

toujours les modérés. Il y a intérêt à ce que Paris soit constitué en une immense fédération et possède ainsi cette grande force socialiste qui s'est autrefois développée dans les périodes révolutionnaires. Vous serez impuissants, d'ailleurs, à empêcher une fédération générale de la Seine, l'agglomération se fera malgré vous.

Briand. — Un de nos camarades a dit que le P. O. S. R. était hostile à la fédération unique. Le P. O. S. R. n'est pas hostile à la création d'un organe central. Il l'admet, mais à la condition que la Seine soit sectionnée.

Paul Louit. — C'est exact.

Jean Longuet. — On a parlé des divisions et on a dit que l'on croyait les diminuer, en sectionant la Seine. Je suis loin d'être de votre avis. Très souvent les divisions d'écoles ne sont devenues si ardentes que parce qu'elles avaient leur point de départ dans les divisions électorales.

Dubreuilh. — Ce sont les sections qui désignent les candidats.

Jean Longuet. — Du moment que les fédérations seront séparées, les divisions seront d'autant plus ardentes que les militants seront séparés entre eux. Dans la Seine nous devons prendre la formation naturelle, c'est la formation par arrondissement. Tous les groupes, qui sont très nombreux, — corporatifs, politiques et autres, — vivent d'une vie socialiste intense et constituent un tout propre. Croyez-vous que ce qui vient au dessus, ce soit l'unité fictive de deux ou trois arrondissements ? Non.

Le département de la Seine, et spécialement Paris, a une législation municipale monstrueuse qui donne au centre deux fois plus de conseillers municipaux qu'il n'a droit d'en avoir. Il y a des républicains qui conseillent au gouvernement de dissoudre le conseil municipal et de nommer une commission municipale. C'est la violation de tous les principes républicains. Au contraire il y a une campagne évidente à mener pour obtenir que les quartiers populaires aient une majorité. Une campagne de ce genre ne peut être efficacement menée que si le Parti socialiste, à Paris, dispose des forces d'une solide unité.

Révelin. — Je m'adresse aux camarades qui sont tout à fait révolutionnaires et je leur demande par quel moyen nous empêcherons ce qui s'est produit dans le Parti, par exemple, la tendance à dresser trop facilement les revendications agraires qui, dans le programme du P. O. F., ne sont pas certainement conformes à l'esprit du Parti socialiste. On sait que cette partie du programme du P. O. F. a donné lieu à une critique très vive d'Engels. Je sais bien qu'il nous sera difficile de dresser ce programme, qui demandera de longues études. Une fédération de la Seine, ayant sur ce point une parfaite unité de vues, pourra être utile, en ce qu'elle n'accordera pas aux paysans des satisfactions contraires à la tactique socialiste, et qui transformeraient notre Parti en un Parti simplement radical. Nous aurons, à un moment donné, de graves difficultés sur ce point et il sera nécessaire de dresser un programme de revendications agraires qui n'existe nulle part. Le P. O. S. R. l'avait tenté, mais il a abandonné son projet.

Jaurès. — L'idéal serait un programme agraire dressé par les Parisiens ! (Rires).

Révelin. — Et pourquoi pas ? Les Parisiens seront moins suspects de complaisances excessives à l'égard des paysans, de même que les paysans pourront empêcher les Parisiens d'avoir une complaisance excessive à l'égard des petits boutiquiers.

Capjuzan. — Le découpage du département de la Seine n'implique pas qu'il n'y aurait pas moyen de se sentir les coudes. Nous restons dans la tradition révolutionnaire en laissant au comité général le soin de prendre toutes les décisions générales. Si nous avons un comité interfédéral, nous créons un antagonisme et l'unité de l'action socialiste ne pourra se faire. « Vous allez, disait-on tout à l'heure, laisser les modérés de côté. » Mais nous estimons, nous, qu'il est plus facile, avec le système de la division, de répartir équitablement les modérés avec les révolutionnaires. Les deux éléments pourront ainsi se rapprocher. Nous voulons avant tout empêcher l'excès de modérantisme. Le dernier congrès ayant montré que Paris était modéré, nous constatons par avance que, dans une fédération unique de la Seine, nous serons majorisés, nous serons, en quelque sorte, des esclaves (Protestations).

Orry. — Vous n'avez qu'à ne pas vous laisser faire.

Briand. — Ce n'est pas sur le terrain modéré ou révolutionnaire qu'il faut placer la question. Jamais personne ne fera croire que le prolétariat socialiste de Paris et de la Seine est d'opinion modérée. Du reste quelle action révolutionnaire ont faite depuis dix ans ceux qui ont toujours ce mot à la bouche ? Ils seraient bien embarrassés pour le dire. Il n'aura été fait, en réalité, d'action révolutionnaire que par les grèves. Et vous savez qu'il y a des socialistes qui font les plus fortes réserves à cet égard.

Qu'au lieu d'essayer de diviser le Parti en modérés et en révolutionnaires nos camarades du P. S. R. reconnaissent donc franchement que leur préoccupation dominante est, en fractionnant le service, d'assurer la survivance des organisations.

Vous connaissez le cas du ver solitaire : on a bien essayé de le détruire ; tant que la tête n'est pas morte, il se reconstitue. Nos camarades du P. S. R. se disent qu'en laissant subsister à Paris les cinq têtes des organisations, il reste des chances pour que les corps se reconstituent. (Rires. Cris de : Aux voix).

Jean Longuet. — Il faut voter sur le principe de l'unité ou de la pluralité de la fédération de la Seine.

(On procède au vote. Le principe de la fédération unique de la Seine est accepté).

Briand. — Voici ma proposition au sujet des sections. « Le département de la Seine forme une fédération régionale divisée en plusieurs fédérations reliées entre elles par un organe interfédéral. »

Révelin. — Il faut accepter ce vote avec toutes ses conséquences. Nous avons prévu pour toutes les fédérations des unions de commune et de quartier. Sur ces bases chaque organisation fait elle-même son règlement, en se conformant au statut général du Parti. Il appartient également à la fédération de la Seine de réunir les groupes qui la composent et d'établir son règlement.

Briand. — Je demande que ma proposition soit mise aux voix.

Clauzel. — Briand a satisfaction par le texte que voici : « Les groupes d'une commune ou d'un quartier forment « une union de commune ou de quartier... et nomment le « comité de section ».

Jean Longuet. — Il faut tenir compte que les formations se font par arrondissements et non pas par circonscriptions électorales.

Briand. — Nous ne sommes pas ici pour nous majoriser. Ma proposition tient compte de l'opinion émise par nos camarades du P. O. S. R.. et, dans une certaine mesure, des préoccupations du P. S. R. Le P. O. S. R. ne voit pas d'inconvénient à un organisme central, à la condition qu'il y ait une division de la Seine en sections autonomes. Il semblait qu'à une séance précédente nous nous étions mis d'accord sur ce point. Révelin avait même fait violence à ses préférences personnelles en apportant un projet qui était basé sur ces principes. Evidemment nous sommes ici la majorité pour demander une fédération unique de la Seine et nous pouvons la voter, c'est entendu; mais ne vaut-il pas mieux s'arrêter à une transition ?

André Lefèvre. — De deux choses l'une : ou bien les sections dont parle Briand correspondent à des divisions administratives d'arrondissement, ou à des divisions électorales de circonscription, ou bien elles correspondent à autre chose. Elles équivalent à reformer dans le département de la Seine des fédérations que l'on vous déclare être autonomes. Je vois Renaudel accepter la proposition Briand, qui n'aurait d'autre résultat que de détruire le vote que nous venons d'émettre. Si les divisions dont parle Briand ne doivent être que des divisions d'arrondissement ou de circonscription, elles sont prévues par l'article du projet dont Clauzel a donné lecture. Si elles tendent à rétablir des fédérations et par conséquent à détruire le vote que nous venons d'émettre, je demande ce que nous faisons ici ? J'ajoute que le comité général n'a réglementé la constitution d'aucune des autres fédérations en dehors des deux articles lus tout à l'heure par Clauzel et je ne vois pas pourquoi, étant donné que le département de la Seine rentre dans le droit commun, nous procéderions à son égard autrement que pour les autres.

Jean Longuet. — Du moment que nous avons déclaré qu'il y aurait une fédération unique, cela ne veut pas dire que l'on en ferait plusieurs.

Mais nos camarades du P. O. S. R. ne sont pas présents. Je me réserve le droit de les combattre; mais pour que la discussion fût d'une loyauté absolue, on pourrait les attendre.

Révelin. — Au moment où la discussion a commencé, j'ai rappelé au comité général cette absence, et il a été décidé que l'on réserverait le vote définitif jusqu'au moment où nos camarades seraient revenus : j'appuie donc la proposition Longuet.

La proposition de Jean Longuet est adoptée.

La séance est levée à 12 heures 20.

SÉANCE DU 9 JANVIER 1901

Présidence du citoyen **Orry***, délégué de la fédération
socialiste révolutionnaire.*

La séance est ouverte à 9 h. 20.

Présents : Béguin, Blum, Briand, Camélinat, Capjuzan, Clauzel, Cipriani, de la Porte, Dubreuilh, Gérault-Richard, Huret, Imbert, Landrin, Lenormand, Orry, Paris, Patay, Paul Louit, Renaudel, Révelin, Semanaz, Tanger.

Suppléés : Brunellière, par Andrieux ; Donier, par de Pressensé ; Favrais, par Thuloup ; Fournière, par Lambert ; Joindy, par Jean Longuet ; Krauss, par André Lefèvre ; Lepage, par Génin ; Marchand, par Chevallerie ; Parassols, par Nelson ; Roland, par Toussaint.

Excusés : Chaucheprat, Jaurès, Charles Longuet.

Absents : Bagnol, Bertrand, Bourderon, Carnaud, Dejeante, Fauga, Fribourg, Létang, Lévy, Ponard, Poulain, Puges, Reisz, Richard, Salembier, Ser, Stern-Maydieu, Willm.

Tanger. — Dans une de ses séances la commission de propagande a décidé de vous transmettre un vœu tendant à la création d'un journal appartenant au Parti. Elle désire que ce vœu soit inséré dans le projet même d'unification. Le vœu a été déposé entre les mains du rapporteur de la commission d'unification. En outre la commission a décidé de vous transmettre son désir de profiter du referendum qui va être ouvert dans les groupes pour ouvrir une enquête générale dans le prolétariat sur les conditions politiques et économiques du pays. Voici, à ce propos, le questionnaire qu'elle vous demande d'ajouter au projet qui sera envoyé aux groupes [1].

Orry. — Je vais mettre aux voix les propositions de la commission de propagande. Je commence par le questionnaire.

---

1. Voir à la suite du *Projet d'unité socialiste.*

Gérault-Richard. — Est-ce que les réponses devront parvenir en même temps que celles relatives au projet d'unité ?

Tanger. — Nous demandons qu'on nous réponde séparément.

Gérault-Richard. — C'est le commencement d'une grande enquête qui va demander beaucoup de temps ; si nous la voulons sérieuse et complète, il faut que nous donnions aux enquêteurs le temps nécessaire. Vous pourrez demander dans une commune à tel ou tel militant de vous donner un aperçu de la situation économique de cette commune, mais y a-t-il possibilité d'obtenir les renseignements nécessaires en peu de temps ? Il faut aller au chef-lieu du département, au bureau des hypothèques, dans tous les endroits où la situation économique est officiellement enregistrée.

Je ne crois pas que les groupes puissent nous répondre sur cette question de la situation économique de la France en même temps que sur le projet d'unité.

Quant à la question concernant le journal, elle ne demandera pas beaucoup de temps et on pourrait la joindre.

Tanger. — La commission s'est inspirée, en établissant ce questionnaire, de l'invitation qui lui avait été faite par le comité d'organiser des tournées de propagande. Pour bien organiser la propagande il faut être renseigné. Elle n'a pas l'espoir de l'être suffisamment cette année, mais elle peut préparer le travail et les renseignements peuvent être obtenus. Cela serait très utile à l'organisation de tournées méthodiques de propagande. La commission avait joint une autre question demandant aux groupes leur avis sur l'organisation de la propagande. Nous l'envoyons en même temps, cela supprimera les frais et, si on ne l'envoyait pas en même temps, cela ne se ferait peut-être jamais. Nous pourrons indiquer aux groupes qu'ils auront à nous renvoyer ces renseignements au fur et à mesure.

Gérault-Richard. — J'ai peur que le projet d'unification n'absorbe tout le temps de nos groupes et qu'ils ne puissent mener de front les deux choses.

Camélinat. — Lorsque cette question est venue, il y a pas mal de temps, j'ai expliqué la façon dont nos amis de la Belgique procédaient à cette enquête. Ils ont fait tirer un petit questionnaire à des millions d'exemplaires répandus partout, de telle sorte que les réponses soient plus faciles à faire et à envoyer. On centralise ensuite ces réponses et on les compare les unes avec les autres pour une même région. Grâce aux renseignements fournis ainsi, nos amis ont pu faire une excellente propagande en peu de temps. Ici, nous ne sommes pas tout-à-fait dans les mêmes conditions, mais je crois qu'il serait nécessaire de procéder de la même manière. Votre commission de propagande a décidé de demander au comité général que ce questionnaire soit publié et encarté dans le projet qui sera envoyé aux groupes. Si vous admettez, comme moi, que cette enquête doit être permanente comme en Belgique, il sera bon de tirer le questionnaire à un grand nombre d'exemplaires. Soyez-en convaincus, bien des groupes se hâteront de nous répondre ; il en est très certainement qui ont déjà fait le travail.

Capjuzan. — J'estime que ce questionnaire est une sorte de casse-tête qui nous fera perdre un temps considérable. Des demandes du même genre ont été faites par la confédération des bourses et par le secrétariat du travail. Il n'est arrivé qu'un petit nombre de réponses aux organisations centrales, la plupart des travailleurs s'en sont désintéressés. Craignons de courir au devant du même échec.

Briand. — Je ne suis pas du tout de l'avis de Capjuzan ; je crois qu'il y a dans l'esprit de nos camarades de province un désir de travail qui se manifeste dans toute leur correspondance, et si nous ouvrions une pareille enquête, ce serait fournir à tous les groupes un aliment pour leurs discussions. Ce serait, pour le comité général, les renseignements une fois centralisés, la possibilité de constituer enfin des archives sérieuses à raison d'un dossier par département avec des indications que pourraient consulter, avant de partir, les militants qui vont faire des conférences en province. Les militants de province commencent à sentir tout ce qu'a de superficiel la propagande telle qu'elle est pratiquée actuellement. Certains conférenciers, habitués à parler dans le Nord, promènent la même conférence dans un milieu de pêcheurs ou de paysans. Pour quelques-uns qui se donnent la peine d'étudier le milieu où ils auront à causer, que d'autres partent en campagne sans renseignements, sans étude préalable, comptant simplement sur leur facilité de parole pour se tirer d'affaire. Ainsi conduite, la propagande manque de méthode et de pénétration. Que de fois m'est-il arrivé, au cours de tournées de conférences, d'entendre des secrétaires de groupes se plaindre de cet état de choses.

En ouvrant une enquête, je suis convaincu que le comité

général fera œuvre utile. Nous recevons des renseignements sérieux, d'abord un peu généraux, mais, au fur et à mesure que les groupes s'habitueront à ce genre de travail, leurs rapports deviendront plus précis et plus complets.

Révelin. — Je vous demande d'accepter la manière de voir de Camélinat, de faire une disjonction entre les questions de propagande et les autres ; celles qui n'appellent pas une réponse immédiate devraient être imprimées à part. Il serait bon de demander aux fédérations d'envoyer un renseignement d'ensemble. Il faudrait que la fédération elle-même fît une partie du travail de classement de tous ces documents. Je demande que cette partie soit nettement séparée de l'autre.

(Adopté).

Jean Longuet. — Pour la quatrième question : « Comment croyez-vous que doit s'organiser la propagande dans le pays ? » les camarades ne comprendront peut-être pas. Il serait utile de leur donner des éclaircissements, sans cela, ils répondront par des banalités en indiquant qu'il faut beaucoup d'orateurs, beaucoup de brochures, etc.

Révelin. — Au lieu de poser une question, on pourrait en poser trois : « Quel est, selon vous, le rôle de la propagande par le journal, par les brochures, et comment doivent être organisées les conférences?... » Le camarade Briand disait avec beaucoup de raison qu'il faut adapter la propagande à la région où l'on va. Si en Belgique on a le plus grand souci de l'y adapter, on n'en a pas moins le souci de maintenir les principes généraux du socialisme. Les camarades de Belgique ont même préparé des conférences réduites aux éléments essentiels de la propagande, et dans les réunions où vont les militants on distribue ces plans de conférences tout faits. C'est un procédé peut-être mécanique mais qui donne de bons résultats, en ce qu'il permet aux camarades de distribuer de petites conférences résumées et contenant la quintessence de l'idée socialiste. Il faudrait que le comité lui-même fît une enquête et se rendît compte de la manière dont procèdent nos camarades de Belgique.

La propagande n'est pas organisée en France d'une manière assez méthodique. Nous pourrions nous renseigner sur les procédés employés soit en Belgique, soit en Allemagne, soit en Italie et, quand nous enverrions ce questionnaire sur cette partie-là, il faudrait que la commission pût indiquer la méthode suivie dans d'autres pays.

Renaudel. — Pour préciser, comme le demandait Longuet, il suffirait d'ajouter à la rédaction de la commission cette question plus spéciale : « Comment peut-on organiser la propagande dans votre région ? » Les camarades verront bien que cette question s'applique directement au centre dans lequel ils vivent.

Tanger. — Cela peut très bien s'arranger ainsi : Trois questions comme le demandait Révelin, dont une sera complétée suivant la proposition de Renaudel : « Comment peut-on organiser la propagande dans votre région ou dans votre département ? Quel doit être le rôle du journal ou de la brochure etc. ?

(Adopté).

Autre question : « Etes-vous d'avis de créer un journal sur les bases coopératives ? »

Renaudel. — Je voudrais que l'organisation du journal rentrât dans les attributions du comité général prochain. Nous avons émis le vœu que le comité aura à s'occuper de l'élaboration d'un programme législatif municipal. Je crois qu'on pourrait ajouter qu'il aura à étudier aussi un projet d'organisation d'un journal officiel du Parti.

Orry. — Il a été décidé qu'un vœu de ce genre serait déposé sur le bureau du congrès.

Renaudel. — Il serait désirable que ce projet fût mis à l'étude.

Gérault-Richard. — Je ne crois pas que cette question puisse être incorporée au projet d'unité. Ce serait poser trop de questions. Cependant on pourrait charger un membre du comité général ou de la commission de propagande de présenter ce vœu au congrès.

Révelin. — Je ne fais aucune objection à la proposition Renaudel, mais je crois que la forme du vœu vaudrait mieux. Je m'explique. C'est une excellente chose que de faire décider par le congrès que le comité général aura à étudier l'organisation d'un journal, à la création duquel les groupes se seront montrés favorables. Ne pensez-vous pas que cette question aura quelque chose d'un peu ridicule, si le comité ne trouve pas les ressources nécessaires pour organiser cette œuvre essentielle ? Il faut que ce journal vive. Si le Parti socialiste italien a pu faire un journal, c'est que nos camarades d'au-delà des Alpes ont recueilli d'abondantes souscriptions. Voilà ce qu'il faudrait. Puisque nous songeons à organiser un journal sur les bases coopératives, il importe de dire dans quelle mesure les militants coopéreront à son fonctionnement. Si vous traitez en coopérateurs

tous les camarades qui y travailleront, vous aurez peut-être
du mal à trouver sur le marché du travail des camarades
qui pourront traiter sur ces bases. Il y aura des difficultés
de rédaction, de composition, de distribution. Si l'entreprise laisse des bénéfices, il faudra que la plus grande partie des profits, du trop perçu, comme disent les coopérateurs, soit abandonnée au Parti. Vous savez que la sociale
démocratie en Allemagne tire des ressources importantes de
ses journaux.

Si vous donnez au comité général mandat d'étudier le
lancement d'un journal quotidien, vous lui confiez une tâche
ardue. Il est indispensable que son étude soit minutieuse.
Aussi je pense que la forme du vœu serait la meilleure. Elle
permettrait d'approfondir la question et de présenter aux
groupes un projet défini dont la réalisation ne peut être
assurée que grâce aux contributions pécuniaires du Parti
organisé. Si nous leur disons d'une manière vague : « On va
faire tel journal, à base coopérative, souscrivez », ils ne
souscriront peut-être pas ; vous savez la peine que l'on
éprouve à obtenir des contributions. Pour atteidre le but,
il faut que la certitude de beaux résultats développe un moment d'enthousiasme dans le Parti. Les camarades ne seront
sympathiques qu'à un projet pratique et bien défini.

Landrin. — Je crois qu'il est bon de réserver la question proposée par la commission de propagande. Si nous
demandons au congrès prochain la création d'un journal de
ce genre, il sera unanime à y applaudir ; comme il ne
s'agira que d'un vœu, tout le monde votera oui par acclama-
tion. J'estime qu'un vœu qui ne repose pas sur des bases
pratiques n'a pas une très grande importance. Il est essentiel, à mon sens, que les réponses faites par les groupes à
notre questionnaire peuvent nous fournir ces bases.

J'avais proposé que le comité eût un organe officiel paraissant tous les 15 jours, par exemple, et contenant nos documents
officiels, c'est-à-dire le compte rendu de nos discussions et
ce qui peut en général intéresser le Parti socialiste, en
dehors des questions de polémique. Si vous posez la question comme le propose la commission de propagande, je
crains que l'on ne comprenne pas qu'il s'agit d'un grand
journal, d'un quotidien, et si vous demandez aux groupes
combien d'abonnements ils pourront souscrire, je crains que
vous n'ayez des réponses généralement négatives. Peu de
camarades accepteront la charge d'un abonnement.

Il serait peut-être bon de demander aux groupes com-

ment ils comprennent la périodicité de ce journal, s'il doit
être hebdomadaire ou bi-mensuel, s'il n'est pas utile d'aller
du simple au composé. Nous aurons ainsi des renseignements plus complets ; ce travail pourra servir de base à
celui du prochain comité général.

Briand. — Si vous ne posiez pas la question vous-même, elles vous serait posée ; car dans les lettres d'un certain nombre de fédérations on voit poindre cette préoccupation. Évidemment il ne s'agit pas de trancher la question
dès maintenant. Il y a une foule de questions de détail à
envisager, qui demandent un travail au moins aussi sérieux
que celui que nous a imposé l'étude du projet d'unification.

Ce que l'on pourrait demander au congrès, c'est qu'il
donne au prochain comité général mission d'avoir à préparer un organe du Parti. C'est évidemment une œuvre difficile que de mettre sur pied un journal quotidien, mais je ne
vois pas pourquoi, alors que les socialistes belges, allemands ont leurs organes, nous, Français, nous n'aurions pas
aussi le nôtre.

Nous avons des organes socialistes qui nous donnent
certaines garanties morales ; cependant la plupart de leurs
rédacteurs seraient heureux de collaborer à un journal appartenant tout entier, rédaction et administration, au Parti. Ils
s'y sentiraient plus indépendants, plus maîtres de leur opinion que dans les journaux à base capitaliste, dont nous
disposons aujourd'hui.

Vous pourrez dire à un secrétaire de groupe dans le Parti
unifié : « Il y a chez vous trente militants ; or il n'est pas admissible qu'un militant ne lise pas chaque jour un journal et
que ce journal ne soit pas celui de son Parti... Nous ne
demandons pas à chacun de ces militants de prendre un
abonnement de 18 francs, mais nous demandons au secrétaire de prier chacun d'eux de verser d'avance les trente
sous par mois qu'il peut consacrer au journal, lesquels
trente sous, recueillis par le secrétaire, seront envoyés à la
direction du Parti avec l'ensemble des cotisations recueillies
par lui ».

Remarquez qu'un journal fondé sur ces bases pourrait
vivre de sa vente, tandis qu'à l'heure actuelle les journaux
à base capitaliste, en raison des frais de transport, des
remises aux intermédiaires, des nombreux invendus, ne
peuvent compter, pour vivre, sur la vente de province. Elle
couvre à peine les frais. L'abonnement, au contraire, apporte
au journal une ressource régulière sur laquelle il peut tabler

pour régler sa vente. Un journal qui aurait trente mille abonnés verrait sa vie assurée et n'aurait pas besoin de recourir à une publicité plus ou moins louche pour végéter. Le Parti socialiste est assez fort, ses groupes sont assez nombreux, pour pouvoir alimenter la publication d'un quotidien.

Nos amis du P. O. F. et du P. S. R. nous disent souvent : Nous voulons des groupes sérieux, composés de militants dévoués, susceptibles de faire des sacrifices à leur Parti... Eh bien, ce serait là précisément pour les groupes l'occasion de faire montre de vitalité. On pourrait alors discerner par le nombre des abonnements les groupes qui existent réellement et ceux qui n'existent que sur le papier. C'est un moyen de contrôle comme un autre.

Si nous venions vous dire : nous allons lancer demain un journal, vous devriez hésiter devant une entreprise aussi aventureuse. Il en va bien différemment si le prochain congrès nous donne comme mandat essentiel de préparer l'apparition d'un journal quotidien, de rechercher les ressources dont les groupes peuvent disposer, d'ouvrir dans le prolétariat des souscriptions pour amasser le capital nécessaire ; bref, de prendre toutes les précautions nécessaires. On a mis une verrerie ouvrière debout par l'effort du prolétariat. Pourquoi n'arriverions-nous pas à réunir les 150 ou 200.000 francs indispensables à la fondation d'un journal ? Cette coopération aurait au moins autant de chances de réussir ; plus même. La verrerie, en effet, a été obligée d'aller recruter ses clients dans la classe bourgeoise ; cette fois, ce serait le prolétariat lui-même qui, ayant édifié l'œuvre, lui assurerait la vie en lui donnant sa clientèle.

C'est, je le reconnais, une question grave qui ne doit pas être envisagée d'une manière hâtive ; aussi je demande que le congrès soit invité à confier ce mandat au prochain comité général.

Renaudel. — Je me rallie à l'argumentation de Révelin. Je n'insiste pas pour que mon amendement soit maintenu dans les articles du projet, mais je demanderai que dans les considérants le vœu soit pris en considération et qu'on explique succinctement dans quelles conditions nous comprenons que le journal peut venir au jour.

Tanger. — La commission s'est placée sur le terrain pratique pour les questions à adresser aux groupes. Tout à l'heure nous avons pensé qu'avant de mettre le congrès en mesure d'adopter ou de repousser une résolution, il fallait lui donner des éléments de discussion. Nous ne pouvons pas faire plus ; mais nous mettons à profit le temps que nous laisse la discussion du projet d'unification pour préparer la besogne à nos successeurs. C'est pour cela que nous demandons d'envoyer aux groupes un certain nombre de questions sur des points pratiques.

Révelin. — La proposition Renaudel nous satisfait bien plus que ce que nous propose la commission. Nous présenterons aux groupes un projet de résolution ferme que le prochain congrès invitera le comité général à étudier. Autre question que vous n'avez pas posée, celle qui consiste à faire surgir dans le public socialiste le capital nécessaire. Comment le faire surgir, ce capital, si vous ne posez pas devant le congrès, sur ce point comme sur les autres, les bases du projet? Il est nécessaire de montrer aux groupes les difficultés de réalisation d'un projet qui sera, au préalable, solidement édifié.

Capjuzan. — Je crois qu'il n'est pas extrêmement difficile de créer un journal socialiste ; mais je ne crois pas, comme Briand qu'il soit possible d'obtenir d'un seul coup des abonnements d'un mois. La somme exigée serait trop forte. On pourrait ne demander que le paiement de quinze jours à l'avance ; plus tard, l'unification du Parti réalisée, l'existence du journal ne sera plus aussi précaire. Alors, tous les huit jours, les secrétaires fixeront le nombre d'adhérents ayant payé leurs huit jours ; on enverrait un nombre d'exemplaires égal et quelques-uns de plus. Souvenez-vous du proverbe : « Doucement va loin ».

Jean Longuet. — Le camarade Capjuzan entre dans les détails du projet ; moi, je pense qu'il serait surtout intéressant d'en déterminer les lignes générales. Peut-être y aurait-il à envisager l'idée d'une entente avec la confédération du travail qui poursuit depuis de nombreuses années l'idée de créer un journal quotidien. Peut-être arriverait-on à un résultat par la réunion des éléments syndicaux et politiques. C'est une question à examiner avec soin. Quant à moi, je vous dirai sans détours toute ma pensée. Il n'est pas possible au prolétariat français d'avoir deux journaux, un journal économique et un journal politique.

Tanger. — Je crois pouvoir dire que la commission se rallie à la proposition des citoyens Renaudel et Révelin.

Révelin. — Celle de soumettre au prochain congrès une résolution par laquelle il doit donner mandat au comité général de préparer la publication d'un journal quotidien appartenant au Parti.

(Adopté.)

Blum. — La date de convocation du congrès a été fixée au mois d'avril. Beaucoup d'amis de province m'ont fait remarquer que cette date était mal choisie, parce qu'elle coïncidait avec celle du recensement qui a lieu aussi, comme vous le savez, ce mois-là. Beaucoup d'employés de mairie, de conseillers municipaux de province, par suite de la surcharge de travail, ne pourraient pas venir. C'est au nom de ces amis de province que nous vous demandons de reporter à une date ultérieure le prochain congrès.

Révelin. — A la raison que donne Blum que bien des camarades craignent d'être retenus à cause de la statistique de la population, vient s'ajouter une autre raison. L'élaboration du projet d'unification a pris beaucoup de temps. Vous avez un délai de six mois, mais ce ne sera pas dépasser vos pouvoirs d'une manière excessive que d'ajourner d'un mois environ la date du prochain congrès. Comme il faut en même temps faire coïncider cette date avec celle d'une fête pour bénéficier de la réduction du prix des billets de chemin de fer, nous pourrions reporter la date du congrès à l'Ascension ou à la Pentecôte.

Orry. — Je mets cette dernière proposition aux voix : Est-on d'avis que le congrès ait lieu les 26, 27 et 28 mai ?

(Adopté.)

La séance est levée à 11 heures 50.

Présidence du citoyen **Renaudel,** *délégué de la Fédération de la Seine-Inférieure.*

———

La séance est ouverte à 9 h. 35.

Présents : Béguin, Bertrand, Blum, Briand, Camélinat, Capjuzan, Chaucheprat, Clauzel, Cipriani, Dejeante, Henri de la Porte, Dubreuilh, Dupetit, Huret, Imbert, Landrin, Lenormand, Lepage, Marchand, Patay, Paris, Paul Louit, Ponard, Renaudel, Révelin, Semanaz.

Suppléés : Brunellière, par Andrieux ; Fournière, par Lambert ; Gérault-Richard, par Nelson ; Joindy, par Jean Longuet ; Létang, par Noir ; Légitimus, par Pierre Blanche ; Puges, par Chevallerie ; Roland, par Toussaint.

Excusés : Jaurès, Tanger.

Absents : Bourderon, Carnaud, Donier, Favrais, Fauga, Fribourg, Krauss, Lévy, Longuet Charles, Orry, Parassols, Poulain, Reisz, Richard, Salembier, Ser, Stern-Maydieu, Willm.

LA FÉDÉRATION DE LA SEINE

Révelin. — Je trouve fâcheux que l'Union fédérative n'ait pu se réunir et prendre une décision pour assurer la participation de ses délégués à nos travaux.

Nous avons voté en principe qu'il y aurait dans la Seine une fédération unique.

Chéradame. — Pardon, cela n'a pas été voté.

Révelin. — Il a été décidé d'abord qu'avant de prendre une décision définitive, nous attendrions que nos camarades du P. O. S. R. aient pu reprendre leur place parmi nous. D'autre part, la discussion en est arrivée à un amendement proposé par Briand, relativement à la fédération de la Seine. Il s'agit de savoir si vous écarterez les amendements, ou si, avec le principe de l'unité de la fédération de la Seine, vous adopterez des amendements compatibles avec ces principes.

Chéradame. — Il me semble me rappeler qu'on avait voté la clôture avec les orateurs inscrits, quand Briand avait fait l'observation qu'on ne pouvait prendre de décision ferme à cause de l'absence de nos camarades de l'Union fédérative. Je ne me rappelle pas qu'il y ait eu un vote émis sur la création d'une fédération unique.

Briand. — Il n'y a aucun doute sur ce fait. Le comité général a fait le maximum de concessions possibles dans la situation fâcheuse où nous nous trouvons. Nous avons tendu les mains à nos camarades à diverses reprises; nous ne pouvons être en suspens plus longtemps. Nous connaissons d'ailleurs leur opinion qu'ils ont manifestée à diverses reprises. Le P. O. S. R., par l'organe de Willm, a fait connaître au comité général qu'il n'était pas partisan d'une fédération unique. Il est partisan de plusieurs fédérations autonomes correspondant soit à des quartiers, soit à des circonscriptions législatives. Mais Willm a déclaré que son Parti n'était pas hostile à la création entre ces diverses fédérations d'un organe central. C'est de cet état d'esprit chez nos amis du P. O. S. R. que s'inspire mon amendement. Le comité général a voté qu'en principe la Seine rentrerait dans le droit commun. Nous pourrions décider qu'elle forme plusieurs sections autonomes, reliées entre elles par un organe central. De cette manière, les principes seraient sauvegardés. Nos camarades y trouveraient leur compte, et aucune opinion exprimée ici, ne se trouverait violentée. Je pense que si cette motion était adoptée, nos camarades du P. O. S. R. n'en montreraient pas de mécontentement.

Révelin. — Il faut, dans un désir d'entente, chercher une transaction. Lorsqu'une transaction se fait entre deux fractions d'un Parti, il faut que chacune accorde à l'autre une partie de ce qu'elle demande. Nos camarades du P. O. S. R., quand ils étaient ici, admettaient le principe d'un comité interfédéral pour le département. (Protestations).

Seulement, dans leur pensée, ils faisaient une légère modification : que ce comité interfédéral serait honoraire, et les camarades qui assistaient à cette discussion , se rappellent que je disais que c'était une concession importante. J'estime que revenir au projet serait une transaction plus satisfaisante que l'amendement que proposait Briand, parce que cet amendement est trop vague. Nous ne savons pas ce que sont ces sections, mais si vous revenez au projet des fédérations d'arrondissements du département de la Seine,

nous nous rapprocherons du projet des camarades du
P. O. S. R. Une transaction ne doit pas consister en ce que
les camarades qui désirent une fédération unique céderont
tout et n'obtiendront rien. Or, l'amendement Briand détruit
la résolution prise autrefois.

Autonomie, par soi-même, ne veut rien dire ; cela veut
dire qui tire sa loi de soi-même. Ce qui ne serait pas vrai
dans ce cas, puisqu'il y a au-dessus de tout le congrès du
Parti qui régle les questions de principe, de discipline et
de tactique. Le groupe est autonome en tant que groupe
isolé ; mais il ne peut rester dans son isolement, puisqu'il
doit s'agréger à d'autres groupes pour former l'union de
commune ou de quartier qui elle-même doit s'agréger à la
section de circonscription, laquelle se rattache à la fédération départementale. Or, là, vous le dites en toutes lettres,
les décisions sont prises à la majorité.

Ce qu'il y a de très grave, ce sont les confusions qui
risquent de se cacher sous le mot autonomie, comme autrefois sous le mot indépendant. Il faut prendre garde que la
fédération ne peut comporter l'isolement, que partout où il
y a constitution fédérative, s'il y a représentation des unités,
il y a toujours un lien qui réunit ces unités. Enfin il y a le
lien du comité général qui forme l'union centrale et suprême.
Il faut que les camarades de la minorité, s'ils veulent une
transaction, fassent quelques pas vers les camarades de la
majorité.

Clauzel. — Permettez-moi de rappeler quelques détails
de la discussion antérieure. Quand la discussion s'est
ouverte à propos de la fédération de la Seine, nous nous
trouvions en présence de l'article 6 du titre II :

« Les groupes du département de la Seine forment plu-
« sieurs fédérations ; celles-ci sont invitées à former un
« comité interfédéral ».

Voilà le texte sur lequel notre discussion s'est instituée.
Un grand nombre d'entre nous ont proposé tout simplement que le principe du droit commun eût son activité
pour la Seine comme pour les autres départements. D'autres camarades ont proposé le contraire, l'institution d'un
assez grand nombre de fédérations ; mais il est certain que,
dans notre première discussion, nous n'étions pas bien loin
de nous entendre. On a tout d'abord parlé de 16 ou 18 fédérations que nous a indiquées notre camarade Révelin. Au
même moment, Paul Louit, d'accord avec Renaudel, nous a
proposé 5 ou 6 fédérations. En même temps, sans que cette

dernière proposition eût été soutenue, nos camarades de l'Alliance communiste nous ont avertis qu'ils auraient le désir de nous proposer une distribution en trois fédérations.

Chéradame. — C'est exact.

Clauzel. — Voilà l'ensemble des motions en présence.

Nous avons préféré, à une majorité assez importante, faire prévaloir le principe de la fédération unique, et, à la fin de la discussion, Chéradame et Marchand nous ont donné l'avis que je viens de rappeler.

Il est bien entendu que le vote que nous émettions avait une répercussion immédiate sur la rédaction du projet, et que cette répercussion c'était la suppression du paragraphe 6.

C'est à ce moment que Briand nous a avertis que nous venions de prendre une décision d'une grande gravité. A proprement parler, ce n'était pas un avertissement. Nous nous étions bien aperçus, en effet, que cette discussion était grave, et nous étions disposés à étudier une légère modification de telle ou telle formule déjà acceptée qui pourrait donner satisfaction à nos camarades de l'Alliance communiste, du P. O. S. R. et du P. S. R. Mais il n'entrait pas dans la pensée de la majorité qu'il pouvait y avoir un nouvel amendement quelconque et que nous pourrions avoir à discuter sur autre chose que sur la proposition additionnelle. Cette proposition additionnelle n'est pas celle qui nous est apportée aujourd'hui.

Je vous demanderai, tout en restant fidèles à votre vote, d'être animés d'un esprit de conciliation dans l'étude de cette proposition additionnelle de Briand, qui, elle-même, est susceptible d'amendement. Je crois que l'amendement le plus naturel, ce serait de modifier les articles 3, 4, 5, dans lesquels, autant de fois que Briand le jugera à propos, nous pourrons faire entrer le mot « autonomie » que Révelin, malgré quelque impatience apparente, accepte lui-même. Il vient de nous faire de l'autonomie une définition parfaitement juste. L'autonomie, c'est le droit pour les groupes de se gouverner eux-mêmes, de gouverner leur propre activité, et pas davantage. L'autonomie des groupes peut avoir pour limite extrême l'autonomie de la section, et ainsi de suite; de même l'autonomie du congrès n'impose pas l'autonomie des diverses fédérations, qui n'imposent pas l'autonomie des sections particulières. Nous appuyant sur ces bases très justes, hors de toute discussion possible, nous pouvons donner satisfaction à nos camarades de la minorité. Je ne crois pas que nous puissions leur donner une satisfaction aussi complète que celle que nous propose Briand. Sinon nous reviendrons sur notre vote et tous les arguments présentés ici par Briand lui-même, avec tant de bonheur, contre l'institution d'un nombre plus grand de fédérations, pourraient être discutés à nouveau et notre discussion serait interminable. Donc, en principe, suppression de l'article 6 — le département de la Seine soumis au droit commun — puis ce principe posé, étudions dans quelle mesure nous pouvons donner satisfaction aux camarades qui veulent que tous les groupes soient considérés comme autonomes.

Jean Longuet. — La motion de Briand ne veut pas forcément qu'on détruise la fédération unique dans la Seine. Elle a le tort d'être trop vague. Il faut préciser, cela crée quelque chose qui n'est pas dans l'arsenal du projet et qui serait gênant, parce que cela ne rentrerait pas dans l'esprit de l'autonomie générale.

Je crois qu'il y a lieu d'avoir un article spécial pour la Seine. Un certain nombre de camarades ont dit : « Du moment que nous admettons la fédération unique, il n'est pas utile d'en parler. » C'est une erreur. Ceci est un principe général, mais il y a lieu d'avoir un article stipulant la manière dont cette fédération sera organisée Quant à la proposition qui consiste à créer cinq ou six divisions dans la Seine, je la crois mauvaise. Je m'en suis personnellement tenu à la formation naturelle qui est l'arrondissement dans Paris, la circonscription électorale dans la banlieue.

Révelin. — C'est la loi commune.

Jean Longuet. — La loi commune, c'est la circonscription électorale. La grande difficulté, c'est que les groupes n'avaient pas préparé la question. Il y avait des camarades qui étaient d'un avis et d'autres de l'autre. Les uns étaient partisans du principe d'égalité du système des circonscriptions électorales, d'autres du système des arrondissements, que nous croyons préférable. Dans le 13ᵉ il y a deux circonscriptions électorales. Là, si on prend pour base la circonscription électorale, la section unique en formera deux, dans d'autres arrondissements elle en formera trois. De plus, cela aura le tort d'accentuer le caractère purement électoral de notre propagande qui tend à devenir à Paris trop exclusivement politique. Je ne suis pas non plus partisan d'un comité interfédéral qui présenterait beaucoup de dangers. De la Porte s'est expliqué sur ce point. Je suis partisan d'un comité par section et d'une assemblée de représentants de tous les groupes se réunissant tous les mois, par exemple, avec un bureau et une commission de propagande. Ceci aurait l'avantage de ne pas créer en face du comité général un autre petit comité général.

Révelin. — Votre proposition pourrait, en somme, se rédiger ainsi : « Les sections dans le département de la Seine seront formées à Paris par arrondissement et dans la banlieue par circonscription. » Je vous demande comment, ayant constitué votre fédération de la Seine sans comité interfédéral reliant les sections, par quel moyen vous assurez la représentation au comité général ? Vous aurez au moins vingt sections pour Paris, puisqu'il y a vingt arrondissements, et vous aurez cinq circonscriptions de Saint-Denis et quatre de Sceaux, soit neuf. Est-ce que chacune aura un délégué au comité général ?

Jean Longuet. — Il est entendu dans le projet que les délégués au comité général seront nommés dans le congrès de la fédération.

Révelin. — Mais alors, cette fédération de la Seine, elle n'existe pas ?

Jean Longuet. — Elle existe mieux qu'avec un comité dictatorial chargé de la mener.

Révelin. — Votre fédération de la Seine serait calquée sur l'organisation de la Commune, qui avait de plus cet avantage que les délégués des arrondissements pouvaient se réunir pour l'action.

Jean Longuet. — Ce système est pratique par le fait qu'il existe déjà en petit ; il comprend la majorité des groupes socialistes du département.

Révelin. — Qui a un comité fédéral...

Jean Longuet. — Pas du tout ! Il y a une assemblée générale des groupes tous les mois. Chaque groupe envoie un délégué. Ici, il en faudrait un par section. Les sections s'uniraient ; on ne peut demander aux socialistes du VIIIe de former une section, cela va de soi. Il y aurait vingt sections à deux délégués ; cela ferait à peu près le nombre de citoyens que nous sommes au comité général. Il leur serait facile de se réunir une fois tous les mois ; c'est infiniment préférable au système du comité fédéral. On échappe à l'autoritarisme, au danger d'avoir quelques camarades qui agissent sans être en contact avec les citoyens dont ils sont l'émanation ; c'est une organisation plus démocratique et qui répond aux idées d'autonomie dont on a parlé. Pour les détails, c'est à examiner. Mais cette organisation n'est pas seulement possible ; elle existe déjà de fait. Elle fonctionnera mieux, si, au lieu de cet embryon de fédération qu'on nous propose, nous avons un représentant par section. La vitalité de la fédération serait bien plus intense que si vous avez un comité interfédéral nommé une fois chaque année.

Chéradame. — Je regrette que l'Alliance communiste arrive un peu en retard, puisque le principe de la fédération unique est déjà voté. Nous avions préparé le projet que nous devions déposer, et si cela n'a pas été fait l'autre jour, c'est parce qu'il n'était pas tout à fait au point.

Nous estimons qu'il serait dangereux pour l'unité, si souhaitée par nous, d'avoir une fédération unique, parce que nous considérons qu'il est prématuré d'amalgamer les divergences qui séparent les individus ; nous croyons qu'il se produirait des heurts violents ; nous croyons aussi que l'on ne tient pas assez compte de l'autonomie des groupes. Comme le disait Révelin, cette autonomie disparaît complètement, puisque la minorité doit s'incliner devant la majorité. Les divers éléments qui, pour longtemps encore, composent le Parti socialiste ne seront pas prêts de sitôt à se fondre systématiquement dans un grand tout.

D'autre part, ce qui nous frappe particulièrement, c'est que nous avons cru voir dans cette création d'une fédération unique, la mort à brève échéance des organisations nationalement constituées qui, on ne peut le nier, ont rendu de grands services au Parti. Ce sont elles qui ont organisé le prolétariat dont elles ont fait une puissance. Nous sommes partisans de la disparition des organisations, mais comme le faisait remarquer Révelin, plus tard, lorsqu'elles auront donné toute la somme d'énergie dont elles sont capables.

L'autre difficulté, c'est la réunion de tous les délégués habitant le département de la Seine. Vous savez la quantité considérable de groupes que possède le département, — groupes politiques, syndicats, coopératives. Si la représentation des groupes au comité interfédéral est basée sur un représentant par groupe, je me demande comment et dans quel local on pourrait les réunir ; je me demande aussi s'ils pourront faire une besogne utile. Il faudrait trouver un point central pour permettre aux camarades venant de quelque côté que ce soit de se réunir à peu de frais. C'est pour obvier à cet inconvénient que l'Alliance communiste, d'accord avec le P. S. R., propose trois fédérations, — nous accepterions à la rigueur qu'il y en eût cinq ou six, — mais c'est le chiffre trois qui a notre préférence.

Je vous ai dit personnellement ma façon de penser. Dans une fédération unique la minorité doit s'incliner devant la majorité. Supposons que pour une question brûlante, par exemple pour une question ministérielle, la majorité décide de suivre une tactique. Que devient la minorité? Ou bien elle doit s'incliner, et alors elle foule aux pieds tous ses principes et toutes ses idées, ou bien elle reste réfractaire, et alors se produit une scission que nous regretterions tous. Il est visible au contraire que le système de plusieurs fédérations produit l'équilibre qui donnerait satisfaction à tout le monde. Révelin faisait remarquer qu'en créant le bureau du comité interfédéral on faisait quelque chose de pire et que cet organe pouvait contrecarrer les vues du comité général.

Jean Longuet. — Je propose le contraire.

Chéradame. — Mais remarquez que le comité interfédéral du département de la Seine aura, de par le nombre de ses délégués, une prépondérance au comité général et qu'ainsi on se retrouvera en présence de ce qu'on avait voulu éviter. L'autre jour, Briand faisait remarquer que c'était aller à l'encontre de l'esprit de centralisation si cher au P. S. R. que de demander plusieurs fédérations. Je ferai remarquer que par l'existence de plusieurs fédérations nous aurons une représentation respective au comité général ; il n'y aura, par conséquent, pas un effort des uns tendant à être plus prépondérants que les autres. C'est l'esprit de centralisation par excellence, — la France socialiste centralisée entre les mains du comité général qui sera d'autant plus puissant qu'il n'aura pas à côté de lui la puissance du comité interfédéral de Paris.

Chanchoprat. — On oublie un point. Vous savez que la plupart des syndicats adhérents au Parti sont des syndicats du département de la Seine et ont leur siège à la Bourse du travail. Dans quelle fédération iront-ils ?

Révelin. — C'est pour cela que mon projet est le meilleur.

Jean Longuet. — J'avais déjà répondu sur ce point à Reisz. Nous faisons fausse route ; nous discutons sur la division des fédérations et cela ne peut être discuté. Je parle au nom de beaucoup de camarades ; nous ne voulons pas d'un comité interfédéral du département de la Seine.

D'autre part, nous demandons une fédération unique, parce que nous croyons que, pour les syndicats, c'est le seul moyen d'adhérer au Parti socialiste. Quelques camarades avaient fait une proposition que je qualifierai de saugrenue. Les syndicats auraient à adhérer à la fédération du 10e, parce que la Bourse du Travail se trouve placée dans cet arrondissement.

Tout à l'heure, à propos de la division par arrondissement, j'ai oublié de dire que beaucoup de coopératives sont divisées par arrondissement. C'est là un argument de plus pour l'organisation des sections par arrondissement et une fédération unique.

Chéradame. — Je voudrais répondre un mot à Chaucheprat. Dans le projet que je dépose au nom de l'Alliance communiste, il n'est pas question des coopératives et des syndicats. Non pas que nous ayons une inimitié particulière contre eux, mais parce que nous considérons que c'est un danger pour le mouvement économique des syndicats d'être mêlés directement au parti politique. Si nous avions quelque chose à ajouter sur ce point, nous dirions que nous considérons que les coopératives d'une part et les syndicats de l'autre doivent former une fédération à part, nécessairement.

Je ferai remarquer que l'on a voté en principe pour une fédération unique de la Seine. Si l'on ne veut pas que la discussion continue, il faut émettre un vote définitif ; autrement nous conserverons le droit de discuter.

Révelin. — Clauzel propose de définir plus exactement les droits et les devoirs des groupes. Nous pourrions essayer de le faire, ce n'est pas impossible : mais cela n'accordera pas satisfaction à ceux de nos camarades qui veulent plusieurs fédérations.

Quant à la proposition de Longuet, elle est un peu étrange. Il demande une fédération unique, mais il veut la dépouiller de l'organe nécessaire, de l'organisme démocratique, — le comité interfédéral, par l'intermédiaire du département de la Seine, adhèrera au comité général du Parti.

Je crois que la motion Briand, accordant l'autonomie aux sections ne satisfera pas davantage nos camarades. La position de la question, si je la comprends, est celle-ci : Les uns disent : « Il y aura dans la Seine une fédération unique englobant tous les groupes du département ». Les autres : « Il y aura plusieurs fédérations dont le nombre resterait à déterminer ». Il faut choisir entre ces deux conceptions qui sont inconciliables. Mais si le comité général veut chercher une transaction, il doit dire s'il maintient ou non l'opinion de la majorité qui s'est déclarée pour la fédération unique. Je ne suis, certes, pas ennemi des transactions qui, dans l'histoire du Parti, en Allemagne et en Belgique, ont opéré des fusions heureuses. Mais, par contre, je ne suis pas partisan des transactions avec la bourgeoisie. Le mot jure dans ce cas. On ne transige avec elle que lorsqu'on ne peut pas faire autrement. Lorsque les socialistes allemands soutenaient, par exemple, la politique de Caprivi, ce n'était pas par sympathie pour Caprivi, mais pour échapper à la contrainte de Bismarck. Mais lorsqu'il s'agit d'une entente entre diverses fractions du Parti, il faut faire une transaction amicale et cordiale.

Je reviens malgré moi à une proposition que j'avais faite autrefois, et qui semblait plaire aux camarades du P. S. R. : Qu'il y ait dans la Seine une fédération constituée de la même manière que toutes les fédérations départementales, avec un comité fédéral, s'il lui plait d'en élire un. Puis, ce principe posé, les délégués de la Seine, comme ceux de tous les autres départements, se réunissent et élisent un comité fédéral qui siège au moins une fois tous les trois mois.

Briand. — C'est la même chose.

Révelin. — Cette solution ne doit pas être d'ailleurs définitive ; elle doit préparer la fédération de la Seine unique. Nous voudrions bien oublier tous les différends qui nous séparent, mais puisqu'ils existent il faut historiquement en tenir compte. Pouvons-nous dire : « Il y aura des sections de fédération, au nombre de 3, 5 ou 6, qui seront assimilées aux fédérations départementales et dont la représentation au comité ne sera pas une représentation directe, mais la représentation de ces sections ? »

En 1899, lorsque la commission d'organisation était réunie rue Japy, nous avions reçu mandat de préparer l'union ; mais pour que le projet d'union pût aboutir, il aurait fallu que les délégués de la commission fissent les efforts les plus grands pour se mettre d'accord. Si le projet que je vous propose est boiteux, c'est que l'état du Parti est incohérent, c'est qu'il y a au sein des organisations des rivalités qui dureront longtemps encore. Bâtissons une sorte de projet d'unité à terme. Bien qu'il soit entendu que dans chacune des fédérations d'arrondissement les sections auront moins d'autonomie que dans les fédérations départementales, je crois que c'est dans un projet de ce genre que nous devons chercher une transaction.

Bertrand. — Je suis partisan de tous les moyens de transaction entre les diverses tendances socialistes ; mais il faut bien reconnaitre que ce qu'on propose dénote un aveu d'impuissance, puisque nous commençons par établir que le département de la Seine est hors la loi socialiste. Dans tous les départements de France il y a des fédérations départementales. Révelin nous propose de déclarer dans un premier article qu'il y aura dans la Seine une fédération comme dans tous les autres départements, et dans un second article qu'il y aura dans la Seine 3 ou 6 fédérations. C'est une contradiction absolue. Je crois que nous ne pouvons faire cet aveu d'impuissance et préluder à l'unité en déclarant qu'à Paris cette unité est impossible.

Briand. — Je suis partisan de serrer d'aussi près que possible la solution, en tant qu'elle doit être conforme aux principes du droit commun, mais je suis obligé de reconnaitre que la situation nous impose du relatif et non de l'absolu. Nous devons chercher à concilier les éléments qui sont les plus réfractaires à l'unité de la fédération. Révelin fait déjà une concession énorme sur l'amendement que je proposais. Sa motion ressemble beaucoup à la mienne. Elle effraie Bertrand, en ce sens qu'elle a l'air d'être un aveu d'impuissance. Formulée dans les termes où elle l'était, elle serait susceptible de faire une impression pénible ; mais n'est-il pas possible d'envisager la situation qui existe déjà en France ? En Bretagne, par exemple, vous avez une fédération régionale et elle compte dans son sein des fédérations départementales.

Clauzel. — C'est inexact.

Briand. — Je vous demande pardon, il y a dans la fédération régionale de Bretagne plusieurs fédérations départementales. Pour la région parisienne, c'est-à-dire le département de la Seine, pourquoi ne pas adopter le même régime ? Ce à quoi je tiens, c'est à un organe central qui consacre le principe. Au point de vue de l'action socialiste et révolutionnaire, il est indispensable qu'il y ait un organe unique ; il est indispensable qu'à un moment donné, pour faire face à des circonstances graves, on puisse mettre sur pied toutes les forces du département. Pour cela il faut que les fédérations de la Seine soient reliées par un organe central.

Renaudel. — C'est un comité général.

Briand. — Non, le comité général a une action d'ensemble à mener qui absorbera tous ses instants. Il ne peut s'occuper d'action locale. A un moment donné les nationalistes sont allés faire une agitation toute particulière à Nantes et à Brest. Ce n'était pas au comité général à grouper les militants pour faire obstacle à ce mouvement contre-révolutionnaire. C'est la fédération de Bretagne qui s'en est chargée.

Renaudel. — Il me semblait que dans ces circonstances c'était le comité général, ayant son siège à Paris, qui devait prendre la tête du mouvement. Paris étant le centre intellectuel de la France, s'il s'y produit un mouvement, le comité général se doit et doit au Parti socialiste d'agir immédiatement.

Briand. — Vous vous engagez sur un terrain dangegereux. Vous avez l'air de vouloir substituer le comité général à l'action locale des groupes. Vous semblez ne pas admettre que les groupes de Paris aient leur vie propre, qu'ils puissent se concerter pour faire face, je ne dis pas à un mouvement révolutionnaire, mais à une action ayant un caractère révolutionnaire. J'estime que lorsqu'il y a une initiative parisienne à prendre il serait dangereux que ce fût le comité général qui s'en occupât, se substituant ainsi aux groupes parisiens, leur disant : Pardon, tout ce qui se passe ici est de notre compétence. Si le comité général faisait cela il se mettrait en hostilité avec les militants et les groupes de Paris. Si vous voulez dire qu'on ne doit pas laisser Paris maître de déterminer un mouvement d'ensemble dans le pays, je suis d'accord avec vous ; mais il s'agit seulement d'action locale.

Donc, pourvu qu'il y ait un organe central, je ne vois rien qui s'oppose à ce qu'on l'appelle fédération régionale de Paris et du département de la Seine et je ne vois pas de difficulté à ce que les sections autonomes prennent le nom de fédérations : cela m'est parfaitement égal. Sur ce terrain nous pourrions donner à nos camarades du P. O. S. R. et du P. S. R. de larges satisfactions.

Longuet. — Je suis de l'avis de Briand. Pour Paris on pourrait ajouter un autre argument. Non seulement le comité général n'a pas à faire cela, mais cela est de plus très difficile.

Révelin. — Impossible.

Jean Longuet. — L'année dernière, on reprochait au comité général de ne pas s'occuper du mouvement révolutionnaire de Paris. Le pouvait-il ? Est-ce qu'un bon nombre de camarades qui sont mandatés des organisations de province ne lui auraient pas dit : « Cela ne nous regarde pas. »

Briand parlait de la fédération de Bretagne, qui a une organisation propre. Il se peut que les camarades de l'Ile-et-Vilaine s'entendent pour une action dans le département; mais les divers départements de la Bretagne ne sont pas considérés comme des sous-fédérations.

A la dernière séance tout le monde avait semblé abandonner le projet de subdiviser la Seine, sauf le P. O. S. R. Ce que je ne comprends pas, c'est que d'autres camarades, par un désir d'union, reviennent à une opinion qu'ils semblaient avoir repoussée. Notez ceci, ou bien les fédérations n'auront pas le droit de nommer leurs délégués au comité général, et alors les partisans du système du morcellement n'auront qu'une satisfaction illusoire, ou bien elles auront ce droit et c'est alors l'unité qui disparait. Willm le disait : « C'est une fédération honoraire qu'on veut nous accorder ». Nous n'en voulons pas. Pour ma part, je ne vois de solution pratique que dans le groupement d'un conseil interfédéral unique se réunissant mensuellement. La question est de savoir si nous sommes pour une fédération unique ou pour plusieurs fédérations. Quant au système des sous-fédérations, il rentre dans le précédent.

Dejeante. — Il est certain que nous ne touchons pas l'absolu dans le projet qui nous est présenté. Mais tout est relatif. Certains départements, même n'ayant qu'une importance socialiste insignifiante, ont dû se fédérer. On a compris qu'il y aurait certains départements qui seraient obligés de s'unir pour former une fédération. Si vous avez compris cela pour les départements faiblement socialistes, comment ne pas comprendre qu'il y a lieu pour Paris de faire une exception ? L'utilité de ce projet qui vous est présenté, c'est de permettre autant que possible à chacune des organisations qui ont conservé leur vie propre, de se retrouver dans un sectionnement qui me paraît répondre suffisamment aux desiderata de chacune des organisations.

S'il y a des départements où les divisions socialistes ne sont pas aussi vives que dans la Seine, c'est qu'ils ne sont pas dans le même mouvement d'activité. Sentinelles avancées du Parti, combattant les unes à côté des autres, nous nous sentons remués par des affinités beaucoup plus intenses. Vous voyez clairement que les fédérations se sentiront immédiatement anéanties par le système de la fédération unique à Paris. L'organisation de la fédération unique de

Paris, ne fonctionnera que depuis deux ou trois mois que, déjà, j'en suis sûr, des divisions profondes se produiront et alors vous aboutissez à la dislocation. Ce serait une faute pour le comité général ou pour le congrès de décréter la création de cette fédération unique de la Seine. Ce serait décréter que l'unité ne se fera pas à Paris.

Bertrand. — C'est décréter le maintien des organisations rivales dans un projet d'unité.

Dejeante. — Il ne s'agit pas de faire disparaître les organisations, mais du sectionnement de la fédération de la Seine. Pour moi, l'unité ne consiste pas à dire qu'il y aura telle ou telle fédération, mais à établir que l'ensemble du Parti agira par le comité général qui réglera les questions interfédérales.

Renaudel. — J'ai été un de ceux qui ont soutenu d'une façon particulière le projet de Paul Louit, le système des six fédérations. Puisque la discussion est encore ouverte et que nous allons prendre une décision définitive, je tiens à reprendre un point de mon argumentation auquel, jusqu'ici, personne ne me paraît avoir répondu. On a beaucoup répété, qu'en divisant Paris en plusieurs fédérations on créait un régime d'exception. Je prétends au contraire que le régime d'exception c'est la fédération unique, et je m'appuie encore sur ce fait que les fédérations départementales qui n'ont été établies que sur des bases purement géographiques par des gens qui, d'ailleurs, n'étaient pas des nôtres. Cela a été fait il y a une centaine d'années, et rien ne force les socialistes à les admettre comme base pour la constitution du Parti. Si nous les prenons comme base, c'est que, au point de vue administratif, elles sont toutes prêtes à fonctionner ; mais au point de vue de la constitution du Parti, cela n'a pas l'importance que vous voulez lui donner.

Quand vous avez voté le principe d'une fédération unique, la solution vous apparaissait claire. Aujourd'hui vous vous trouvez en face de difficultés et le projet qui mérite d'être qualifié de monstrueux, ce n'est pas le nôtre, mais celui d'une fédération unique. En réalité ce n'est pas une transaction avec le P. O. S. R. que vous voulez faire, mais avec vous-mêmes, parce que vous sentez maintenant que la fédération unique ne peut donner les résultats que vous attendez d'elle. Briand a donné un argument qui rentre dans ma thèse en disant « qu'il y avait des fédérations de région ». Ce n'est donc pas la fédération départementale seule qui constitue la base du système que nous avons pris.

Révelin. — L'argument de Renaudel n'a nullement la valeur qu'il lui prête. Oui, on pourrait ne pas tenir compte de la division par départements, comme au temps où le Parti socialiste existait sous le nom de Fédération des travailleurs socialistes de France et formait une organisation centrale divisée en sept ou huit fédérations. Si le Parti socialiste pouvait faire table rase des organisations, non-seulement il ne morcellerait pas la Seine, mais il réunirait la plupart des départements dans des fédérations régionales. Votre argumentation n'est nullement décisive. Ce qui me frappe, c'est que votre projet, sans correctif pour l'avenir, empêcherait la constitution de ce qui fut autrefois la Commune révolutionnaire de 92-93, ou la Commune révolutionnaire de 71.

Bertrand a raison de dire que nous ne faisons pas assez d'unité ; mais voilà longtemps que dans le Parti nous ne faisons pas assez d'unité. Il y a plusieurs années qu'on aurait dû décider l'union du Parti, mais il aurait fallu décider en même temps la mort sans phrase des organisations. Pour le moment nous ne faisons pas l'unité en fondant les organisations, mais en les rapprochant plus que dans le passé. Après avoir fait l'union transitoire de 1899, nous avons eu le chagrin, au congrès de la salle Wagram, de voir une organisation importante du Parti se retirer. Cette situation n'est pas logique. Nous résolvons un problème historique avec des difficultés très grandes. Les anciennes fédérations ne subsistent que moralement.

Lorsque nos camarades d'Allemagne sont allés au congrès de Gotha, il s'est passé quelque chose de singulier, la fraction de l'extrême-gauche des Marxistes...

Bertrand. — La situation n'est pas la même...

Révelin. — ... a fusionné, pour réaliser l'unité du Parti, avec les Lassaliens. Ces camarades avaient l'espérance qu'un jour leur programme serait accepté tout entier par tous, et, en effet, au congrès suivant, c'est-à-dire à Erfurth, c'est le programme maximum de la minorité qui a prévalu. Il importe que la majorité, qui veut l'unité, fasse des concessions.

Paris. — Je dirai un mot sur cette question. Si nous ne tenons pas compte des divisions géographiques, nous allons commettre une grosse faute en rompant trop brutalement avec les habitudes des militants socialistes. Si on fait l'unité trop brusquement, on n'aboutira à rien. Ce n'est que par un effort continu que nous pourrons mener notre œuvre à bien et surtout en faisant, les uns et les autres, montre de conciliation. Le système qui se rapproche le plus de l'état de choses actuel sera le meilleur. Vous savez combien les habitudes sont invétérées dans les arrondissements, alors que depuis vingt ans les groupes ont l'habitude de lutter sur le terrain électoral. Ce n'est pas toujours un bon terrain, je veux bien l'admettre, mais songez qu'il est toujours difficile de changer les habitudes. Je serais d'avis de faire des fédérations pour les élections locales en tenant compte des divisions législatives plutôt que des arrondissements, parce que l'arrondissement sera divisé. Considérez que, si nous conservons nos habitudes législatives, c'est sur la base des circonscriptions législatives que les fédérations devaient être établies. Leur ensemble trouverait un lien d'union dans une fédération unique qui ne se réunirait pas trop souvent afin de ne pas rompre avec les autres fédérations, et d'aller de plus en plus vers l'unité.

La séance est levée à minuit.

Présidence du citoyen **Tanger,** *délégué du Parti
socialiste-révolutionnaire*

———

La séance est ouverte à 9 heres du soir.
Présents : Bertrand, Blum, Briand, Brunellière, Camé-
linat, Capjuzan, Carnaud, Chaucheprat, Clauzel, Cipriani,
de la Porte, Dubreuilh, Dupetit, Huret, Lenormand, Légi-
timus, Orry, Patay, Paul Louit, Renaudel, Révelin, Tanger.
Suppléés : Donnier, par de Presæensé ; Favrais, par Thu-
loup ; Fournière, par Lambert ; Joindy, par Jean Longuet ;
Létang, par Noir ; Marchand, par Chéradame ; Parassols,
par Nelson ; Puges, par Chevallerie ; Reisz, par Paris.
Excusés : Imbert, Jaurès, Roland.
Absents : Bagnol, Béguin, Bourderon, Dejeante, Fauga,
Fribourg, Gérault-Richard, Krauss, Landrin, Lepage, Lévy,
Charles Longuet, Ponard, Poulain, Richard, Salembier,
Ser, Semanaz, Stern-Maydieu, Willm.

Blum. — Au sujet de la fédération de la Seine, je puis
dire, au nom de mes amis et au mien, que nous ne voulons
pas faire de transaction. Nous combattons la fédération
unique. Nous ne comprenons pas que l'on puisse faire une
fédération unique avec des groupes qui s'appelleront autonomes et qui, malgré tout, ne le seront pas, puisqu'il y
aura une fédération unique.

Nous sommes également contre le comité interfédéral.
Nos amis de l'Alliance communiste ont proposé trois fédérations ; nous sommes partisans de cette proposition.

Nous avons tous l'intention de faire l'unité réelle. Mais si
vous voulez nous englober dans ce que j'appelle la droite
du Parti socialiste, sans que nous ayons le moyen de faire
entendre notre voix de la gauche, nous nous élevons par
avance contre toutes les propositions qui viseraient ce but.

En outre, nous avons l'idée de faire l'unification du Parti
sur un terrain révolutionnaire. Or, nous devons tous reconnaitre ce que les faits ont prouvé, à savoir que dans le

département de la Seine nous sommes mis en minorité par une fraction puissante que je pourrais appeler, sans avoir l'intention de froisser personne, les opportunistes du Parti socialiste. Or, le système d'une fédération unique étouffe la voix de la Révolution, parce que ceux qui la feraient entendre ne pourraient avoir que la minorité. Étant donné que la fédération de la Seine enverra ses délégués selon le vote de la majorité, nous, minorité, nous ne serons jamais représentés. Nous discuterions dans la fédération unique de la Seine, mais le Parti socialiste tout entier ne nous entendrait pas. Avec le système de plusieurs fédérations, il n'en sera pas de même. Ce que je dis là n'est pas pour battre en brèche l'unification du Parti, mais pour qu'au sein de ce Parti unifié, dans la Seine comme dans les autres départements, la voix de la Révolution puisse se faire entendre.

Avec plusieurs fédérations nous pourrons choisir les milieux qui seront en rapport avec notre tempérament et nos sympathies. Ces fédérations ayant les mêmes droits que les fédérations départementales, le département de la Seine représentera exactement les idées qui y sont préconisées.

Nous ne sommes pas du tout pour le système d'une fédération unique avec ce que j'appellerai des sous-fédérations. Quant à la représentation de ce système au comité général, elle ferait une œuvre vaine ; ce serait le néant, parce que la majorité du comité interfédéral serait composée d'une quantité considérable de nouveaux venus, d'inconnus qui étoufferaient la voix des vieux militants du Parti révolutionnaire. Je conclus nettement contre toute fédération unique ou toute entente dans ce sens.

Capjuzan. — Nous sommes les adversaires de la fédération unique pour des raisons multiples.

On nous reprochait de ne pas vouloir que Paris rentrât dans le droit commun ; mais dites-moi si à l'Hôtel de Ville et au conseil municipal Paris a les mêmes lois que les autres communes. Paris n'est-il pas soumis au pouvoir central qui est réactionnaire par essence même ? Voilà pourquoi nous sommes les adversaires du pouvoir central. Si, au contraire, la commune était réactionnaire et le pouvoir central révolutionnaire, nous nous tournerions vers le pouvoir central.

Je considère que Paris, qui est une vaste agglomération, ne doit pas être soumis aux mêmes conditions qu'une fédération, départementale ordinaire. Dans l'intérêt du Parti socialiste tout entier, il doit compter plusieurs fédérations autonomes qui envoient leurs délégués au comité général. Nous connaissons la facilité d'emballement des Parisiens. Nous avons lieu de penser que s'il n'y avait qu'une fédération dans certaines grandes manifestations qui peuvent se produire encore, des membres de la presse, venus au Parti socialiste depuis peu, pourraient engager toute la masse socialiste sans avoir au préalable pris l'assentiment du Parti tout entier.

Nous voyons là un grand danger; c'est ce qui nous fait demander trois fédérations au moins dans le département de la Seine. Cela permettra, dans certaines circonstances, à une des fédérations de s'abstenir de marcher avec les autres si bon lui semble, de rester immobile dans l'intérêt du Parti socialiste. Dans le cas de cette divergence de vues, le comité général pourrait être appelé à décider de faire ou de ne pas faire telle ou telle manifestation d'ensemble; c'est lui qui donnerait, en dernier ressort, la marche à suivre.

Bertrand. — Le camarade Blum vient de reprendre ce soir les arguments que nous avions entendu développer à la dernière réunion par le citoyen Dejeante. Ce que l'on demande, ce n'est pas un sectionnement, c'est la constitution des organisations en fédérations.

Dejeante nous avait fait remarquer qu'il y avait entre les militants des affinités créatrices de liens qui ne devaient pas être brutalement rompus. Blum vient de reprendre cet argument avec plus de netteté et de nous montrer la nécessité de maintenir à Paris les organisations actuelles sous forme de fédérations. C'est bien, je crois, sa pensée ?...

Blum. — Pas le moins du monde...

Bertrand. — C'est-à-dire, sans tenir compte de la résidence, des conditions géographiques, de permettre aux militants de choisir à leur guise telle ou telle fédération.

Blum. — Je n'ai pas voulu dire que l'habitant de Belleville, qui penserait comme l'habitant de Boulogne, pourra aller adhérer à une fédération de l'autre bout de la Seine. J'ai dit qu'en divisant le département en plusieurs fédérations ses éléments se grouperont plus facilement qu'avec une fédération unique, se développeront avec plus d'aisance et de liberté.

Bertrand. — Les explications de Blum font tomber une partie de mes réfutations; mais, dans tous les cas, cette thèse n'est pas nouvelle et je crois qu'elle répond bien à l'état d'esprit profond de beaucoup de militants. C'est un fait que je constate. C'est précisément parce qu'il faut en finir absolument avec cette question, que nos camarades sont intraitables sur la question de la fédération unique. D'autre part, il apparait très clairement que pour être logiques nous ne pourrions pas mettre Paris au dessus de la loi et permettre à la Seine ce que nous défendrions à un autre département.

Or, avec le précédent que nous allons créer en appliquant le système de plusieurs fédérations — et je suis partisan de le créer pour maintenir l'union — nous allons permettre à tout département doué d'une force socialiste considérable, de nous demander, lui aussi, d'être divisé en plusieurs fédérations. Je prends comme exemple le Nord qui, sans être divisé en plusieurs organisations rivales, possède deux tendances très opposées. Qu'est-ce qui empêchera le Nord de s'appuyer sur le précédent du département de la Seine pour dire : « Puisqu'il y a trois fédérations dans la Seine, nous exigeons, nous, deux fédérations autonomes dans le Nord : la fédération du P. O. F. et une autre que nous baptiserons du nom qui nous conviendra ». Rien n'empêchera, trois mois après, les Bouches-du-Rhône de suivre l'exemple du Nord.

Je ne vois pas pourquoi le Parti socialiste du Nord, étant donnée sa force, ne pourrait pas avoir le droit de se diviser en deux fédérations autonomes. Le précédent de la Seine lui donnerait ce droit.

Cependant, comme je suis, ainsi que tous les camarades, très désireux de faciliter tous les accords possibles tant sur les conflits actuels que sur les conflits passés, voici ce que je propose :

« Il est créé pour la confédération générale du départe-
« ment de la Seine des fédérations qui pourront s'organiser
« au nombre de quatre, au maximum, et qui auront respec-
« tivement tous les privilèges des fédérations autonomes,
« sous la seule réserve que ces fédérations constitueront,
« par un chiffre égal de représentants, un comité inter-
« fédéral, organe de la confédération. »

Ce que je propose, c'est que dans le département de la Seine il puisse y avoir quatre fédérations ayant tous les droits des fédérations autonomes, mais sous la condition expresse, — pour qu'aucune de ces fédérations ne puisse se plaindre d'être majorée, — de nommer un nombre égal de représentants à un comité interfédéral qui sera l'émanation des quatre fédérations et permettra ainsi une action commune. Je crois qu'on ne peut aller plus loin dans la voie des concessions.

.**Capjuzan.** — Nous sommes hostiles au comité interfédéral.

Henri de la Porte. — Mon opinion est connue, puisque j'ai contresigné le projet de Paul Louit et de Renaudel. Je considère qu'il ne faut pas brusquer les gens.

Bertrand nous disait que dans le Nord il y a des germes de division. Je crois qu'ils sont moindres que dans la Seine. L'unité ne pourra se réaliser que dans un délai lointain, et tout ce que vous pouvez faire pour la préparer, c'est de la constituer dans des fédérations différentes.

Je considère que le danger principal à écarter, c'est celui du comité interfédéral qui se placera en antagonisme avec le comité général... Je ne veux pas développer outre mesure mes arguments, parce que le temps nous est très limité et que nous devons terminer le plus tôt possible cette discussion préparatoire, antérieure au referendum.

Camélinat. — Renaudel nous disait que les circonscriptions avaient été découpées géographiquement d'une façon arbitraire. Je suis un peu de son avis. Pour ma part, je suis plutôt partisan d'une fédération régionale. S'il y a en France un département où les divisions géographiques importent peu et se fondent entre elles, c'est la Seine, en raison des moyens de communication nombreux. On a cité l'exemple du Nord ; vous savez les difficultés qu'il y a à réunir les groupes du sud à ceux du nord-ouest. Dans la Seine cette difficulté n'existe pas; je suis sûr que ce seront les forces socialistes de la Seine qui auront le plus de cohésion. J'ai déjà dit que, quelle que fût la façon de procéder, je ne croyais pas qu'il fût possible d'empêcher tous les groupes socialistes de la Seine de se réunir à un moment donné d'une façon ou de l'autre. Paris a une vie propre que rien ne peut détruire. Quand même vous diviseriez le département de la Seine en trois ou quatre fédérations, vous auriez fatalement une fédération qui aurait des tendances à centraliser l'action socialiste du département.

Répondant à l'argument de notre ami Blum, je dirai que je ne suis pas de son avis au sujet du parti socialiste révolutionnaire parisien. J'affirme que chaque fois que le parti socialiste révolutionnaire est venu dans des réunions où il était la minorité, il a toujours fait prévaloir ses idées. Aussi je suis convaincu que le P. S. R. aura intérêt à voir un groupement unique dans la Seine, dans lequel il pourra faire entendre sa voix devant toute la force socialiste du département et faire prévaloir ses idées. C'est pour cela que je me rallierai à la proposition de Bertrand.

Blum. — Il reste quand même l'argument de De la Porte qui montrait la défectuosité d'un comité interfédéral.

Camélinat. — Ces difficultés sont chimériques. Si vous créez trois fédérations parfaitement autonomes qui auront un même nombre de délégués au comité interfédéral, vous aurez l'autonomie la plus complète sans découper systématiquement Paris. Le bloc socialiste restera intact.

Noir. — Je voudrais combattre la proposition Bertrand en reprenant les arguments apportés par Lefèvre qui, cependant, ne pense pas comme nous au sujet de la constitution de la fédération de la Seine.

Lefèvre disait : « De deux choses l'une ; ou vous accepterez plusieurs fédérations selon la proposition du P. S. R., ou bien vous n'en voudrez qu'une, une seule. Remarquez qu'entre le comité interfédéral qui sera le lien de plusieurs fédérations et une fédération unique, il n'y aura pas grande différence. Ayez donc le courage de votre opinion. Prononcez-vous pour une fédération unique ou pour plusieurs fédérations ».

Il est logique qu'on fasse plusieurs fédérations de la Seine. Qu'on ne vienne pas nous parler des autres départements : il n'y en a aucun qui soit dans le cas de la Seine, même le Nord. Je dis, de plus, qu'il serait matériellement impossible de réunir toutes les organisations de la Seine dans un comité fédéral. Le suprême danger, comme le disait De la Porte, naîtrait de la puissance du comité interfédéral qui pourrait, à de certains moments, battre en brèche l'autorité du Comité général.

Ne cherchons pas de terrain d'entente ; discutons à fond et sérieusement les deux propositions contradictoires.

Laissez-moi vous signaler un autre argument. On veut donner au comité interfédéral un rôle particulier d'action socialiste dans la Seine. Si tel doit être le rôle unique du comité interfédéral, ne vous semble-t-il pas que nous aurons le temps de créer cet organe quand les circonstances l'exigeront.

Chéradame. — Blum expliquait les raisons pour lesquelles nous étions adversaires d'une fédération unique. A cet égard l'Alliance communiste partage les idées du P. S. R., mais ce n'est pas pour les mêmes raisons : il n'y a chez nous aucun parti pris de coterie ; nous n'avons qu'un but :

faire l'unité socialiste ; et c'est pour cela que nous sommes adversaires de la fédération unique. Si l'Alliance communiste pensait trouver dans cette fédération unique les garanties nécessaires pour l'unité, elle se rallierait à cette proposition. Nos convictions, dont la sincérité ne peut être suspectée, nous font un devoir d'accepter tout ce qui est conforme à l'intérêt général du Parti.

Tout à l'heure Bertrand donnait un argument qui a une certaine valeur. Si on créait, disait-il, un précédent pour la Seine, rien n'empêcherait une fédération provinciale d'affirmer, en raison d'un plus grand nombre de délégués que dans le département voisin, son droit de créer plusieurs fédérations, et alors fatalement ce serait là le morcellement du Parti.

Je réponds que nous serions moins alarmés de voir se créer dans les départements plusieurs fédérations, qu'une seule à Paris. Nous croyons fermement que, dans la Seine, il est absolument impossible qu'une fédération unique porte de bons fruits pour l'unité. Les divisions qui nous séparent sont encore trop vives pour que des rapprochements puissent se faire utilement dans l'intérêt de l'unité.

D'autre part, la fédération unique serait une autorité puissante qui serait pour le pouvoir du comité général une source de dangers. Imaginez, en outre, que cette fédération ait un délégué par groupe au comité général, et, cela étant, comptez le nombre de délégués que cette représentation exigera. Ce sont des considérations qui militent en faveur de notre thèse.

L'argument de Bertrand avait sa raison d'être, parce que son auteur avait mal interprété la pensée de Blum. D'après le plan de l'Alliance communiste, qui classe les groupes indistinctement suivant leurs quartiers respectifs, si nous prenons comme ligne de démarcation le boulevard Sébastopol, nous formerions une fédération comprenant tous les groupes des XI° et XII° arrondissements, dont la plupart des conseillers municipaux socialistes n'appartiennent ni à l'Alliance communiste ni au P. S. R.

Sur la rive gauche, cette ligne de démarcation produit le même résultat. Le même fait se présente au XIX° arrondissement.

Par conséquent, il est évident que notre préoccupation n'a pas été de tenter de réunir les anciens éléments de nos organisations. Nous nous sommes dit : Pour que les camarades délégués à leurs fédérations respectives puissent se réunir plus commodément et plus économiquement, on doit, tout simplement, tenir compte des moyens de communications. La ligne de démarcation que nous avons tracée est faite dans ce but.

Vous voyez quelle a été notre préoccupation dans laquelle n'entre pour rien l'esprit de coterie. Il n'y a chez nous aucune suspicion. L'Alliance communiste tient à déclarer qu'elle considère tous ceux qui veulent collaborer à l'union socialiste comme des socialistes. Nous n'avons le droit de douter de la sincérité socialiste de personne, jusqu'à preuve du contraire.

J'estime que ce serait véritablement faire acte d'unité que de procéder comme nous l'indiquons. Si au contraire on décrète une fédération unique, croyez-vous que le lendemain nous serons unis dans nos fédérations respectives ? Je ne le crois pas. Mais je crois, par contre, qu'on mettra à l'étude le moyen de jouer quelque mauvais petit tour aux camarades. Quand il s'agira de réunir l'ensemble des militants composant cette fédération unique, ce sera bien pis ; on trouvera des coopérateurs n'ayant aucune idée socialiste, des membres de syndicats qui seront dans le même cas, et alors ce seront des disputes continuelles. Les réunions se termineront comme s'est terminé malheureusement le congrès de la salle Wagram. Nous avons des affinités avec le P. S. R. parce qu'il a nos conceptions. Nous sommes convaincus que nous trouverons le moyen de nous entendre avec tout le monde, mais il ne faut pas supposer qu'il n'y a qu'à déclarer que l'entente est faite pour qu'elle soit faite. C'est peu à peu qu'on fera l'unité. Quand cet essai de trois fédérations aura donné ce qu'il doit donner, nous essaierons de faire quelque chose de mieux ; mais il faut se garder de décréter la fédération unique dès maintenant : car autrement, songez-y bien, les adversaires de cette fédération unique y viendraient avec l'esprit arrêté d'en combattre le principe, d'y soulever des discussions, et c'est ce que nous devons éviter à tout prix.

Renaudel. — Chéradame vient de nous faire entendre un langage auquel nous n'étions plus habitués depuis quelques années. Je tiens à l'en féliciter personnellement. Je ne reprendrai pas les arguments qu'il a donnés. A l'heure actuelle les raisons qui militent en faveur de la création de plusieurs fédérations forment un bloc dont vous avez pu noter la force.

Les partisans du principe de la fédération unique se sont

séparés les uns des autres, les uns devenant partisans d'un sectionnement de Paris, adoptant en fait la solution que nous proposons, les autres se déclarant, dans le système de la fédération unique, opposés à la constitution d'un comité interfédéral. Je désire maintenant répondre aux citoyens Camélinat et Bertrand.

Bertrand nous disait que plusieurs fédérations seraient la reconstitution des organisations sous forme de fédérations. Reprenant contre lui les arguments du camarade Blum, je dirai qu'il est bien entendu que, dans notre esprit, on ne tiendra compte que de la situation géographique.

« Si vous faites plusieurs fédérations dans la Seine, objecte encore Bertrand, vous allez permettre à des départements forts, comme le Nord, de demander leur division ». Je me demande quel inconvénient amènerait l'application de cette demande. Ce serait simplement là une manifestation des forces vives du Parti. Cela ne prouverait qu'une chose, que j'ai déjà soutenue, à savoir que les fédérations départementales, telles qu'elles sont constituées, ne représentent pas le véritable droit commun.

D'autre part, Camélinat a reconnu d'une façon formelle l'arbitraire des fédérations actuelles. Il nous a dit que nous n'éviterons pas la fédération des groupes dans Paris. Nous sommes d'accord. Chéradame interprétait notre pensée en disant que, dans un avenir prochain, nous admettrions comme plausible l'hypothèse d'une fédération unique dans Paris. Mais si vous voulez la décréter dès l'abord, systématiquement, cette fédération unique, c'est la division que vous semez dans le Parti.

Je voudrais, en guise de conclusion, apporter un dernier argument sur lequel je prierai les camarades de la F. S. R. de réfléchir. Le P. O. S. R., la fédération des travailleurs socialistes et le P. S. R. sont partisans du sectionnement. Parmi les indépendants, De la Porte est venu se déclarer partisan d'un sectionnement.

Je demande au comité général de ne pas s'acculer à la nécessité de la contradiction avant de transmettre aux groupes un referendum auquel ceux-ci répondront en choisissant pour Paris le système du sectionnement.

Jean Longuet. — Renaudel vient de constater que beaucoup de camarades étaient partisans du sectionnement. Mais lorsque cette discussion a commencé, il y en avait encore bien plus : le premier jour, excepté Lefèvre et moi, tout le monde repoussait la fédération unique. Dans la dernière réunion, un certain nombre de camarades, Révelin et Gabriel Bertrand notamment, ont désiré faire la conciliation. Leur tentative n'a pas réussi du tout, les camarades du P. S. R. n'ayant pas voulu du projet de conciliation. Ce projet ne nous ayant pas profité, je reste fidèle à la thèse que j'ai soutenue depuis le début.

Je crois que les deux conceptions s'opposent. En examinant la conception de plusieurs fédérations formant une fédération régionale, je la trouve bâtarde et je dis : Ou bien ces fédérations départementales existeront d'une vie propre telle que la fédération régionale n'existera pas, ou bien celle-ci aura une telle puissance que les fédérations départementales seront réduites à rien. Pas de milieu. Il vaut mieux prendre franchement parti pour une des deux thèses en présence.

Je crois qu'il y a grand avantage à accepter la conception d'une fédération unique. Reste la question de représentation des syndicats. Pour les camarades du P. S. R. l'objection ne se pose pas, puisqu'ils ne veulent pas des syndicats, mais, pour nous et pour ceux qui les admettent dans le Parti, la difficulté est grande. Il n'est pas possible de faire entrer dans une fédération d'arrondissement ou dans des fédérations de région des groupements qui ont à la Bourse leur centre commun.

D'autre part, il n'est pas possible à un syndicat qui s'étend sur toute la région du département de la Seine de rentrer dans une fédération qui ne représentera que l'est ou l'ouest. Cela ne répondrait à rien.

On a dit que dans le Nord, par exemple, le fait de demander à former deux fédérations serait une preuve de force... Je ne le crois pas, et les camarades du Nord seront sur ce point de mon avis. En tenant compte des différences d'opinion correspondant à des divisions géographiques, vous risquez, en appliquant le système du fractionnement, d'émietter une fédération puissante en plusieurs, dont les moyens d'action seront inférieurs aux précédents mis en œuvre par l'unité.

Blum disait tout à l'heure qu'il y avait une majorité modérée dans le département de la Seine. Je ne suis pas du tout de son avis. Les camarades qui pensent ainsi s'abusent, parce qu'ils se basent sur des votes qui ont eu lieu non pas sur des questions de principe, mais pour ou contre certaines organisations, — ce qui ne prouve rien. Il n'est pas possible de dire que l'ensemble des groupes du département de la Seine formerait une majorité encline à accepter des propositions que vous qualifieriez de modérées. La majorité des camarades du département de la Seine n'était pas, au congrès dernier, avec les camarades du P. S. R. ou du P. O. S. R. ; mais on n'a pas le droit de prendre acte de ce fait pour en déduire qu'elle n'était pas révolutionnaire. Pour prouver cette assertion gratuite, il faudrait que l'on eût à se prononcer sur une question de principe telle que, par exemple, l'entrée d'un socialiste dans un ministère bourgeois. Mais il n'y a jamais eu au congrès un vote sur une semblable question. Les arguments contre le modérantisme du département de la Seine ne portent pas.

Blum a oublié de dire que dans la fédération de la Seine, ainsi que dans toutes les fédérations, il y a la représentation proportionnelle qui empêche la majorité d'être écrasée par la minorité. En attendant que la tendance révolutionnaire soit la minorité, elle aurait droit à la représentation proportionnelle ; elle pourrait, par conséquent, exprimer son opinion.

Une fédération unique pourrait mener activement et d'une manière efficace la propagande socialiste dans toutes les questions qui intéressent les citoyens de la ville de Paris.

Prenons, par exemple, la question du gaz qui est en ce moment très importante : ne pensez-vous pas qu'une fédération unique de la Seine, fortement organisée, comprenant tous les socialistes de Paris, pourrait seule faire l'étude approfondie de cette question et mener la campagne dans le sens des idées socialistes? Si nous avons échappé au monopole, — ce que nous ne savons pas, — c'est tout à fait par hasard, car c'est à peine si on s'est occupé de cette question. Pour faire aboutir une question intéressante et générale comme celle-là, nécessitant une propagande active auprès de toute la population parisienne, un organisme unique était nécessaire.

Je termine en disant que l'on ne doit pas faire de divisions arbitraires, s'amuser à découper le département de la Seine suivant la fantaisie des camarades. Il y a une vie propre par arrondissement; il y a des formations naturelles dont vous pouvez tenir compte dans l'organisation de la fédération, mais que vous ne pouvez créer arbitrairement.

Révelin. — Je pense qu'il n'y a pas de raison pour nous de continuer à présenter un projet de transaction ; j'aurai pour moi la honte ou l'honneur d'avoir proposé ce projet à la commission. Personnellement je croyais à la nécessité d'une fédération unique de la Seine et, après avoir défendu le projet de la commission, je reprends ma liberté d'action comme tous les camarades de cette commission.

Si j'ai proposé le projet de transaction, c'est que les camarades qui sont absents maintenant acceptaient à ce moment-là une transaction en principe. Cette transaction était alors possible. On pouvait admettre que nous nous étions trompés en partie ; nous aurions été enclins à la conciliation si on nous avait rendu la pareille. Mais le P. S. R. repousse toute transaction malgré l'appel qui lui a été fait. On nous dit : « Tout ou rien ». — Nous faisons la même réponse. Lorsque les groupes de la Seine auront été consultés, nous pourrons rechercher ce que nous devons faire.

Mais je tiens à faire observer au camarade qui parlait au nom de l'Alliance communiste que tous les arguments dont il s'est servi sont excellents pour démontrer la nécessité d'une fédération unique. Il a dit qu'il ne reconstituait pas les organisations, qu'il ne faisait qu'une division purement administrative en groupant les arrondissements entre des lignes normales, qu'il ne tenait compte que des facilités de communication, qu'il créait les trois groupements, du nord-est, de l'ouest et de la rive gauche.

Ne peut-on pas répondre que ce projet est la constitution d'une sorte de divinité en trois personnes ? Qui empêchera une organisation d'essayer de bâtir dans un de ces trois groupements sa propre forteresse, sa citadelle ? Les précautions que vous avez prises n'empêcheront pas ce fait de se produire.

Je dis qu'il est aussi difficile de faire trois fédérations que d'en faire une seule. Il faut que vous rapprochiez les groupes du 11e de ceux du 19e, la fédération du nord-est de celle du nord-ouest, et ainsi de suite. Je dis que vous ne pouvez pas éviter qu'une des organisations ne se fasse une place d'où elle dominera les autres, et qu'ainsi tombe tout ce qu'il y avait en apparence d'intéressant dans votre argumentation.

Vous avez essayé de dire qu'une minorité ne serait pas écrasée parce qu'elle serait divisée en trois groupes ; mais il sera extrêmement malaisé de faire l'addition des voix pour ou contre, et c'est une difficulté aussi grande qui surgira.

Ce qu'il y avait de séduisant, de solide, dans l'argumentation de Marchand, c'est que l'on y voyait un appel décisif à l'unité fondée sur une base territoriale rapprochant les groupes ; cet avantage reparaît si vous organisez dans la fédération de la Seine une unité indivisible, où l'ensemble des groupes ne pourra être majoré par aucune organisation. Si le comité s'engage dans la voie de décomposition des fédérations, et que, sous prétexte d'unité, il applique le système diviseur, les sacrifices qu'il faut faire aux anciennes divergences d'opinions, aux conséquences des luttes passées, sont aussi grands. Vous allez demander aux camarades du 11e de se rapprocher, par exemple, des anciens groupes dissidents de l'Alliance communiste... Peut-être faites-vous surgir une difficulté plus grande en tentant, par le système de plusieurs fédérations, de mettre directement en contact des groupes qui, dans une fédération unique, ne seront pas étroitement rapprochés.

Permettez-moi d'ajouter que toutes les difficultés pratiques que vous essayez de soulever contre la fédération unique n'ont pas de raison d'être, lorsque vous imaginez que cette fédération doit se gouverner d'une manière perpétuelle selon les lois de la représentation directe, — que les délégués des groupes doivent figurer dans chaque réunion. en sorte que la fédération de la Seine ne pourrait vivre, parce que, pour vivre, elle devrait être une sorte de congrès provenant de tous les groupes. Cette objection est purement imaginaire. Aucun organisme ne pourrait vivre dans le Parti si cette objection avait une valeur. Vos trois fédérations succomberaient sous l'application de votre argument, s'il était vrai, si vous exigiez que la fédération ne fût pas seulement la représentation de l'ensemble des groupes, mais que même, pour la sincérité absolue des délibérations, tous les militants y fussent présents. Le champ de courses de Longchamps ne pourrait suffire à contenir une aussi énorme manifestation.

Je retiens cependant l'espoir que vous exprimez, qu'un jour, peut-être, on aboutira à la fédération unique. Mais puisque vous n'acceptez aucune transaction, nous devons, les uns et les autres, séparer nos projets. Lorsque les groupes de la Seine auront fait connaître leur désir, nous pourrons remettre sur le chantier la question de la fédération de la Seine.

Tanger. — Je demande, en présence de la proposition de Révelin, si la proposition de Bertrand est un contre-projet ou un amendement à un des articles du projet...

Bertrand. — C'est un contre-projet entier.

Citoyens, il est évident que le langage de Révelin est celui de la logique, mais je préfère l'accord des faits avec la logique. Le projet de conciliation qu'il abandonne, je le reprends sous une forme plus large qui va donner entière satisfaction aux camarades du P. S. R. J'ai amendé le projet sous cette forme-ci :

« Dans le département de la Seine, il est créé une confé-
« dération générale des fédérations qui pourront s'organiser
« au nombre de quatre au maximum, et qui auront respec-
« tivement tous les privilèges des fédérations autonomes
« départementales, sous la seule réserve que ces fédéra-
« tions constitueront, par un chiffre égal de représentants,
« un comité d'entente interfédéral qui ne pourra prendre
« d'autre initiative et d'autres résolutions que celles qui
« seront acceptées par les délégués des fédérations. La re-
« présentation au comité général est faite par les fédéra-
« tions autonomes. »

Jean Longuet. — Et les syndicats ?

Bertrand. — Ils auront la faculté d'adhérer aux fédérations ou de former la quatrième fédération.

Les camarades du P. S. R. ne pourront plus ainsi craindre un comité interfédéral, puisqu'il ne pourra agir qu'avec l'unanimité des décisions. L'autonomie des fédérations sera absolue et nous aurons, par surcroît, sauvegardé le principe de l'unité et de l'action socialiste de la Seine.

Dubreuilh. — Le projet de Bertrand est très séduisant pour nous, en ce qu'il reconnaît d'abord le principe de trois fédérations et qu'il nous permet, au cas où le prochain congrès déciderait l'admission des syndicats, de les localiser, en quelque sorte, dans une quatrième fédération.

Mais, citoyens, nous ne pouvons pas, ce soir, accepter ce projet. Nous avons le mandat ferme de nos organisations de créer dans la Seine des fédérations distinctes qui seront au moins au nombre de trois, sans comité, non interfédérés. Je dépose donc sur le bureau, tant au nom du P.S. R. qu'au nom des fédérations autonomes qui se sont ralliées au projet de Paul Louit, le texte suivant :

« Le département de la Seine sera sectionné au moins en
« trois fédérations distinctes sans comité interfédéral. »

Nous demandons, sur ce projet, le vote par appel nominal.

Briand. — Je persiste dans l'esprit de conciliation que m'avait dicté le projet que j'ai soumis à la dernière séance, dans lequel se trouvait respecté le principe du droit commun pour le département de la Seine.

Il n'est pas absolument identique à celui de Bertrand, auquel je ne puis me rallier, parce qu'il fait des syndicats une fédération à part et parce qu'il prévoit un organisme central dont le fonctionnement ne peut être assuré que par l'unanimité, ce qui me paraît impossible ; mais je maintiens ma proposition à titre transactionnel. Non pas que j'aie l'espoir de la voir adopter par nos camarades du P. S. R. : au début de la discussion, je pouvais avoir cet espoir ; après les explications qui ont été échangées, il serait chimérique de ma part de penser arriver à une transaction sur ce point.

Mais il n'y a pas que nos camarades du P. S. R., il y a aussi le P. O. S. R., la fédération des travailleurs socialistes, avec lesquels nous pourrons peut-être nous entendre. Voici, par exemple, un terrain de conciliation : la Seine constitue une fédération régionale divisée en trois, quatre ou six fédérations ; chacune de ces fédérations nomme des délégués qui composent le comité interfédéral. Tel est le projet sur lequel je demanderai au comité de bien vouloir se prononcer. En ce qui concerne le projet du P. S. R., il me paraît anormal, et je dirai un peu contraire à l'esprit général de notre projet d'unification : il interdit aux trois fédérations, une fois formées, de se rapprocher dans l'unité pour constituer un comité interfédéral.

Le projet de Dubreuilh refuse aux trois fédérations de la Seine le droit de s'associer, de constituer un comité interfédéral, c'est-à-dire ce qui est permis à tous les autres départements.

C'est traiter le département de la Seine d'une façon absolument injustifiable ; vous prenez contre Paris des précautions qui se retourneront demain contre vous. Vous faites contre lui ce que tous les gouvernements de réaction ont fait avant vous ; vous le mettez hors du droit commun. Vous le considérez comme un suspect.

J'admets, dans une certaine mesure, les explications de Chéradame ; je comprends que vous puissiez désirer plusieurs fédérations, mais je ne comprends pas qu'on leur interdise de se rapprocher et de former un comité interfédéral. Il n'est pas possible de prendre une mesure de précaution aussi injurieuse contre le prolétariat de Paris et du département de la Seine, sans essayer au moins de le justifier. Je combats, d'une façon absolue, le contre-projet de nos amis du P. S. R., et je maintiens le mien à côté de celui de Bertrand, contre lequel j'ai formulé quelques critiques auxquelles je voudrais le voir se rallier.

Dubreuilh. — Le citoyen Briand a dit que, par le projet que nous venions de déposer, les diverses fédérations de la Seine ne pourraient jamais avoir entre elles un contact...

Ceci n'est pas dans notre pensée. Ce que nous voulons, c'est qu'il n'y ait pas de comité interfédéral permanent ou régional qui s'oppose au comité général.

Mais nous sentons bien, comme les autres socialistes, que les divers groupes de la Seine ont besoin, à de certains moments, d'avoir des contacts entre eux.

Tanger. — Il serait peut-être bon de se prononcer sur le principe d'une fédération unique ou de plusieurs fédérations, et ensuite se placerait la discussion relative au comité interfédéral.

Briand. — La transaction que nous proposons n'est pas exclusive de la fédération unique. Si vous posez la question en ces termes, vous ne nous permettrez pas de manifester notre sentiment. Il faudrait poser deux questions : La Seine forme une fédération unique départementale, ou bien : La Seine forme une fédération unique régionale... Le principe du droit commun se trouve respecté même dans notre projet transactionnel.

Bertrand. — Nous n'avons pas à voter sur des principes, mais sur des projets et des contre-projets.

Tanger. — Il y a le projet transactionnel de Révelin qui est la constitution d'une fédération unique départementale, et le contre-projet du P. S. R.

Révelin. — Si les projets de Bertrand et de Briand sont pris en considération, en face du projet de la commission, nous aurons le droit de faire valoir les raisons qui peuvent nous faire accepter le projet de Briand et repousser celui de Bertrand.

Briand. — Il ne faut pas qu'il puisse y avoir d'ambiguïté. Le projet du P. S. R. porte l'interdiction pour les trois fédérations de créer un comité interfédéral permanent.

Renaudel. — Je ne partage pas l'opinion de Briand. Dans tous les cas, dans mon esprit, à moi, nous constituons plusieurs fédérations dans Paris. Si ces fédérations étaient d'avis de se fédérer, je ne vois pas pourquoi on le leur interdirait. Ce que nous ne voulons pas, c'est que le comité général impose à ces fédérations de se fédérer.

Briand. — C'est la conception personnelle du citoyen

Renaudel ; mais ce qu'il s'agit de savoir, c'est ce que contient réellement le projet du P. S. R.

Dubreuilh. — Nous demandons l'introduction de ce texte dans le projet envoyé par le comité général. Mais il va de soi que si les fédérations, une fois constituées, manifestent le désir de constituer un comité, elles le constitueront ; mais qu'une seule fédération refuse son adhésion au comité interfédéral, elle continuera à jouer son rôle de fédération distincte.

Capjuzan. — Je considère que le comité interfédéral est un extrème danger pour le parti socialiste lui-même ; c'est pour cela que nous nous opposons à sa constitution ; mais cela n'empêche pas une entente entre les fédérations.

Orry. — J'admets, d'après ce que disent les camarades du P. S. R., que les fédérations pourront se rapprocher ; mais il n'en est pas moins vrai que dans les statuts du Parti socialiste il serait dit qu'elles ne peuvent pas former un comité interfédéral. Si les camarades du P. S. R. n'ont pas eu l'intention d'interdire ce comité, ils devraient supprimer la dernière partie de leur projet.

Blum. — Nous demandons trois fédérations ou plusieurs, ayant les mêmes droits que les fédérations départementales.

Briand. — Je persiste à demander que le texte soit expliqué d'une façon très nette ; il formule, d'après moi, une prohibition. Capjuzan a du reste confirmé cette interprétation en disant : nous demandons que le comité interfédéral ne puisse pas se former. Nous ne pouvons voter qu'après que les auteurs du projet nous auront dit d'une façon nette et formelle si le comité interfédéral est interdit ou non.

Henri de la Porte. — Nous avons dit que nous craignions un comité interfédéral en face du comité général, à cause d'un conflit possible des deux pouvoirs. Mais nous avons pris soin d'ajouter que la presque unanimité d'entre nous visait à une unité future dans le département de la Seine. Nous sommes actuellement pour des fédérations autonomes, nous voulons qu'elles rentrent, comme le disait Blum, dans le droit commun et que, pas plus que les fédérations des départements, elles n'aient le droit de créer un comité interfédéral qui aurait une existence *officielle* dans le Parti.

Renaudel. — Les explications de De la Porte me dispensent d'en donner moi-même, et voici le texte définitif que je vous soumets au nom de mes camarades Patay et De la Porte :

« Le département de la Seine sera divisé en trois fédérations au moins... »

Carnaud. — J'ai cru comprendre que Dubreuilh avait
proposé pour le département de la Seine trois fédérations
autonomes, avec la faculté de pouvoir se fédérer. S'il en est
ainsi, je suis obligé de formuler la proposition suivante :
« Trois fédérations autonomes avec interdiction pour elles
de se fédérer. »

Jean Longuet. — Du moment qu'on admet des fédérations autonomes séparées, il n'y a pas de raison pour dire
qu'elles se réunissent entre elles. Il faut d'abord dire si
nous sommes partisans d'une ou de plusieurs fédérations.
Lorsque nous aurons voté sur ce point, les camarades qui
sont partisans que cette fédération ait une forme spéciale,
régionale au lieu de départementale, pourront déposer leur
projet qui est un amendement à l'idée de la fédération unique...

Révelin. — Nous n'en sortirons jamais si nous ne dé-
blayons pas un peu le terrain, en votant d'abord sur les
questions qui s'écartent le plus du projet de la commission.
En ce qui concerne le projet de Dubreuilh, il est très net :
« Création de trois fédérations et interdiction pour elles de
se rapprocher ». Tous ceux qui ne veulent pas accepter cette
conséquence se rallieront à la proposition Renaudel. Mais
nous devons voter d'abord sur le texte du citoyen Dubreuilh.

Capjuzan. — Ce que dit Révelin est inexact ; nous ne
disons pas que nous empêchons tout moyen d'entente entre
les fédérations existant à Paris, nous ne parlons que du
comité interfédéral.

Noir. — Nous ajoutons à la proposition le mot « permanent ».

Révelin. — Vous interdisez un comité permanent, mais
vous permettez une entente occasionnelle.

Carnaud. — Je maintiens ma proposition interdisant aux
fédérations autonomes de Paris de former un comité interfédéral, même occasionnel.

Tanger. — Il y a donc une proposition ainsi conçue du
citoyen Dubreuilh :

« Le département de la Seine sera sectionné en trois
« fédérations distinctes, sans comité interfédéral perma-
« nent ».

Il y a une proposition du citoyen Carnaud interdisant
l'organisation d'un comité interfédéral, pour la Seine, même
« occasionnel ».

Il y a enfin un amendement de Renaudel ainsi conçu :

« Le département de la Seine sera divisé en trois fédé-
« rations au moins, assimilées d'une façon complète aux
« fédérations ordinaires ».

Je donne la parole au citoyen Briand pour procéder à
l'appel nominal sur la proposition du citoyen Dubreuilh.

Clauzel. — La proposition du P. S. R. est bien une proposition transactionnelle avec celle qui avait été établie
précédemment. Nos camarades ont fait un pas notable et
manifeste vers le principe de la fédération unique. Je leur
en sais gré très profondément. Je persiste cependant à être
partisan de la fédération unique dans la Seine.

Carnaud. — La fédération des Bouches-du-Rhône pense
qu'à l'endroit même où siège le comité central du Parti il
ne doit pas exister un organisme puissant qui le gêne. Nous
craignons qu'il se produise des conflits et nous ne savons
pas si cet organisme ne pourrait pas faire obstacle au
comité général. Nous ne voulons donc pas que les fédérations autonomes de Paris, qui auront les mêmes droits que
les autres fédérations de départements, puissent se réunir
contre la province.

Jean Longuet. — C'est la thèse des girondins.

Chaucheprat. — Nous sommes pour la fédération unique; cependant nous déclarons que, si on multiplie les
fédérations, nous n'accepterons cette multiplicité qu'à la
condition que les syndicats fassent une fédération à part.

Il est procédé au vote par appel nominal sur la proposition Dubreuilh.

Ont voté pour : Blum, Capjuzan, Carnaud, Dejeante, de
la Porte, Dubreuilh, Dupetit, Huret, Landrin, Lepage,
Létang, Marchand, Patay, Paul Louit, Tanger.

Ont voté contre : Bagnol, Béguin, Bertrand, Bourderon,
Briand, Brunellière, Camélinat, Chaucheprat, Clauzel,
Cipriani, Donnier, Fauga, Fournière, Imbert, Jaurès,
Joindy, Krauss, Légitimus, Charles Longuet, Orry, Paras-
sols, Puges, Renaudel, Révelin, Salembier, Ser, Semanaz.

S'est abstenu : Favrais.

Absents : Fribourg, Lenormand, Lévy, Ponard, Poulain,
Reisz, Richard, Roland, Stern-Maydieu, Willm.

Pour : 15.

Contre : 27.

Abstention : 1.

Absents : 10.

Tanger. — La proposition Dubreuilh est repoussée.
Carnaud. — Je retire ma proposition.
Tanger. — Je mets aux voix la proposition Renaudel.

Il est procédé au vote par appel nominal sur la proposition Renaudel.

Ont voté pour : Blum, Brunellière, Capjuzan, Carnaud, Cipriani, Dejeante, de la Porte, Dubreuilh, Dupetit, Huret, Landrin, Lepage, Létang, Louit Paul, Marchand, Patay, Renaudel, Tanger.

Ont voté contre : Bagnol, Béguin, Bertrand, Bourderon, Briand, Camélinat, Chaucheprat, Clauzel, Donier, Fauga, Fournière, Gérault-Richard, Imbert, Jaurès, Joindy, Krauss, Légitimus, Longuet Charles, Orry, Parassols, Puges, Révelin, Salembier, Ser, Semanaz.

S'est abstenu : Favrais.

Absents : Fribourg, Lenormand, Lévy, Ponard, Poulain, Reisz, Richard, Roland, Stern-Maydieu, Willm.

Pour : 25.
Contre : 18.
Abstention : 1.
Absents : 10.
La proposition Renaudel est repoussée.
La séance est levée à minuit 30.

SÉANCE DU 31 JANVIER 1901

Sous la présidence du citoyen **Gabriel Bertrand**, *délégué*
de la Fédération de Vaucluse

———

La séance est ouverte à 9 heures 25.
Présents : Béguin, Bertrand, Briand, Brunellière, Camélinat, Capjuzan, Chaucheprat, Clauzel, Cipriani, Dejeante, de la Porte, Dubreuilh, Imbert, Légitimus, Marchand, Orry, Patay, Paul Louit, Renaudel, Révelin, Tanger.
Suppléés : Gérault-Richard, par Nelson ; Joindy, par Jean Longuet ; Krauss, par André Lefèvre ; Lepage, par Génin ; Roland, par Toussaint ; Salembier, par Lebrun.
Excusés : Fournière, Jaurès, Lenormand.
Absents : Bagnol, Blum, Bourderon, Carnaud, Donier, Dupetit, Favrais, Fauga, Fribourg, Huret, Landrin, Létang, Lévy, Longuet Charles, Parassols, Pomard, Poulain, Puges, Risz, Richard, Ser, Semanaz, Stern-Maydieu, Willm.

Jean Longuet. — Je rappelle qu'entre autres raisons pour lesquelles je suis opposé au projet dit transactionnel, c'est qu'une transaction suppose deux parties qui abandonnent chacune quelque chose. Dans cette transaction, les partisans de la fédération unique font bien une concession, mais les autres n'en font aucune. C'est une transaction unilatérale, une transaction avec nous-mêmes : je n'en suis pas partisan. De plus, la difficulté des syndicats n'est pas résolue. Il y a trois fédérations qui nomment individuellement leurs délégués au comité général, et les syndicats, étant centraux, n'adhèrent individuellement à aucune des trois fédérations départementales. Adhérant à la fédération régionale, ils ne participeraient pas à la nomination du délégué au comité général.

Briand. — La proposition transactionnelle que nous avons faite n'est pas unilatérale. Il est vrai que nos amis du P. S. R. n'y participent pas, mais le P. O. S. R. et la fédération des Travailleurs socialistes y participent, car c'est une transaction qui leur donne satisfaction dans une certaine mesure. Ils sont avant tout hostiles à une fédération unique pour Paris et la Seine. Ils préféreraient trois fédérations, mais je ne les crois pas absolument hostiles au lien interfédéral. Longuet dit que les syndicats adhèreront comme fédération spéciale à la fédération régionale. Nous ne l'avons jamais compris ainsi ; on avait posé la question du siège de la Bourse du travail, mais les syndicats ne sont pas forcés d'adhérer au siège de la fédération des Bourses...

Imbert. — Et les syndicats de banlieue ?

Briand. — Les syndicats adhèreront par affinité. Je suis hostile pour ma part à une fédération spéciale des syndicats.

Lefèvre. — Vous voyez combien l'on complique les choses, lorsqu'on cherche à fabriquer un régime d'exception, et combien il serait plus simple d'adopter ce que le comité général a voté une première fois : — qu'il n'y a pas lieu de faire pour la Seine une réglementation spéciale. Dans ce système, la Seine pourra former trois fédérations distinctes qui constitueront une fédération régionale comme le sont les différents départements de la Bretagne. Et alors, entre ces trois fédérations du nord, de l'ouest et du sud, les syndicats se promèneront, cherchant à se poser quelque part. Les mécaniciens du nord se trouveront attachés à ceux du sud, et ceux du sud à ceux du nord.

En réalité, cela ne tient pas debout. On paraît plus se préoccuper de faire une transaction que d'établir quelque chose de logique. Cependant les vraies transactions qui se feront dans le Parti socialiste unifié ne seront point faites en prenant trois lignes à un projet, trois lignes à un autre et la pensée maîtresse à un quatrième. En vérité, si dans le Parti socialiste unifié on doit passer son temps à accoucher d'un tas de projets plus ou moins bien bâtis, nous n'aboutirons jamais qu'à quelque chose de ridicule. Faites donc une fédération unique dans le département de la Seine comme partout. Lorsque la Seine sera en lutte contre le Préfet, il est indispensable que ce soit la Seine toute entière qui puisse lutter. Il ne faut pas fragmenter l'action du Parti socialiste sous prétexte — le mot a été dit — que quelques fédérations ont peur d'être majorisées, parce qu'on veut conserver une certaine prépondérance dans les fédérations locales, parce que telle autre organisation a calculé que dans une fédération de l'ouest ou du sud elle aurait la majorité. Si le Parti socialiste veut faire son unité, il faut commencer par ne pas briser son action de fédération de la Seine. Vous aurez ici comme partout une lutte contre les pouvoirs publics. Pour engager une action d'ensemble, il faut que ce soit une seule organisation qui la décide et que vous n'ayez pas, à un degré bien supérieur à celui d'aujourd'hui, les inconvénients d'une dispersion : ce qui arriverait fatalement, si les fédérations n'avaient pas le droit de se mettre d'accord entre elles.

On en est arrivé à dire que les décisions seraient prises à l'unanimité. Vous voyez les difficultés auxquelles, dès les premiers pas, vous vous heurtez. Difficulté d'organisation, difficulté des syndicats ; il y en aurait bien d'autres. Briand a dit que ces préoccupations étaient de la même nature que celles qui ont légitimé l'institution du préfet de la Seine qui fut jugée nécessaire pour empêcher la commune de Paris. Et je m'étonne que ce soit la fédération de la Seine, les membres les plus avancés du comité général, qui puisse peser ainsi sur nos décisions. Au nom de la fédération du Rhône, je réclame pour la Seine le droit commun, c'est-à-dire que l'on ne fasse figurer à aucun endroit du projet les mots : département de la Seine, ce qui constituerait contre la démocratie parisienne une mesure de défiance.

Capjuzan. — Ce que nous ne voulons pas, c'est que les journalistes entraînent les socialistes de Paris.

Lefèvre. — Il y a des camarades dans votre organisation qui doivent être médiocrement flattés de ce que vous dites. (Rires.)

Chaucheprat. — En tant que délégué des syndicats, je suis de l'avis de Lefèvre, partisan d'une fédération unique. Toutefois, si dans un but de conciliation nous acceptions la motion transactionnelle, ce serait avec cette réserve que les syndicats formeraient une fédération à part.

Notre camarade Blum a eu un mot malheureux. Il a dit qu'avec la multiciplité des fédérations chacun pourrait se grouper selon ses affinités. Comment empêcherez-vous les syndicats de se grouper à leur guise si vous leur laissez la faculté d'aller dans telle ou telle fédération ? car les syndicats ont quelquefois une tendance politique. Dans la Seine il y a une soixantaine de syndicats. Figurez-vous que ces soixante syndicats se présentent dans une même fédération ; ils la majoriseront nécessairement.

Renaudel. — Il est un peu exagéré d'interpréter ainsi la pensée de nos camarades du P. O S. R. Cette organisation a voté l'ordre du jour que j'ai présenté. Quant au P. S. R. il ne faudrait pas le représenter comme partisan d'une fédération unique dans le département de la Seine, bien que Willm, dans un moment d'expansion, se soit rallié à l'idée d'une fédération unique, mais d'une fédération qui ne pouvait être qu'honoraire. Je ne veux pas répondre à l'argumentation de Lefèvre parce qu'il discute à côté de la question. Lefèvre n'aurait pas ainsi parlé s'il avait assisté à la séance d'hier et aux précédentes où nous avons dit comment nous comprenions la formation de plusieurs fédérations. Vous nous attribuez des pensées qui ne sont pas les nôtres.

Bertrand. — Je ferai remarquer que nous ouvrons à nouveau la discussion sur le texte et non pas sur l'amendement.

Cipriani. — La clôture !

Jean Longuet. — Je demande la priorité pour la proposition de fédération unique départementale, afin qu'on se prononce d'une façon définitive sur ce point.

Bertrand. — Nous avons déjà voté sur l'amendement le plus éloigné : il est naturel de suivre aujourd'hui le même ordre.

Tanger. — Je demande l'appel nominal.

Il est procédé à l'appel nominal sur le vote de la proposition de fédération unique de la Seine ainsi conçue :

« Les groupes de Paris et du département de la Seine forment une fédération départementale. »

Ont voté pour : Bagnol, Béguin, Bourderon, Camélinat, Chaucheprat, Clauzel, Gérault-Richard, Imbert, Joindy, Krauss, Légitimus, Charles Longuet, Orry, Puges, Révelin, Roland, Salembier.

Ont voté contre : Bertrand, Blum, Briand, Brunellière, Capjuzan, Cipriani, Dejeante, De la Porte, Dubreuilh, Dupetit, Huret, Landrin, Lepage, Létang, Marchand, Patay, Paul Louit, Renaudel, Semanaz, Tanger.

Absents : Carnaud, Donier, Favrais, Fauga, Fournière, Fribourg, Lenormand, Lévy, Parassols, Ponard, Poulain, Reisz, Richard, Ser, Stern-Maydieu, Willm.

Pour : 17.

Contre : 20.

Absents : 16.

La proposition de la fédération départementale unique est repoussée.

Semanaz. — En vue d'entraîner par l'appoint des syndicats l'unité du Parti, je voterai toutes les motions qui me paraîtront favoriser cette unité.

Briand. — Je déclare que j'ai voté contre, quoique partisan du principe de la fédération unique, à titre de conciliation.

Bertrand. — Je fais la même déclaration ; je fais ce sacrifice à l'unité.

Révelin. — Après avoir fait les plus grands efforts et les plus grands sacrifices pour la conciliation, et ne rencontrant aucun écho, j'ai pensé pour ma part qu'il était peut-être prématuré de chercher à concilier et qu'il valait mieux laisser les groupes de la Seine décider sur notre projet.

Orry. — J'ai voté pour une fédération unique et je me rallierai cette fois-ci à une proposition de fédération régionale. Mais je veux faire un appel amical aux camarades des syndicats pour les retirer de l'erreur dans laquelle ils se trouvent en croyant que les syndicats sont tous au même endroit. Les syndicats désirent avoir pour eux une fédération spéciale, car ils se basent sur ce que, étant au même endroit, ils majoriseraient d'une façon considérable la fédération à laquelle ils appartiendraient.

Jean Longuet. — Je comprends que les camarades du P. S. R., qui ne veulent pas des syndicats dans le Parti, s'opposent à cette objection, mais pour ceux qui sont partisans de l'admission des syndicats, la difficulté ne se résout pas ainsi, à moins qu'on ne constitue une fédération syndicale socialiste dans le département, — ce qui a le grand tort de dresser en présence de l'organisation de la Bourse du travail un autre organisme économique.

Une grande majorité a été opposée à cette idée que les syndicats adhérents au Parti socialiste forment un bloc à côté des autres syndicats. Je demande comment, dans le système de plusieurs fédérations, se fera la représentation des syndicats dans la forme proposée. Contrairement à ce que pensent certains camarades, les syndicats ne sont pas spécialisés dans un quartier, sauf de très rares exceptions.

Briand. — Je ne comprends pas l'argumentation de Longuet ; elle porte contre son système aussi bien que contre le nôtre. Ce n'est pas au sommet de votre fédération de la Seine que l'on adhère, mais à la base. Vous ne pouvez dire aux syndicats que votre fédération unique est un groupe et qu'on y adhère directement. Vous serez obligés d'avoir des groupes du quartier qui s'uniront en fédération d'arrondissement. Ne singularisez pas l'argument ; dites qu'il y a des difficultés réelles qui méritent d'être discutées à part, mais ne dites pas que les difficultés portent contre nous, et non pas contre vous.

Lefèvre. — Je ne vois pas la difficulté que Briand vient de soulever. Notre fédération unique serait composée d'un certain nombre de groupes, les uns groupes politiques et les autres syndicats.

Briand. — On a refusé cela.

Lefèvre. — Si la fédération unique de la Seine avait une décision générale à prendre, ce seraient les délégués des groupes de quartiers et des groupes de syndicats qui prendraient cette décision ; et ceux-ci n'interviendraient qu'au sein de la fédération unique. Dans le système que l'on oppose au nôtre, les trois fédérations autonomes constitueront des organismes particuliers. Pour qu'elles soient des fédérations comme les autres, il faudra qu'elles comprennent les éléments habitant dans les limites de leur territoire : d'où il suit que les syndicats seront obligés de choisir une des trois fédérations. Donc l'objection que nous dressons contre votre proposition ne se dresse pas contre la nôtre, parce que, dans notre hypothèse, quand la fédération unique de la Seine serait réunie, il y aurait des délégués des syndicats du département de la Seine et des délégués des groupes politiques. Mais comme vous coupez la Seine en trois fédérations, il faudra que les syndicats optent pour un de ces trois groupements.

Chaucheprat. — J'ajoute que les syndicats ouvriers adhérant au Parti socialiste forment pour le département de la Seine seulement une fédération spéciale, ayant les mêmes droits et les mêmes devoirs que toutes les fédérations départementales.

Briand. — Tout à l'heure on invoquait le droit commun. On disait : il doit se passer pour la Seine ce qui se passe pour tous les autres départements.

Je reconnais qu'il a fallu faire fléchir le principe sur certains points en faveur d'une transaction désirable. Maintenant, ayant accepté et revendiqué le droit commun, il semble que vous vouliez vous y soustraire. Nous avons voulu fusionner dans le Parti unifié les éléments politiques et les éléments économiques. C'est l'esprit de toutes nos discussions, et cette question des syndicats a été tranchée par nous d'une façon absolue.

Chaucheprat. — Eh bien, faites une fédération unique.

Briand. — Or, dans votre système, il faudrait écarter le droit commun, pour faire aux syndicats un régime d'exception.

Béguin. — Au nom des coopératives, je déclare qu'il nous faudra, comme les syndicats, former une fédération, qui n'aurait pas sa raison d'être dans l'hypothèse d'une fédération unique de la Seine qui permettrait à chaque coopérative d'adhérer directement. Le système de trois fédérations jettera le désaccord parmi les coopératives.

Henri de la Porte. — Je ferai remarquer qu'au point de vue des syndicats vous détruisez partout l'unité, notamment pour la fédération de métier à laquelle on ne devrait jamais toucher et qui se trouve atteinte par ce projet. C'est pourquoi nous nous sommes opposés à l'admission des syndicats dans le parti. Il y a des fédérations comme les fédérations maritimes qui ne peuvent être admises à aucune fédération départementale ou régionale. Vous ne pouvez d'ailleurs pas résoudre actuellement la difficulté pour la Seine, puisque vous avez repoussé la fédération unique, seule solution possible dans votre thèse.

Briand. — Nous reprenons une question discutée longuement et tranchée. Quant à moi j'ai le désir que ce projet soit repoussé comme les autres, car je tiens en réserve une proposition sur laquelle nous ne pourrons pas ne pas nous mettre d'accord. Je tiens, pour ma part, à faire, dans un but d'unité, toutes les concessions possibles, même au risque de me mettre en contradiction avec moi-même.

Brunellière. — La fédération maritime n'est pas dans les mêmes conditions que les autres travailleurs, parce que nos marins habitent tout le long du littoral, de sorte qu'on peut presque se demander si, vraiment, ils habitent sur terre ou sur mer.

A mon avis, si on exige que les syndicats maritimes fassent partie de fédérations régionales ou départementales de leur littoral, il est assez probable qu'on les amènera à s'agglomérer en fédérations spéciales. Les marins forment, en effet, une population bien à part qui n'a pas du tout la manière d'être et de vivre des autres travailleurs. Au point de vue socialiste, il serait avantageux de permettre à ces travailleurs du littoral de figurer comme fédération maritime au sein du Parti. C'est par ce moyen que nous formerons un bloc unifié de forces considérables.

Bertrand. — Cela est en dehors de la discussion actuelle.

Jean Longuet. — Lefèvre a oublié que, dans le projet de la fédération unique, les syndicats participaient à la nomination des délégués au comité général, étant donné qu'ils seraient nommés par l'ensemble de tous les groupes du département. Dans le projet qui nous est présenté, les délégués sont nommés non pas par la fédération régionale, mais par les fédérations départementales. Donc les syndicats n'ont aucune importance dans ce projet au point de vue de la direction du Parti, à moins qu'ils n'adhèrent à une région de Paris. Autant vaut les écarter. Au fond, le plus simple serait de s'en remettre aux groupes du département de la Seine dont l'immense majorité ne veut pas plus des fédérations diverses dans le département que de plusieurs fédérations réunies par un lien factice. Ils veulent une fédération unique en très grande majorité.

Révelin. — Je rappelle l'article du projet.

Ayant examiné la position des syndicats de Paris par rapport à celle des syndicats de province, nous avons constaté que les syndicats de province pouvaient plus facilement adhérer à la fédération départementale que ceux de Paris.

Nous avions essayé de réaliser — et nous y avons réussi — une unité complète dans le département. Notre tentative échoue dans la Seine, parce que nous avons repoussé et le système de plusieurs fédérations et celui d'une fédération unique. Nous sommes en face d'un projet de transaction qui pourrait comprendre trois articles. Le premier porte qu'il y aurait une fédération régionale de la Seine qui permettrait de concevoir l'espoir que les groupes de ce département seraient reliés par un organe commun, grâce auquel cette fédération sauvegarderait les intérêts généraux du Parti. Les camarades qui ont voté le principe d'une fédération unique peuvent s'y rallier. L'article 2 fait une concession importante, puisque dans sa rédaction on a fait fléchir la règle de l'unité départementale et qu'il nous force de créer une autre exception pour les syndicats et les coopératives. Nous pourrions stipuler que les syndicats et les coopératives de la Seine formeront une quatrième fédération affiliée à la fédération régionale. Cette hypothèse soulève une grosse difficulté dans la pensée de beaucoup de camarades qui répugnent à la constitution d'un groupe de syndicats à part dans le Parti, d'une sorte de fédération des syndicats opposée aux fédérations d'industrie et de métiers. Je pense que l'article 3 est par lui-même une proposition de transaction à laquelle nous pouvons nous rallier.

Capjuzan. — Je proteste énergiquement contre la proposition d'une fédération des syndicats. On dit qu'on poursuit un but d'unité, je le le conteste pas, mais, en voulant constituer une fédération des syndicats, on est en train de mettre la discorde dans l'organisation syndicale.

Lefèvre. — Je formulerai d'une manière générale des observations analogues à celle de Capjuzan. L'économie de votre nouveau projet aboutit à baptiser régionale la fédération départementale de la Seine. J'espère qu'on aura le bon esprit de s'en tenir à une fédération régionale et de laisser dormir paisiblement les quatre autres fédérations. Dans ces conditions, votre sectionnement me gêne moins. Cependant il présente un inconvénient : des décisions fermes peuvent être prises par la fédération des syndicats et par les trois autres fédérations, et alors quand on arrivera à la fédération régionale, on y arrivera de quatre côtés différents avec des idées arrêtées.

Clauzel. — De cinq ; vous ne comptez pas la fédération des coopératives.

Lefèvre. — Et c'est ce que nous appelons l'unité socialiste dans le département de la Seine. Vous entendez bien que vos sections ne sont qu'une pure et simple fantasmagorie. On verra arriver aux discussions de la fédération régionale ou départementale des groupes politiques et corporatifs avec des résolutions en sens contraire. Si c'est ainsi que vous réalisez l'union des groupes politiques et des groupes corporatifs, vous êtes les jouets d'une illusion.

Béguin. — Je demanderai naturellement une cinquième fédération pour les coopératives.

Chaucheprat. — Autant je vois la nécessité pour le département de la Seine de former une fédération à part pour les syndicats, autant je crois naturel que les coopératives suivent la règle commune. En effet, les fédérations sont des divisions géographiques, et les coopératives sont elles-mêmes implantées dans ces divisions, tandis que les syndicats ont leur siège à la Bourse du travail.

Lefèvre. — Et la coopérative des employés civils de l'État, où ira-t-elle ? (Rires. — Cris : aux voix).

La disjonction étant demandée, on vote par appel nominal sur la première partie de la proposition, ainsi conçue :

« Les groupes de Paris et du département de la Seine forment une fédération régionale... »

Ont voté pour : Bagnol, Béguin, Briand, Brunellière, Camélinat, Chaucheprat, Clauzel, Fauga, Gérault-Richard,

Imbert, Joindy, Krauss, Légitimus, Longuet Charles,
Orry, Puges, Révelin, Roland, Salembier.

Ont voté contre : Bertrand, Blum, Capjuzan, Cipriani,
Dejeante, de la Porte, Dubreuilh, Dupetit, Huret, Landrin,
Lepage, Létang, Marchand, Patay, Paul Louit, Renaudel,
Semanaz, Tanger.

Absents : Bourderon, Carnaud, Donier, Favrais, Four-
nière, Fribourg, Jaurès, Lenormand, Lévy, Parassols,
Ponard, Poulain, Reisz, Richard, Ser, Stern-Maydieu,
Willm.

Pour : 19.

Contre : 18.

Absents : 16.

Adopté.

Il est procédé au vote par appel nominal sur la deuxième
partie de la proposition, ainsi conçue :

« ..... divisée en trois fédérations reliées entre elles par
un comité interfédéral. »

Dubreuilh. — Nous nous abstenons, parce que tout en
étant partisans de la subdivision en trois fédérations, nous
ne pouvons admettre que ces trois fédérations soient reliées
de façon à n'en former qu'une.

Ont voté pour : Briand, Brunellière, Révelin.

Contre : Bagnol, Béguin, Bertrand, Camélinat, Clauzel,
Gérault-Richard, Imbert, Joindy, Krauss, Légitimus, Orry,
Roland.

Se sont abstenus : Blum, Capjuzan, Chaucheprat, Ci-
priani, Dejeante, de la Porte, Dubreuilh, Dupetit, Fauga,
Huret, Landrin, Lepage, Longuet Charles, Marchand,
Patay, Paul Louit, Puges, Renaudel, Salembier, Semanaz,
Tanger.

Absents : Bourderon, Carnaud, Donier, Favrais, Four-
nière, Fribourg, Jaurès, Lenormand, Lévy, Parassols,
Ponard, Poulain, Reisz, Richard, Ser, Stern-Maydieu,
Willm.

Pour : 3.

Contre : 12.

Abstention : 21.

Absents : 16.

Rejeté.

Semanaz. — Révelin ne s'était pas opposé à la division
du département de la Seine en plusieurs fédérations, en
prenant comme base les forces socialistes du département,
comparées aux forces des autres départements. Pourquoi

ne pas accepter une proposition dans ce sens, en faisant
entrer comme coefficient les voix électorales et le nombre
de membres ?

Révelin. — Il est temps d'en finir avec cette discussion
qui menace de s'éterniser. Je propose de voter la motion
suivante :

« Le comité renvoie à la discussion des groupes l'étude
« des trois propositions relatives à la fédération de la
« Seine. »

Nous ne donnerons pas ainsi plus longtemps le spectacle
de notre impuissance. C'est au Parti de juger. (Approbation.)

Bertrand. — Voici l'amendement que je propose :

« Dans le département de la Seine, il est créé une confé-
« dération générale des fédérations de la Seine, qui pour-
« ront s'organiser au nombre de quatre au maximum.
« Celles-ci auront respectivement tous les priviléges des
« fédérations autonomes, sous la seule réserve qu'elles
« constitueront par un chiffre légal de représentants un
« comité d'entente interfédéral qui ne pourra prendre d'ini-
« tiatives et de résolutions qu'à l'unanimité des délégations
« des fédérations. »

Il marquera de la part de ceux qui s'y rallieront le plus
grand désir d'entente et de conciliation ; je prie nos camarades hostiles à tous les projets présentés de bien vouloir
peser les termes et les conséquences de cette proposition.

Révelin. — Je vous demande d'écarter ce projet et de
vous en tenir à la motion de renvoi aux groupes. La proposition Bertrand, vous l'avez déjà en fait écartée, puisque
vous avez écarté la division de la Seine en plusieurs fédérations. Il y aurait quelque chose de plus grave encore
dans le projet de transaction de Bertrand, c'est de revenir
à la conception déjà écartée d'un comité d'entente où des
organisations seraient présentées comme entités abstraites
et où les décisions seraient subordonnées non à la majorité,
mais à l'unanimité des fractions représentées. Avec ma
proposition, puisque vous n'avez pu aboutir, du moins avez-
vous le courage de faire l'aveu de votre impuissance.

Henri de la Porte. — Je me rallie à la proposition
Révelin. Le vote qui vient d'être émis par 19 voix contre 18
est par le fait annulé, sans que nous ayons besoin de passer
à un vote sur l'ensemble du projet transactionnel, ou alors
si on soutient que le vote ne doit pas être considéré comme
nul, je demande que nous votions sur l'ensemble du projet,

afin qu'on ne vienne pas dire, d'une part, que nous avons admis la fédération régionale avec un comité interfédéral qui siégera on ne sait comment, et d'autre part, que nous renvoyons la question entière aux groupes.

Révelin. — Tous les projets demeurent en l'état ; aucun n'est adopté.

Briand. — Révelin fait une proposition de transaction et de conciliation que nous devons accepter. Je dis : « Dans un esprit de conciliation, le comité général renvoie à l'étude de l'ensemble des groupes les trois systèmes qui lui ont été présentés. » Les trois systèmes entiers, sans indiquer qu'aucun d'eux ait reçu une préférence. Je demande la mise aux voix par appel nominal.

Semanaz. — La proposition Bertrand pourrait nous mettre d'accord avec cet amendement que les groupes qui seront fédérés devront, pour leur action propre dans la commune ou le quartier, avoir aussi une action d'entente quand cela sera nécessaire, pour les élections, etc.

Lefèvre. — Il est entendu que la discussion et le vote figureront au procès-verbal.

Renaudel. — J'appuie de la façon la plus ferme les observations de de la Porte. Le vote émis sur le dernier projet, est annulé, parce que dans le premier paragraphe vous aviez voté la motion que vous venez de repousser. Vous admettez la fédération unique et vous l'avez repoussée il y a cinq minutes. Il serait donc utile que le comité général se prononçât sur l'ensemble du projet.

D'autre part, je fais remarquer que ma proposition présentait certaines différences avec celle de Dubreuilh...

Lefèvre. — Pourquoi, au lieu de renvoyer tous ces projets, le comité général ne poserait-il pas une simple question très claire et très précise : Y a-t-il lieu de faire dans le département de la Seine une seule fédération ou plusieurs ?

Révelin. — C'est un plébiscite.

Lefèvre. — Non, c'est un referendum.

Révelin. — Le referendum consiste à proposer ou une constitution ou un projet de loi après l'avoir élaboré.

Henri de la Porte. — Briand a dit que nous voterions la proposition Révelin dans un esprit de conciliation. Notre mandat, reçu du congrès, est en effet de faire de la conciliation ; mais ici, il n'y a pas lieu à conciliation. Ce que nous demandons, c'est de voter le plus rapidement possible afin d'en finir ; mais vous ne pouvez vous soustraire à la nécessité de voter sur l'ensemble du projet, puisque vous avez accepté toute la première partie et repoussé la deuxième, qui en est inséparable logiquement.

Briand. — Le moment n'est pas venu de faire du parlementarisme. Quand les militants auront nos votes contradictoires sous les yeux, ils penseront que nous avons voulu nous faire réciproquement des niches. Il ne s'agit pas de marquer des préférences dans le sein du comité général, il s'agit de penser à l'ensemble des groupes. Il me semble que c'est une juridiction devant laquelle chacun de nous doit s'incliner.

Henri de la Porte. — Vous ne pouvez vous soustraire à la nécessité de voter sur l'ensemble du projet.

Révelin. — Vous voulez essayer par là de créer une opinion défavorable sur le projet. Vous ne le pouvez, parce que, lorsque un projet comprend deux articles et que le deuxième se trouve repoussé, il est inutile de voter sur le projet.

Briand. — Nous avons repoussé la fédération unique ; il ne pouvait plus être mis aux voix qu'une proposition différente. La seconde proposition était différente dans sa deuxième partie. La première partie était pour la constitution d'une fédération unique, s'appelant non plus départementale mais régionale. La seule différence est dans la subdivision en trois fédérations, résultant de la deuxième partie de la proposition. Celle-ci ayant été repoussée, il ne reste plus que la première partie qui se trouve annulée par le fait du vote précédent sur la fédération unique. Il n'y a donc plus, en réalité, de projet, toutes les parties en ayant été repoussées.

Jean Longuet. — De la Porte et Lefèvre ont raison au point de vue du parlementarisme, mais ce que dit Briand est logique. En bonne loyauté, il est plus simple de renvoyer le tout aux groupes.

Renaudel. — Devant la signification d'impuissance que Révelin donnait tout à l'heure à sa motion, je tiens à me dégager personnellement et je crois exprimer l'opinion de tous les opposants à la fédération unique. Si le comité général a été impuissant à aboutir, ce n'est pas par le fait de l'opposition intransigeante que l'on nous a attribuée, mais par le fait que ceux qui sont partisans d'une fédération unique n'ont pu s'entendre. Je tiens à souligner que nous, les partisans de plusieurs fédérations dans le département de la Seine, nous ne sommes pas responsables de cette impuissance.

Briand. — Oui, nous avons été impuissants, et il sera constaté devant les militants que nous avons été impuissants. Mais il faut vous souvenir que nous aurions pu vous écraser de notre majorité ; notre intention, nous l'avions formulée dans le vote de principe, et c'est parce que vous avez demandé que ce vote ne fût pas définitif, et parce que nous tenions compte de l'absence de certains camarades, que nous avons consenti, par esprit de conciliation, à une transaction qui semble, en effet, devoir aboutir à l'impuissance. Je tiens à rappeler ceci afin qu'il soit bien entendu que cette impuissance ne nous est pas reprochable.

Renaudel. — Ce n'est pas à votre façon de voir que j'ai opposé ces paroles c'est à la signification que voulait lui donner Révelin. Vous avez dégagé votre propre proposition de cette même signification. Je n'ai donc aucun reproche à vous adresser.

Révelin. — Je ferai remarquer que cette impuissance n'a rien de choquant. Si une majorité ne s'est pas dégagée au comité général, cela tient à ce que l'entente n'a pu se faire. Mais remarquez que c'est nous qui avons pris soin de dire que, vu l'absence d'un certain nombre de délégués, notre décision serait provisoire. Et si vous soulevez des questions de forme, je demanderai le vote préalable sur l'article 3 du projet relatif à une fédération distincte des syndicats.

Henri de la Porte. — On a voulu m'écraser sous le mot de parlementarisme, mais dans toutes les assemblées où l'on délibère, dans toutes les réunions où l'on discute, après avoir voté sur les différents articles d'un projet, on est bien obligé de voter sur l'ensemble. Il y a dans le projet trois articles ; nous avons adopté le premier, repoussé le second, il nous reste à voter sur le troisième et sur l'ensemble. Comme les autres projets ont été repoussés, nous constaterons que le comité général ne peut aboutir à une solution ferme et qu'il attend, pour arrêter son opinion, d'avoir celle de tous les groupes de province. .

Révelin. — Je prierai tous les camarades qui ont voté l'article premier de s'abstenir dans ce vote. Ce que l'on veut, c'est nous faire condamner ce que nous avons voté dans l'article premier ; nous ne pouvons nous laisser prendre à ce piège. C'est la seconde fois qu'au comité général on veut nous empêcher de voter comme des hommes libres en nous obligeant à répondre par oui ou par non et en empêchant d'exprimer une opinion.

Lefèvre. — Quand on a présenté le projet de sectionnement pour la Seine, Chaucheprat a dit qu'il voulait une fédération spéciale des syndicats. Il m'apparaît que l'art. 3 ne répond plus aux intentions de Chaucheprat. Le projet avait trois articles, nous en avons adopté un et repoussé l'autre. Je voterai comme la première fois et je ne me déjugerai pas.

Henri de la Porte. — Révelin trouve bon de dire que je l'attire dans un piège ; ce n'est pas dans mes habitudes. Dans toute cette discussion j'ai combattu d'une façon assez indépendante pour mes idées, sans tenir compte de mes amitiés personnelles, pour ne pas être accusé d'une intention semblable. Je proteste contre la violence de cette expression et je vous demande de voter sur l'ensemble du projet.

Briand. — Je demanderai si le comité général, sans procéder à un autre vote, ne doit pas se rallier à la proposition que nous avons présentée, Bertrand, Longuet, Toussaint, Révelin, Béguin et moi, et qui est ainsi conçue :

« Dans un esprit de conciliation et pour faciliter l'œuvre d'unification du Parti, le comité général décide de ne pas marquer de préférence pour l'un ou l'autre des systèmes en présence. Il les renvoie à l'étude de l'ensemble des groupes dont le choix, à la majorité, dictera la rédaction définitive du projet, relativement à la constitution du département de la Seine.

« Ces systèmes sont : 1° fédération unique de la Seine ; 2° fédération régionale avec trois sous-fédérations, 3° trois fédérations dans le département de la Seine sans comité interfédéral. »

Henri de la Porte. — Cette motion de conciliation est celle à laquelle nous aboutirons forcément tout-à-l'heure, mais nous demandons que l'on continue à voter sur le projet en discussion de façon qu'il ne puisse y avoir plus tard des interprétations différentes.

Renaudel. — On ne doit pas pouvoir dire que le comité général ne s'est pas prononcé sur le dernier projet. On renvoie aux groupes trois projets dont deux sont repoussés, — et sur le troisième vous ne voulez pas voter.

Briand. — Nous avons présenté un contre-projet qui ne vous satisfait pas, nous avons conscience que s'il était voté vous en éprouveriez du mécontentement. Révelin et moi qui avons essayé de vous satisfaire, sentant que nous allons manquer notre but et voyant que notre projet se trouve en suspens par deux votes contradictoires, nous retirons notre projet.

Renaudel. — Vous vous enlevez le droit de le soumettre aux groupes.

Briand. — Nous le retirons du vote, mais nous demandons qu'il soit soumis aux groupes avec les autres.

Tanger. — Nous demandons l'égalité. On va présenter deux projets aux groupes. Deux ont été repoussés et un autre se présentera vierge ; deux ont été soumis au vote dans leur totalité, il faut que le troisième le soit également ou il n'ira pas à la consultation.

Bertrand. — Il n'y a que le mien qui sera vierge. (Rires). Nous mettons aux voix l'ensemble du projet.

Révelin — Je demande ce qu'il en reste.

Bertrand. — L'article 1er ; lorsque dans un projet l'article premier est adopté et l'article 2 rejeté, il ne reste, pour l'ensemble, que le premier.

Renaudel. — L'article 1er revient à reprendre la motion repoussée d'une fédération unique.

L'ensemble est mis aux voix par appel nominal. Il est ainsi conçu : « Les groupes de Paris et des départements « de la Seine forment une fédération régionale divisée en « trois fédérations reliées entre-elles par un comité interfé- « déral ».

Ont voté pour : Bagnol, Béguin, Briand, Brunellière, Camélinat, Chaucheprat, Clauzel, Fauga, Gérault-Richard, Imbert, Joindy, Krauss, Légitimus, Longuet Charles, Orry, Puges, Révelin, Roland, Salembier.

Ont voté contre : Blum, Capjuzan, Cipriani, Dejeante, De la Porte, Dubreuilh, Dupetit, Huret, Landrin, Lepage, Létang, Marchand, Patay, Paul Louit, Renaudel, Semanaz, Tanger.

Absents : Bourderon, Carnaud, Donier, Favrais, Fournière, Fribourg, Jaurès, Lenormand, Lévy, Parassols, Ponard, Poulain, Reisz, Richard, Ser, Stern-Maydieu, Willm.

Pour : 19.

Contre : 17.

Absents : 16.

L'ensemble est adopté.

Briand. — Je désire qu'il soit entendu que les auteurs du projet, ayant constaté qu'il pouvait faire obstacle à la conciliation, y ont renoncé pour demander qu'il en fût référé à tous les groupes, par referendum, c'est à dire par le mode de consultation le plus large dont puisse user un Parti, et que c'est sur l'insistance de ceux qui pourtant sont hostiles à ce projet qu'il a été remis aux voix.

Lefèvre. — Je ferai la proposition suivante : « Le co-« mité général, considérant qu'il n'a adopté qu'à une voix « de majorité la partie du projet relative au département de « la Seine, décide de renvoyer à l'étude des groupes les « différents projets ».

Henri de la Porte. — Je constate qu'il est impossible d'aboutir pour la Seine à un projet qui tienne debout. C'est là l'utilité du vote que nous avons demandé. La situation est maintenant bien nette. Je vote la proposition Briand bien entendu, mais si nous votons la proposition Lefèvre, il faut que les groupes voient bien que le projet dit transactionnel était un projet inapplicable.

Lefèvre. — Je demande qu'on envoie le procès-verbal aux groupes.

Briand. — Nous apportons simplement une œuvre de conciliation. J'ai personnellement reçu de membres d'une autre organisation l'indication des points sur lesquels elle serait désireuse de nous voir faire montre de conciliation ; et c'est pour les amener à venir au prochain congrès que nous sommes animés de large conciliation. Mais si nous devons arriver devant les groupes en marquant une préfé-rence, cette proposition n'a plus de raison d'être ; nous ne pouvons faire une proposition qui n'aurait qu'une apparence de générosité.

Il faut de la conciliation. Il y a un autre point sur lequel nous devons encore nous montrer conciliants : c'est celui de la ville où se tiendra le congrès. Le moment venu, je pro-poserai d'indiquer au moins trois villes en laissant aux groupes le soin de choisir entre elles.

Je demande que notre motion fasse table rase et que ces votes ne soient pas portés à la connaissance des groupes, pour qu'on ne puisse nous dire que nous les avons influen-cés. Nous nous inclinerons devant le vote de la majorité des groupes.

Jean Longuet. — J'ai toujours défendu le principe d'une fédération unique ; mais nous n'avons pas à nous prévaloir d'une majorité prise dans des conditions pareilles. Puisque l'impression générale est qu'on n'a pas abouti, il est plus simple de le dire aux groupes et de s'en remettre à eux. Je suis persuadé que l'immense majorité des groupes votera pour une fédération unique.

Lefèvre. — On n'a jamais mauvaise grâce à reconnaître qu'on s'est trompé. Je retire mon amendement, mais il m'apparaît que dans un projet de constitution du Parti socialiste il y a des choses plus importantes que l'organisation particulière de la Seine. Puisque certains points n'ont été adoptés qu'à une voix de majorité, je demande pourquoi on ne renverrait pas le tout aux groupes, nous avons bataillé avec acharnement pendant plusieurs séances, et je ne comprendrais pas que maintenant nous retirions nos votes. Renvoyons donc purement et simplement le projet complet.

Renaudel. — Si le langage de conciliation de Briand avait été d'abord tenu, nous ne serions pas arrivés à cette situation. J'ai insisté plusieurs fois pour qu'on mette mon projet à côté de celui de Dubreuilh. Briand a reconnu qu'il y avait des différences assez fondamentales. En somme, sur les trois projets, deux sont identiques.

Révelin. — Il est bien entendu que cette partie de notre discussion sera publiée comme le reste.

Briand. — Pas les votes.

Lefèvre. — Et les votes aussi. Pourquoi ne pas mettre dans l'exposé des motifs une mention spéciale pour signaler ce point à l'attention des groupes ?

Briand. — Je ne comprends pas une distinction entre une chose votée et renvoyée par le comit général et une autre proposée et également votée par le comité. Il y a là une subtilité qui échappera aux militants comme à moi-même. Puisqu'il y a eu vote, c'est qu'on l'a proposé. Vous ne supposez pas que des groupes, parce que vous marquez une préférence, accepteront sans discussion. Ce qui est intéressant, c'est que toute la discussion figure dans la brochure, mais pas les votes.

J'ai retenu l'argument de Tanger. C'est donner ce qu'on appelle le coup de pouce. Nous devons renvoyer la situation vierge aux militants. Notre vote ne signifie rien ou signifie quelque chose. Si vous pensez qu'il signifie quelque chose, c'est que vous supposez qu'il est de nature à influencer les militants, et l'on pourra croire alors que notre proposition de conciliation n'était pas sans arrière-pensée. La discussion seule est intéressante pour les groupes qu'elle peut éclairer.

Henri de la Porte. — Les votes ont une certaine importance à cause du nom des votants. On verra que vous avez repoussé d'abord la fédération unique, puis en votant l'ensemble du projet, que vous l'avez acceptée. On verra que votre thèse était à ce point inadmissible que vous vous êtes perpétuellement divisés et contredits.

Briand. — Par esprit de conciliation, et je trouve assez singulier que vous nous le reprochiez.

Lefèvre. — Je suis de l'avis de de la Porte, mais c'est parce qu'au cours de la discussion nous avons donné nos raisons que nous devons tout publier.

(Cris : la clôture).

Bertrand. — Nous allons voter sur la proposition Briand.

Lefèvre. — Je propose de voter sur l'ordre du jour pur et simple et il sera fait dans l'exposé des motifs mention des différentes propositions.

L'ordre du jour pur et simple est mis aux voix par appel nominal :

Ont voté pour : Bagnol, Béguin, Blum, Camélinat, Capjuzan, Clauzel, Dejeante, De la Porte, Dubreuilh, Gérault-Richard, Krauss, Landrin, Légitimus, Lepage, Létang, Ch. Longuet, Paul-Louit, Marchand, Orry, Tanger.

Contre : Bertrand, Briand, Brunellière, Chaucheprat, Cipriani, Dupetit, Fauga, Huret, Jaurès, Joindy, Patay, Puges, Renaudel, Révelin, Roland, Salembier, Ser, Semanaz.

Absents : Bourderon, Carnaud, Donier, Favrais, Fournière, Fribourg, Imbert, Lenormand, Lévy, Parassols, Ponard, Poulain, Reisz, Richard, Stern-Maydieu, Willm.

Pour : 20.

Contre : 18.

Absents : 16.

L'ordre du jour pur et simple est adopté.

La séance est levée à 12 h. 30

Présidence du citoyen **Toussaint,** *délégué de la fédération
de la Côte-d'Or*

———

La séance est ouverte à 9 h. 30.
Présents : Béguin, Bertrand, Briand, Camélinat, Capjuzan,
Chaucheprat, Clauzel, Cipriani, Dejeante, de la Porte, Du-
petit, Gérault-Richard, Huret, Imbert, Lepage, Charles
Longuet, Orry, Patay, Paul Louit, Révelin, Cordé, Tanger.
Suppléés : Donier, par de Pressensé ; Joindy, par Jean
Longuet ; Légitimus, par Maurice ; Marchand, par Chéra-
dame ; Puges, par Chevallerie ; Roland, par Toussaint ; Ser,
par Paris.
Excusés : Bagnol, Jaurès, Lenormand, Renaudel.
Absents : Blum, Bourderon, Brunellière, Carnaud, Dubreuilh, Favrais, Fauga, Fournière, Fribourg, Krauss, Landrin, Létang, Lévy, Parassols, Ponard, Poulain, Reisz, Richard, Salembier, Semanaz, Willm.

Jean Longuet. — Briand nous avait dit qu'il avait
l'intention de demander que l'on rouvrit la discussion
sur le lieu où doit se tenir le congrès. J'avais déjà été de
l'avis de Dubreuilh lorsque cette question était venue la
première fois : je proposerai Lyon, deuxième ville de
France. Plusieurs organisations verraient dans le maintien
de Paris l'intention pour quelques organisations de majoriser
le congrès.
Henri de la Porte. — Je suis également d'avis que le
congrès ne se tienne pas à Paris, et au nom de la fédération
Anjou-Poitou-Vendée, je proposerai l'une des trois villes
suivantes : Tours, Orléans, Bourges ; mais il est évident
que la fédération acceptera n'importe quelle ville, pourvu
que ce ne soit pas Paris.
Tanger. — Longuet a dit que certaines organisations
voient dans le choix de Paris l'intention de former une
majorité en leur faveur. Ce n'est pas du tout la raison pour

laquelle nous demandons que le congrès soit tenu en province.

Jean Longuet. — Je faisais allusion au P. O. F.

Tanger. — Dubreuilh a dû dire que nous demandons une ville de province parce qu'il est dit dans le statut du parti que deux congrès ne pourront être tenus deux années de suite dans la même ville. Quant au choix de la ville, il n'y a qu'à en proposer quelques-unes au referendum qui déciderait.

Bertrand. — J'ai mandat de la fédération que je représente de demander que le prochain congrès ne soit pas tenu à Paris. Nous n'avons aucune préférence pour telle ou telle autre ville.

Révelin. — Il y a une décision du congrès de 1899 qui décide que les congrès auront lieu successivement dans différentes villes, mais cette décision a été prise sans aucune discussion ; beaucoup de camarades estimeraient qu'elle est contestable. On avait choisi Paris, la dernière fois, parce que l'on organisait un congrès constituant, et comme cette constitution n'existe plus que virtuellement, il est remarquable que les camarades qui hors du comité général l'invoquent le plus, sont ceux qui sont le plus en désaccord avec ce qui constituait l'union centrale des organisations.

Briand. — Si l'on devait s'en tenir uniquement à ce qui est statutaire, on n'aurait pas discuté la question des syndicats, puisqu'il est statutaire qu'ils soient dans le Parti. Nous sommes tous d'accord pour demander, c'est une mesure de conciliation, que le prochain congrès ne soit pas tenu à Paris. Nous tenons à nous éloigner du Boul'Mich. (Rires).

Tanger. — Vous vous trompez en croyant que cette discussion est de même nature que celle des syndicats. Si le comité général avait discuté l'admission des syndicats, vous auriez raison, mais le comité général a préparé un projet d'unification et il le préparait en discutant tous les éléments de ce projet.

Il a été décidé également que chaque congrès indiquerait la ville où se tiendrait le prochain. Cela n'ayant pas été observé, c'est par un referendum qu'il faut trancher la question.

Capjuzan. J'indiquerai au comité général qu'il doit se montrer bon prince ; s'il change d'avis, c'est parce qu'il sent le vent souffler de notre côté.

Orry. — Avec le referendum, chaque groupe va indiquer sa ville.

Paul Louit. — On pourrait indiquer deux ou trois villes.

Toussaint. — Nous allons voter sur la question de principe.

Gérault-Richard. — Je demanderai que parmi les villes soumises aux groupes, Paris figure.

Tanger. — Nous demandons que Paris soit exclu.

Béguin. — Je demande que le comité choisisse lui-même la ville, ou, si vous faites appel au referendum, qu'aucune ville ne soit exclue.

Gérault-Richard. — Si je demande que Paris figure parmi les villes qui seront proposées, c'est parce que peut-être les groupes eux-mêmes verront un avantage à ce que le congrès soit tenu à Paris. On a dit que le prochain congrès sera un congrès comme un autre. Je crois qu'on se trompe ; il aura une importance extraordinaire. Nous allons donner au Parti une constitution qui engage non seulement le présent, mais l'avenir. Il est donc naturel que tous les groupes tiennent à se faire représenter. Or Paris est justement, par sa situation géographique, la ville où l'on a le plus facilement accès, et à meilleur compte.

Maurice. — Nous ne pouvons négliger Paris, c'est entendu. D'autre part, nous semblions être d'accord, dans un esprit de conciliation, pour fixer une ville de province. Ne pourrait-on, sans exclure Paris, indiquer une préférence pour une ville de province ?

Henri de la Porte. — Je ne vois pas pourquoi nous changerions d'avis.

Gérault-Richard. — Je n'ai jamais changé d'avis.

Henri de la Porte. — J'ai reçu mandat de faire respecter les décisions du congrès de 1899 autant qu'il serait en mon pouvoir. Le dernier congrès a décidé que le prochain serait tenu dans une ville différente ; il y a eu seulement exception, l'année dernière, à cause de l'Exposition. Tous les militants de province pensent que le congrès doit se tenir en province, non pas par méfiance à l'égard de Paris, mais parce que cela est dans le statut du Parti. D'ailleurs, dans une ville de province, le désir d'union se ferait peut-être mieux sentir.

Jean Longuet. — Je crois que Béguin a bien posé la question, il faut tout de suite décider où le congrès aura lieu, ou soumettre la question au referendum sans faire d'exclusion. Il y a un inconvénient à proposer beaucoup de villes, parce que chaque groupe proposera la sienne. En

1899 j'ai entendu dire par beaucoup de camarades que le prochain congrès aurait lieu à Lyon. Tous les groupes du Midi s'en trouveraient ainsi bien près. Gérault-Richard disait que ce congrès sera important : il ne s'ensuit pas qu'il doive être tenu à Paris. Le seul désavantage à le tenir en province, c'est qu'on y verra sans doute moins de délégués. Tout bien considéré, c'est peut-être un avantage.

Tanger. — Paris est exclu par le fait que le dernier congrès s'y est tenu. Nous ne nous opposons nullement à ce que le comité général choisisse la ville.

Henri de la Porte. — A la dernière réunion des groupes de Niort, à laquelle j'ai assisté, il a été décidé à l'unanimité que le prochain congrès ne devait pas se tenir à Paris.

Toussaint. — Votons pour savoir si le congrès doit être tenu en province.

(Adopté).

Toussaint. — Nous votons maintenant sur la ville de province où le congrès aura lieu.

(Cris de : Lyon ! Lyon !)

La ville de Lyon est choisie comme siège du prochain congrès.

Briand. — Nos amis du P. O. F., dans plusieurs articles, ont fait remarquer que, dans le projet, nous n'indiquons pas que nous nous soumettons aux décisions des congrès internationaux.

Gérault-Richard. — Et l'entente internationale des travailleurs ?

Briand. — Il y a un article où nous disons que le congrès national règle la situation du Parti. Pourquoi ne pas mettre : les congrès nationaux et internationaux ? Le dernier congrès a voté la motion Kautsky. Voyant que nous ne parlons pas dans l'exposé des motifs des congrès internationaux, quelques-uns pourraient penser que c'est à dessein.

Gérault-Richard. — Je ne m'élève pas du tout contre les très justes susceptibilités de Briand, mais je trouve mesquin le motif qui les fait s'éveiller. Nous avons affaire à des adversaires, à des contradicteurs, qui trouveront toujours à dire quelque chose. Nous allons leur donner satisfaction sur ce point. Demain ils relèveront dans le projet un mot plus ou moins ambigu et ils nous accuseront d'enfreindre les règles générales du socialisme international. Nous posons en principe dans notre projet l'entente internationale des travailleurs ; nous nous engageons par là à nous soumettre à cette entente, élaborée en commun. Je ne fais cette observation que pour que mon ami Briand comprenne qu'il n'aura pas évité toutes les critiques parce qu'il aura ajouté un mot à la rédaction.

Briand. — Je ne voudrais pas que mon ami Gérault-Richard me crût naïf au point d'être dupe. Dans les critiques qui sont faites, il y en a qu'il faut écarter comme étant de parti pris, mais il y en a d'autres qui sont fondées, dont il est bon, par conséquent, de tenir compte. Si quelques-uns dans le P. O. F. sont de parti pris, je crois que l'ensemble des militants de cette organisation sont de bonne foi. Nous devons tout faire pour leur prouver que nous ne sommes pas animés des intentions qu'on nous prête.

Tanger. — Je veux me dégager d'un mot employé par Gérault-Richard qui a parlé d'adversaires ; ce sont peut-être des adversaires de Gérault-Richard, mais pas de tout le comité général qui a pour mission de faire l'unité socialiste. On ne peut travailler à faire l'unité avec cette idée que l'on a des adversaires dans le Parti. Si, à la suite des critiques qui nous sont adressées, nous voyons que nous avons omis quelque chose, il est de notre devoir de réparer cet oubli.

Gérault-Richard. — Je ne savais pas que l'observation faite par Briand se rapportait à une critique du P. S. R., sans quoi je n'aurais pas parlé d'adversaires. Mais je crois pouvoir faire remarquer à Tanger qu'il aurait une singulière appréciation de la valeur des mots, s'il ne pensait pas que l'on peut appeler au moins contradicteurs des gens qui n'ont à notre égard aucune réserve. Maintenant si on veut, par pléonasme, donner satisfaction à ceux dont les susceptibilités ne sont pas seulement éveillées, mais exagérées, je ne m'y oppose pas. (La proposition Briand est adoptée).

Maurice. — A-t-il été pris une décision au sujet des cartes ?

Henri de la Porte. — Allemane et moi, nous avons présenté un amendement sur lequel on n'a pas voté. Nous avions pensé le réserver jusqu'après le referendum.

Révelin. — Cela a été décidé par le comité.

Henri de la Porte. — Je n'insiste pas.

Maurice. — Il est entendu également que les décisions des congrès antérieurs sont reprises dans le projet.

Pour les cartes, je crois que nous devrions y laisser voir quelque souci de l'esthétique. Le P. O. F. a un modèle de carte qui a une signification ainsi qu'un timbre d'un caractère spécial. Ne pourrait-on faire appel aux artistes socialistes, par l'initiative du comité général, **pour** la création d'un modèle que nous adopterions?

Révelin. — Je demande que cette question soit renvoyée au moment où nous discuterons la question des cartes.

Le citoyen Révelin, au nom de la commission d'unification, donne lecture de l'exposé des motifs qui précédera le projet[1]. (Applaudissements).

Bertrand. — Je me suis associé aux applaudissements qui ont accueilli la lecture du rapport de Révelin. Au point de vue de la forme, Révelin a manifesté l'intention de revoir son rapport. Ne pourrait-on réduire un peu certains passages qui donnent une impression de polémique personnelle?

Révelin. — Je pourrais en effet réduire un peu le projet.

Bertrand. — Il y a un mot impropre : parlement impérial; j'aimerais mieux : parlement de l'empire d'Allemagne, car le Reischtag n'est pas un parlement impérial, c'est le Parlement de l'empire.

Révelin. — J'ai reproduit l'expression du *Rapport pour le congrès international socialiste ouvrier et syndical*, traduit d'ailleurs dans un français douteux.

Briand. — Au sujet des syndicats, l'exposé dit que le comité général s'est seulement conformé à une décision d'un congrès général du Parti socialiste. Il serait bon d'ajouter que sa décision est également conforme à celles des congrès internationaux, lesquels admettent les syndicats et les coopératives aux mêmes conditions que nous imposons nous-mêmes.

Chaucheprat. — Il serait peut-être utile de faire mention également des réserves que les délégués des syndicats ont faites en ce qui concerne l'obligation d'adhérer à la fédération nationale. Vous savez que les syndicats ont demandé à former une fédération à part.

Bertrand. — Au sujet des sectes, il y a aussi un passage qui n'est peut-être pas indispensable.

Révelin. — C'est le classique passage d'Engels et de Marx.

Jean Longuet. — Révelin fait remarquer que les organisations françaises ont dépassé cette période.

Bertrand. — Révelin pourrait peut-être faire disparaître deux ou trois mots qui supprimeraient de son rapport toute apparence de polémique personnelle.

1. Voir le texte, à la fin du volume, en tête du projet.

Béguin. — Révelin s'est contenté de rapporter le sens de nos discussions ; pour les syndicats, son exposé est d'une précision absolue. Ce qui frappe Bertrand, c'est qu'il est dit que les organisations, qui demandaient le retrait des syndicats, ont justement accepté ces syndicats dans leur sein. Révelin le dit, mais il a raison, puisque c'est la vérité.

Chauchoprat. — Il est dit dans le rapport que les organisations économiques nationales s'étaient prononcées contre l'entrée des syndicats dans le Parti. C'est une erreur. Il n'y a à cet égard, qu'un seul vote, celui de la fédération des Bourses du travail, aux termes duquel les syndicats, en tant qu'organisations des Bourses du travail, ne devaient pas appartenir au Parti socialiste ; mais dans ce rapport, il n'a jamais été question d'eux, sur ce point, en tant que groupements corporatifs particuliers.

Capjuzan. — Dans tous les congrès corporatifs, lorsqu'on a constitué la confédération générale du travail, il a été dit que les organisations adhérentes à cette confédération ne devraient adhérer à aucune organisation politique.

Chauchoprat. — Il n'y a aucune décision nationale ni internationale là-dessus ; c'est d'autant plus inexact que Coppigneaux, qui était secrétaire de la confédération générale du travail, a été nommé délégué des syndicats au comité général du Parti. Coppigneaux s'est retiré, mais pas pour des considérations du genre de celles que vous exprimiez ; au congrès de Rennes, il a été décidé qu'on laisserait toute liberté aux syndicats, pourvu qu'ils n'engageassent que leurs groupements particuliers, et même, s'il y avait plusieurs sections dans un même syndicat, une section avait le droit d'appartenir à un groupe politique sans engager le syndicat.

Capjuzan. — Nous ne sommes pas d'accord.

Révelin. — Le plus simple est de supprimer le passage.

L'exposé des motifs est approuvé dans toutes ses parties y comprises celles qui concernent la fédération de la Seine.

Briand. — Le P. O. F. n'a pas pris de résolution au sujet du prochain congrès ; mais la tournure de ses explications dans son journal laisse voir qu'il n'est pas douteux qu'il s'abstiendra. La question se pose alors pour le comité de savoir s'il ne devra pas faire une situation particulière aux groupes de cette organisation qui, dans un but d'unité, voudraient venir au congrès. Il est convenu que seuls seront admis les groupes qui viendront par l'intermédiaire d'une organisation. Si cependant quelques groupes du P. O.

F. désirent assister au congrès, je demande que nous les acceptions.

Tanger. — Je serais d'accord avec Briand à ce point de vue, mais peut-être serait-il préférable de n'examiner cette question que dans les dernières séances qui précéderont le congrès.

Maurice. — Nous venons de voter au sujet du lieu du congrès une résolution qui donnera satisfaction au P.O.F.; j'appuie donc d'autant plus la proposition Tanger.

La proposition Tanger est adoptée.

La séance est levée à minuit.

PROJET D'UNITÉ SOCIALISTE

PROJET D'UNITÉ SOCIALISTE

EXPOSÉ DES MOTIFS

Camarades,

La décision du congrès national était formelle : le Comité général devait préparer et soumettre à votre examen un projet d'unité.

La nécessité d'unifier toutes les forces du Parti socialiste est si évidente qu'il n'est pas besoin de la démontrer ; il suffit de la constater. Les travailleurs, en effet, ne possèdent pas les moyens de production, ils n'ont rien à vendre que leur force de travail. Ils ne forment qu'une seule et même classe, parce qu'ils sont tous des salariés. Unis et disciplinés par le mécanisme de la production moderne avec ses vastes entreprises, ils ont le même programme de revendications immédiates, le même idéal pour l'avenir. Ils se proposent sans doute d'améliorer leurs conditions d'existence actuelles, d'obtenir un salaire normal et des conditions humaines de travail. Ils veulent surtout abolir le salariat. Ils constatent que la concentration et la centralisation des capitaux rendent nécessaire l'expropriation économique de la bourgeoisie. Ils savent qu'ils ne seront émancipés que par la transformation de la propriété privée des moyens de production en propriété sociale.

Pour faire valoir leurs revendications les plus urgentes, comme pour réaliser le collectivisme et le communisme, les travailleurs de tous les pays organisent des syndicats, des coopératives et forment un parti politique de classe, un parti ouvrier.

Ils doivent, en effet, se défendre contre la bourgeoisie qui les exploite et qui les opprime, parce qu'elle possède tous les moyens de production, y compris le sol. Ils doivent combattre les capitalistes et les propriétaires fonciers, qui ne sont pas forcés de travailler et de produire, parce qu'ils prélèvent sur le travail leurs profits et leurs rentes.

La lutte des classes est un fait que tous les travailleurs peuvent constater par une expérience directe et personnelle. Dès que les travailleurs reconnaissent, avec toutes ses conséquences, le fait de la lutte des classes, l'unité de doctrine est réalisée pour eux, et le mouvement ouvrier ne peut plus être un mouvement de sectes, il devient le mouvement d'ensemble de toute la classe ouvrière.

Trop attachées à leurs formules spéciales, à leurs dogmes particuliers, les sectes subordonnaient l'intérêt de la classe à leurs intérêts propres. Les ouvriers avaient donc raison de détester les sectes, leurs tendances autoritaires et utopiques, leur intelligence incomplète et bornée du mouvement social.

Marx et Engels pouvaient écrire dans le « Manifeste des communistes » :

Quelle est la position des communistes vis-à-vis des prolétaires pris en masse ?

Les communistes ne forment pas un parti distinct opposé aux autres partis ouvriers. Ils ne proclament pas des principes sectaires sur lesquels ils voudraient modeler le mouvement ouvrier.

Les communistes ne se distinguent des autres partis ouvriers que sur deux points :

1° Dans les différentes luttes nationales des prolétaires, il mettent en avant et font valoir les intérêts communs du prolétariat ;

2° Dans les différentes phases évolutives de la lutte entre prolétaires et bourgeois, ils représentent toujours et partout les intérêts du mouvement général.

On peut dire aujourd'hui que le temps des sectes est passé pour toujours. L'histoire de leurs systèmes et de leurs rivalités forme la préhistoire du mouvement socialiste. On peut ajouter qu'il n'existe plus nulle part un Parti ouvrier qui ne soit en même temps un parti collectiviste ou communiste. Le prolétariat a, de plus en plus, une action historique propre dans tous les pays où il est organisé. L'unité de conscience de la classe ouvrière se manifeste avec une force croissante et irrésistible dans tous les congrès nationaux et internationaux.

L'Allemagne, la Belgique, l'Italie donnent les plus remarquables exemples de ce que peut la constitution d'un parti unique de classe. En France, le Parti socialiste ne forme réellement qu'un seul parti ouvrier. Il comprend, à la vérité, diverses organisations qui ont des traditions particulières et une histoire. Mais entre toutes les organisations l'accord sur les principes essentiels est désormais réalisé.

Elles ne peuvent ni s'ignorer les unes les autres, ni se combattre en face de l'ennemi commun. C'est une croyance qui devient de plus en plus générale que l'unité de doctrine implique l'unité d'organisation. L'expérience a condamné, parce qu'ils ne suffisaient pas, les essais d'unification qui ont été tentés depuis deux ans.

La constitution du Comité d'entente socialiste fut un premier effort vers l'unité. Mais les organisations demeuraient tout à fait indépendantes les unes des autres. Elles avaient au Comité une représentation égale. Les décisions, pour être valables, exigeaient l'unanimité.

Le congrès de Paris de 1899 devait réaliser un progrès considérable en fondant l'Union centrale. Il accordait aux organisations une représentation proportionnelle au nombre de leurs mandats. Il constituait un Comité général où la majorité pouvait décider. Il reconnaissait en même temps l'existence des premières fédérations autonomes.

Mais l'union centrale ne peut pas produire tous les effets de l'unité véritable. Elle ne peut pas subsister réellement, si les groupes ne sont pas eux-mêmes unis dans la commune, la circonscription et le département. Cette union à tous les degrés, c'est l'unité que nous vous proposons de réaliser. Elle exige que les fédérations comprennent à l'avenir tous les groupes du département ou de la région et qu'il n'y ait qu'une fédération par département ou par région.

Le projet du Comité général contient d'autres dispositions qu'il importe de remarquer. Il établit, comme une règle nécessaire, le principe que la majorité décide. En même temps il offre aux minorités la garantie de la représentation proportionnelle.

Ainsi, les droits des minorités seront toujours respectés ; elles pourront faire entendre leurs raisons. Ainsi se développera peu à peu l'habitude d'une discipline exacte et d'une entente cordiale.

Notre projet prévoit encore l'unité de candidature et l'unité de programme pour tous les candidats. Il est bien certain qu'un tel but ne peut être atteint que lorsque les forces du parti seront unifiées, et c'est une autre raison d'oublier toutes les querelles d'autrefois, d'assurer la paix entre tous les socialistes.

Tel est, réduit à ses dispositions essentielles, le projet du Comité général.

« Il importe d'ajouter qu'aussi longtemps que les anciennes organisations auront des raisons d'être, elles subsisteront. Elles épuiseront toute la force de propagande qu'elles peuvent contenir. Elles ont créé des liens d'amitié, d'estime et de confiance qui doivent être respectés. Les camarades des organisations seront libres de se concerter, mais la fédération de tous les groupes dans la commune, la circonscription et le département opérera avec le temps la fusion complète de tous les éléments. » (1).

Il reste à examiner maintenant les différentes sections dont se compose le projet, à en commenter les principaux articles.

(1) Premier rapport au Comité général sur le projet d'unité.

SECTION I

Les principes du Parti. — Conditions d'admission des groupes.

LES PRINCIPES ET LE PROGRAMME

L'article 1er reproduit la formule qui a servi de base à la convocation des congrès de 1899 et de 1900. Cette formule résume les principes essentiels du socialisme, sur lesquels l'accord est pleinement réalisé entre toutes les organisations. Le Comité général a estimé que, puisque les socialistes sont d'accord sur les principes les plus généraux et les plus essentiels, ils doivent l'être aussi sur le programme de leurs revendications immédiates. Ce programme ne peut admettre aucune compromission avec la doctrine, il ne peut proposer que des mesures spécifiquement socialistes ou des réformes utiles à l'organisation ouvrière. La propagande ne doit ni atténuer la doctrine, ni se permettre d'inutiles ou trop faciles surenchères. Elle doit proposer l'idéal socialiste tout entier, pour lui laisser toute sa vertu. C'est pour ces raisons que le Comité général a voté l'article 24 :

« Le Comité général préparera pour les élections législatives et municipales un programme qui sera précédé d'un exposé théorique des principes du socialisme.

» Ce programme sera soumis à l'examen des fédérations et du congrès national de 1902, qui se réunira avant les élections législatives. »

C'est dans ce programme que les camarades trouveront toutes les garanties qu'ils peuvent souhaiter, ainsi que dans les décisions des congrès nationaux et internationaux relatives aux principes de doctrine et aux règles de tactique.

LES SYNDICATS

L'admission des syndicats a été discutée, comme elle l'avait été déjà au Comité d'entente et à la commission des résolutions du congrès de Paris de 1899.

On sait quelle est la thèse des camarades qui estiment que les syndicats ne doivent pas adhérer au Parti. Ils invoquent l'exemple de l'Allemagne. L'argument n'est peut-être pas décisif, parce que les conditions historiques ne sont pas les mêmes en France et en Allemagne.

L'organisation syndicale n'est pas en Allemagne une organisation unitaire. Il faut distinguer, en effet : — 1° Les fédérations centrales, avec 580,000 membres environ ; 2° les sociétés locales avec 16,000 membres ; 3° les unions Hirsch-Duncker, avec 86,000 membres ; 4° les syndicats chrétiens, avec 112,000 membres.

Pour éviter d'inutiles contestations, le mieux est d'exposer, d'après un document authentique, la conception que les ouvriers syndiqués d'Allemagne se font des rapports du mouvement ouvrier syndical et du mouvement ouvrier politique.

On lit à la page 6 du *Rapport pour le congrès international socialiste ouvrier et syndical* (Paris 1900), qui a été présenté par la commission générale des syndicats d'Allemagne :

Les Fédérations syndicales centrales

Ces organisations se caractérisent selon leurs tendances en ce qu'elles se placent sur le terrain du mouvement ouvrier moderne. Leurs chefs sont membres du parti démocrate-socialiste, et quelques-uns d'entre eux sont élus comme représentants de ce parti au Parlement de l'Empire (Reichstag) et aux Parlements des Etats particuliers. Les membres des fédérations centrales, ou sont membres inscrits du parti démocrate-socialiste, ou donnent aux élections leur vote aux candidats de ce parti. Il est vrai qu'entre les fédérations et l'organisation du parti il n'y a ni contrat ni convention, et aussi que les premières, dans leurs congrès, n'ont pas pris officiellement position pour le parti. Mais par les faits mentionnés ci-dessus, on reconnaît la connexité intérieure qui réunit ces deux armées dans la lutte de classes.

Officiellement, les fédérations syndicales centrales restent neutres en politique et en religion, et ne font pas dépendre l'accès à l'organisation d'une conception déterminée ni de la politique ni de la religion.

C'est là ce qui distingue les fédérations centrales de toutes les autres organisations syndicales allemandes. Quant aux unions locales, le chiffre de leurs adhérents est peut-être plus élevé que celui qui a été indiqué par les Comités des fédérations centrales. Il n'y a pas de statistique exacte. Le premier congrès des unions locales posait en 1897 le principe suivant :

Une séparation du mouvement syndical de la politique consciente des démocrates socialistes est impossible, sans paralyser et sans enlever les chances d'espoir à la lutte pour l'amélioration de la situation des ouvriers dans l'ordre actuel de la société.

Pendant la loi de persécution contre les socialistes, ces unions ont été utiles. En cas de dissolution, il est, en effet, facile de former une nouvelle société.

Les unions Hirsch-Duncker ont été fondées pour servir la bourgeoisie contre la démocratie sociale. L'ouvrier qui entre dans l'une de ces unions doit signer un engagement « *Revers* », par lequel il déclare n'être pas membre du Parti socialiste et n'avoir pas l'intention de le devenir. Le principe de ces unions est la paix entre le capital et le travail. Leurs chefs soutiennent la politique du Parti libéral. Ces unions fournissaient autrefois des ouvriers aux entrepreneurs en temps de grève. Elles renoncent, de plus en plus, à cette détestable pratique. Elles deviennent moins exclusivement des Sociétés de secours mutuels ; elles propagent la théorie de la protection légale des ouvriers. Formées pour diviser le mouvement syndical ouvrier, pour écarter les travailleurs du Parti démocrate socialiste, elles pourraient bien, avec le temps, se rapprocher des syndicats qui sont inspirés par l'esprit socialiste.

Les syndicats chrétiens ont été, pour la plupart, fondés en 1897, 1898, 1899. Ils comprenaient environ 112,000 membres vers la fin de l'année 1899. Le succès de cette propagande s'explique par l'influence considérable de l'Église, surtout de l'Église catholique, sur les ouvriers crédules et superstitieux. Il s'agissait sans doute d'inspirer aux ouvriers l'amour de Dieu et de la Patrie, de pourvoir plutôt au salut de leurs âmes qu'au soulagement de leurs misères ; mais le but était surtout de combattre les syndicats qui devenaient forts et redoutables. Cependant, au congrès de 1900, les membres ouvriers des unions chrétiennes se déclaraient prêts à poursuivre l'amélioration de la situation des travailleurs. Ils déclaraient que, dans ce but, ils n'hésiteraient pas à accepter une collaboration avec les syndicats démocrates socialistes. Ils désignaient ainsi les membres des fédérations centrales comme ceux des unions locales.

On comprend maintenant pourquoi la thèse de la neutralité politique et religieuse est si généralement admise en Allemagne. Seules, les fédérations centrales, avec le budget considérable dont elles disposent, peuvent soutenir efficacement la grève. Elles pratiquent avec succès la politique du contrat collectif dans les grèves défensives comme dans les grèves offensives. Elles ont à unifier le mouvement syndical ouvrier, à éliminer ou à assimiler les syndicats libéraux et les syndicats chrétiens. Elles font donc profession d'observer la neutralité politique et religieuse, mais elles déclarent que l'esprit qui les anime est le même que celui qui inspire le parti socialiste. Les deux organisations sont distinctes, parce que les fins immédiates sont différentes et qu'elles n'exigent pas les mêmes moyens.

Telle n'est pas la situation en France, assurément. Nul ne soutient qu'il doive y avoir confusion entre l'organisation ouvrière et l'organisation socialiste. Nul ne prétend que les syndicats doivent tous, dès à présent, faire profession de socialisme. Mais nul aussi ne peut méconnaître les rapports intimes de l'action syndicale et de l'action socialiste.

Les grèves ont, depuis deux ans, exigé un grand effort de propagande. C'est au Comité général que les camarades demandent l'envoi de délégués en mission, le concours des députés socialistes. Les travailleurs savent bien tout ce qu'ils ont à redouter des vexations de la police, des charges trop souvent meurtrières des gendarmes et des soldats. Qui pourrait blâmer cette union qui s'opère dans toutes les grèves entre le mouvement syndical et le mouvement socialiste ? Regrettera-t-on que les syndicats ne soient pas assez puissants, assez organisés, pour se passer complètement de l'aide que leur apportent des « politiciens » ? Nul ne peut abolir par décret les nécessités que comportent la grève, la force actuelle de l'organisation ouvrière et la constitution de l'Etat bourgeois.

Le projet du Comité général ne prétend pas régler, par un pacte constitutionnel, les relations des syndicats ouvriers, dans leur ensemble, avec le Parti socialiste. Il doit déterminer seulement les rapports du Parti avec les syndicats qui donnent leur adhésion au Parti.

Le Comité général a suivi les précédents et la tradition. Les congrès internationaux sont à la fois des congrès ouvriers et des congrès socialistes. Il suffira de rappeler les résolutions de la conférence de Bruxelles. Elles donnaient mandat au Comité d'entente socialiste d'inviter au congrès international de Paris :

1° Toutes les associations qui adhèrent aux principes essentiels du socialisme : socialisation des moyens de production et d'échange ; union et action internationales des travailleurs ; conquête socialiste des pouvoirs publics par le prolétariat organisé en Parti de classe ;

2° Toutes les organisations corporatives qui, se plaçant sur le terrain de la lutte des classes et déclarant reconnaître la nécessité de l'action politique, donc législative et parlementaire, ne participent cependant pas d'une manière directe au mouvement politique.

Les délégués au congrès socialiste international de 1900 tenaient leurs mandats, les uns des groupes politiques, les autres des groupes corporatifs. Et les congrès internationaux sont bien certainement la plus complète expression de l'unité de conscience, de la communauté d'aspirations de la classe ouvrière.

Dira-t-on que l'adhésion à un congrès est autre chose

que l'adhésion à un Parti ? Assurément, mais le Comité général n'a pas reproduit l'article 2 des résolutions de la Conférence de Bruxelles. Les syndicats qui adhèrent au Parti socialiste français sont admis aux mêmes conditions que les groupes politiques. Ils doivent accepter explicitement les principes essentiels du socialisme. Rien pourtant ne les oblige à participer d'une manière directe à l'action politique. Ils sont libres, à cet égard, d'adopter la tactique qu'ils jugent la meilleure. Ils prennent part, d'ordinaire, à la direction générale du Parti, ou des fédérations, au mouvement politique d'ensemble. Les membres des syndicats socialistes votent pour les candidats du Parti, mais les syndicats socialistes, en tant que syndicats, ne se mêlent pas aux luttes électorales.

On paraît craindre que, par une adhésion formelle au Parti socialiste, le recrutement des syndicats ne devienne plus difficile. Mais ce sont les intéressés qui seront les meilleurs juges. Le projet du Comité général n'impose rien, et le concours du Parti est acquis indistinctement à tous les syndicats qu'animent l'esprit et la conscience de classe. Le projet reconnaît seulement aux syndicats la faculté de participer au mouvement du Parti. C'est aux syndicats eux-mêmes de décider s'ils ont avantage à user de cette faculté.

En fait, la question, au Comité d'entente et à la Commission des résolutions du congrès de 1899, s'était posée dans des termes un peu différents. On hésitait moins à admettre les syndicats qui adhéraient par l'intermédiaire des organisations, que ceux qui donnaient une adhésion directe au Parti. Les syndicats doivent désormais adhérer à la fédération du département ou de la région. Les règles d'admission sont donc unifiées pour tous les syndicats. C'est un progrès incontestable. C'est une garantie qui autrefois semblait suffisante aux plus exigeants.

Enfin la question aujourd'hui n'est plus entière. Au dernier congrès du Parti, près de 550 syndicats étaient représentés. Ne plus les admettre à l'avenir, ce serait donc les exclure.

Parmi ces syndicats, 204 adhéraient directement au Comité général, 125 étaient inscrits aux Fédérations départementales, 166 au Parti ouvrier français, 46 à la Fédération socialiste révolutionnaire, 39 au Parti socialiste révolutionnaire, 21 à la Fédération des travailleurs socialistes et 14 au Parti ouvrier socialiste révolutionnaire. Ainsi 351 syndicats sont comptés comme groupes adhérents des organisations. Donc, la règle que l'on proposait au Comité général d'établir, — la séparation du mouvement syndical et du mouvement socialiste, — n'a pas encore été suivie par les organisations.

On voit les raisons qui expliquent la décision du Comité général. Il lui a semblé que le Parti socialiste devait être à la fois un parti ouvrier et un parti socialiste. Il faut ajouter que les syndicats devront, à l'avenir, adhérer aux fédérations, et que les fédérations inviteront leurs membres à adhérer aux syndicats.

LES COOPÉRATIVES

La question des coopératives est analogue à la question des syndicats. On a fait autrefois les critiques les plus justes et les mieux fondées du mouvement coopératif. Il reste pourtant hors de doute que la coopérative est intéressante, si elle est un groupement ouvrier. Ces critiques ne s'appliquent pas avec raison aux coopératives dont les membres ont conscience des intérêts de la classe ouvrière et se déclarent ouvertement socialistes. On peut rappeler l'exemple remarquable des coopératives du Parti ouvrier belge. En France on peut constater le progrès croissant des coopératives du Parti.

Le Comité général a laissé au congrès des coopératives socialistes le soin de fixer elles-mêmes les règles qui détermineront leur contribution à la propagande du Parti (article 18). Jusqu'à présent ces règles sont variées. Quelques coopératives imposent à chacun de leurs membres une cotisation personnelle, d'autres opèrent un prélèvement sur leurs prix de vente, d'autres un prélèvement sur leurs trop perçus.

Il est pour l'ouvrier d'un grand intérêt que son salaire puisse acheter plus de produits, et des produits meilleurs. Il est d'un intérêt plus grand encore que les syndicats et la propagande reçoivent des coopératives d'importantes subventions. La coopération, lorsqu'elle est dirigée selon les principes les plus purs du socialisme, ne peut pas sans doute dépasser les limites qu'impose à son action la structure économique de la société, mais elle s'élève bien au-dessus des limites morales de la coopération vulgaire. Elle suscite les dévouements et les enthousiasmes, parce qu'elle est une œuvre de propagande et d'émancipation.

Tels seraient, d'après le projet du Comité général, les éléments dont se composerait le Parti socialiste. Il reste à montrer comment l'unité peut se réaliser.

SECTION II

Les Unions de groupes. — Les Sections et les Fédérations

La plupart des articles de cette section se peuvent expliquer rapidement. Il suffit de rappeler qu'ils ont pour objet de réaliser l'unité par l'union des groupes dans la commune, par l'union des groupes dans la circonscription, par l'adhésion de tous les groupes à la Fédération unique du département ou de la région. Ce sont les droits de la majorité sauvegardés, puisque la décision lui appartient, ceux de la minorité respectés par la représentation proportionnelle dans l'élection des délégués. C'est l'unité de candidature assurée par l'article 11 et les garanties exigées des candidats par l'article 12, qui est la reproduction d'une résolution du congrès de Paris de 1899.

Le plus difficile était d'assurer (l'autonomie des groupes. Seul, un groupe isolé, *indépendant*, peut se dire absolument autonome et prétendre qu'il ne relève que de lui-même, qu'il trouve en lui-même sa seule loi. Mais, dans cet état d'isolement, le groupe ne participera pas au mouvement d'ensemble du Parti. Toutefois, le groupe est autonome en ce sens qu'il est maître de son organisation intérieure, qu'il a droit à une existence propre, qu'il n'est pas obligé à la fusion avec d'autres groupes.

Il faut remarquer qu'aussi longtemps que les anciennes organisations subsisteront, les groupes ont la faculté d'adhérer à ces organisations. En cela l'autonomie du groupe est respectée. — Mais les organisations ont un programme, un règlement. C'est une première limite à l'autonomie du groupe. D'autre part, les groupes adhèrent tous à la fédération unique du département ou de la région. La fédération a, elle aussi, un statut et un règlement. Il y a là une autre limite. Enfin, c'est au congrès national qu'appartient la direction générale du Parti. Mais, dans tous les cas, c'est la majorité qui décide, et toujours par la représentation proportionnelle la minorité a sa part d'influence. On peut donc dire que la constitution du Parti assure à la fois l'autonomie et l'union des groupes, l'action spontanée de ces groupes et leur coopération.

L'ORGANISATION DU DÉPARTEMENT DE LA SEINE

L'organisation du département de la Seine a été l'objet d'une discussion laborieuse. Les camarades en pourront lire le compte rendu dans les procès-verbaux. Précisément parce qu'elle s'est trop longtemps prolongée, la discussion a abouti, par deux fois et à une voix de majorité, à des résolutions contradictoires. Le Comité général, en conséquence, a décidé de ne pas proposer aux groupes le texte d'un projet, mais de leur présenter un rapport. La réponse des groupes à cette consultation indiquera au Comité général la solution qu'il devra préparer pour le congrès.

En fait, si l'on néglige les détails du problème, la question se pose ainsi.

Il faut examiner, d'abord, les deux premières propositions. Elles s'excluent l'une l'autre. Il restera ensuite à exposer la proposition transactionnelle.

I. — Division du département de la Seine
en trois fédérations au moins.

Aux termes de ce projet, le département de la Seine
sera sectionné au moins en trois fédérations distinctes,
sans comité interfédéral permanent. C'est le projet du
P. S. R. et de quelques fédérations départementales.

Les trois fédérations seraient sur la rive droite, avec
comme ligne de démarcation le boulevard Sébastopol,
les fédérations du Nord-Est et du Nord-Ouest ; sur la
rive gauche de la Seine la fédération du Sud. Chaque
fédération comprend les groupes de Paris dans les
limites que nous avons indiquées et les groupes de
banlieue les plus voisins.

On essaie de démontrer la nécessité de cette division
en énumérant le nombre considérable des groupes dans
le département de la Seine. On craint la rivalité qui
pourrait se produire entre le comité d'une fédération
unique de la Seine et le Comité général du Parti. On
craint aussi que la Fédération de la Seine ne prenne
une influence prépondérante. On fait observer que c'est
à Paris que les divisions sont les plus profondes, et
qu'elles ne peuvent s'effacer assez vite pour que la
constitution d'une fédération unique soit possible. Les
camarades qui se disent le plus volontiers révolutionnaires redoutent d'être mis en minorité par des camarades qui seraient moins révolutionnaires.

La division que l'on propose ne détruit pas les règles
générales qui ont été suivies pour toutes les fédérations. C'est une division géographique. Elle n'assure
aucun avantage à une organisation au détriment des
autres. Il ne s'agit pas d'un groupement par affinités,
puisque tous les groupes, dans la limite du territoire
de chaque fédération, doivent former une fédération
unique.

II. — Fédération unique.

On fait valoir en faveur d'une fédération unique et
complètement assimilée aux fédérations départementales les observations suivantes. Il est inexact d'abord

que les socialistes modérés soient en majorité à Paris. Les craintes exprimées à ce sujet par les camarades sont chimériques. La division proposée est arbitraire et ne correspond à aucune division administrative. Elle est contraire à toute la tradition historique et révolutionnaire. Elle soumet le département de la Seine à un régime d'exception, elle le place hors du droit commun. Ce projet tend à décapitaliser Paris socialiste. Ils ont droit à être traités selon la loi commune, ils ont droit à une part d'influence en proportion avec leurs forces. Il est vain encore de prétendre qu'aucune rivalité, qu'aucun conflit puisse se produire entre le Comité fédéral de la Seine et le Comité général du Parti ; leurs attributions sont distinctes et toutes querelles peuvent être évitées.

Il y a, d'autre part, pour Paris et pour la Seine, des intérêts généraux à faire valoir : organisation municipale et départementale, transformation des monopoles (gaz, omnibus, etc.) en services publics. Autant de questions qui seraient plus sérieusement étudiées et plus rapidement résolues. Il y a aussi les manifestations générales, l'action d'ensemble, qui doivent être préparées par l'accord de tous les camarades de Paris.

On ne peut pas refuser aux socialistes parisiens, alors qu'ils ont à soutenir contre la réaction cléricale et nationaliste une lutte redoutable, le droit qu'ont tous les socialistes des départements de se réunir dans une fédération unique.

S'il est vrai qu'aucune organisation ne peut, par la constitution de trois fédérations de la Seine, s'assurer une prépondérance marquée, il en serait de même avec une seule fédération. Enfin, les efforts que les groupes doivent faire pour oublier d'anciennes querelles sont aussi grands avec le système de la division qu'avec celui de l'unité.

Les délégués de la Fédération socialiste révolutionnaire et de plusieurs fédérations départementales ont soutenu avec insistance le projet d'une fédération unique pour le département de la Seine.

III. — Projet de transaction.

Quelques camarades ont proposé une transaction
honorable et satisfaisante pour tous. Leurs préférences
étaient bien connues. Ils ont voté, en général, pour le
principe de la fédération unique. Mais ils pensaient
que les deux thèses n'étaient pas irréductibles. Leur
projet réaliserait tous les avantages qu'on attend du
sectionnement, et l'action commune des socialistes de
la Seine chaque fois qu'elle serait nécessaire. Ce projet
consiste à rapprocher les différentes fédérations de la
Seine non pas par un Comité d'entente où les décisions
dépendraient de l'unanimité, mais par un Comité d'union.
Il réaliserait l'union centrale des fédérations de la
Seine, comme le congrès de 1899 a réalisé l'union
centrale des organisations.

Ce projet de transaction, dégagé des formes impar-
faites qu'il a pu prendre, serait le suivant :

Article 1er. — Les groupes du département de la
Seine forment trois fédérations assimilées aux fédérations départementales, ayant chacune un Comité fédéral.

Article 2. — Ces trois fédérations sont reliées par le
Comité d'union des fédérations de la Seine, où les
décisions sont prises à la majorité et où chaque fédération est représentée proportionnellement à ses forces.

Les délégués du Parti ouvrier socialiste révolutionnaire et de la Fédération des Travailleurs socialistes se
sont prononcés contre le principe d'une fédération unique. Ils estimaient pourtant que le projet de relier par un
Comité permanent les différentes fédérations de la
Seine, doit être examiné avec la plus grande attention.
Ils inclinaient à croire qu'il convenait de proposer cette
solution de la difficulté.

Si le projet des trois fédérations distinctes, sans
Comité interfédéral permanent, était adopté, l'adhésion
au Parti des syndicats de la Seine présenterait de graves
difficultés. Ces difficultés n'embarrassent pas les camarades qui soutiennent le projet des trois fédérations. Ils
estiment, en effet, que la séparation la plus complète du

mouvement syndical et du mouvement socialiste est le but qu'il faut atteindre.

Si le système de la division doit prévaloir, et si les syndicats ne sont pas exclus, comment pourront-ils être admis dans le Parti ? Il n'y a pour eux aucune raison de choisir entre l'une ou l'autre des trois fédérations. Faudra-t-il donc former une fédération spéciale des syndicats socialistes du département de la Seine ? Le Comité général a écarté cette solution. Elle lui paraissait contraire à l'unité du Parti, parce qu'elle rassemble les syndicats socialistes en une organisation distincte des fédérations socialistes. Elle lui paraissait contraire à l'unité du mouvement ouvrier, parce qu'elle sépare les syndicats socialistes des organisations proprement syndicales. De plus elle place les syndicats socialistes de la Seine sous un régime exceptionnel, puisque tous les autres syndicats doivent donner leur adhésion à la fédération du département.

Cette difficulté disparaît avec le projet d'une fédération unique. Les syndicats adhèrent à la fédération, comme ils font dans tous les départements. Si les trois fédérations sont reliées par un Comité d'union, les syndicats pourraient adhérer au Comité des fédérations de la Seine. Ils seraient placés dans des conditions analogues à celles des syndicats qui faisaient autrefois directement adhésion au Parti.

SECTION III

Le Congrès national

On ne conteste pas que si l'unité se réalise par les fédérations, les délégués au congrès national doivent être les élus des fédérations. Cette élection a lieu au scrutin de liste avec représentation proportionnelle des minorités. On n'élève pas de difficultés non plus sur les attributions du congrès.

La subvention qui est demandée à chaque fédération

est proportionnelle au nombre de ses mandats au congrès. L'expérience l'a montré : ce système a réussi à assurer pour la plus grande part les ressources qui sont nécessaires à l'organisme central du Parti..

Le projet accorde aux fédérations une représentation proportionnelle à leurs forces. Il attribue :

1° Un délégué de droit par fédération, ou bien un délégué de droit par département aux fédérations régionales ;

2° Un délégué par vingt groupes ou fraction de vingt groupes ;

3° Un délégué par 5,000 suffrages ou fraction de 5,000 suffrages obtenus au premier tour des élections législatives.

On a contesté le principe de la représentation des groupes. On a rappelé les querelles que provoqua la validation des mandats. Mais il suffit d'observer que l'importance de la représentation des groupes est diminuée, puisqu'il n'y a plus qu'un délégué par vingt groupes, qu'on peut diviser le travail de vérification et le terminer rapidement. Les adhésions des groupes ne présentent-elles pas des garanties plus grandes que les adhésions individuelles ? L'admission des syndicats et des coopératives suppose enfin la représentation des groupes.

Le Comité général a écarté, pour le présent, la proposition d'attribuer une part de représentation au nombre des adhérents. Les vérifications seraient singulièrement plus longues encore que pour les groupes ; elles ne sont possibles que si le Comité général distribue lui-même les cartes d'adhérents des membres du parti. Sans écarter ce système pour toujours, il est certain qu'il n'est pas possible pour le moment. Dans les pays où l'on a tenté de l'appliquer, il a soulevé de grandes contestations.

Il n'est pas mis en pratique en Allemagne, où l'unité socialiste a été fondée depuis plus de vingt-cinq ans (congrès d'union de Gotha, mai 1875). Il exige une organisation très méthodique. Ce n'est que lorsque la

distribution de cartes d'adhérents aura été effectuée
pendant quelque temps qu'on pourra étudier la question,
en se fondant sur des renseignements précis. Il faut
remarquer, en dernier lieu, que les organisations qui
proposent cette règle pour le congrès national du Parti,
ne l'ont pas adopté pour leurs propres congrès nationaux. Et ainsi les exemples qui seraient les plus ins-
tructifs font défaut.

SECTION IV

Le Comité général

Convenait-il d'attribuer au congrès national annuel
l'élection des délégués au Comité général ? L'élection
aurait eu lieu au scrutin de liste, avec représentation
proportionnelle de la minorité. Ainsi le mode d'élection
eût été le même pour le Comité fédéral, pour le congrès
national et pour le Comité général.

Mais est-il permis de prévoir qu'il y aura toujours, à
la fin de chaque congrès national, une majorité et une
minorité opposées l'une à l'autre ? Cette majorité et
cette minorité seront-elles, sur les questions qui divi-
serontle congrès, formées toujours des mêmes éléments ?

C'était une première objection. Il y en avait une
autre plus importante. Les fédérations n'ont pas, avec
l'élection par le congrès, une représentation directe
au Comité général.

Le Comité général ne pourrait-il pas être nommé,
pour une part par le congrès national, pour l'autre par
les fédérations ? Si les délégués ont tous les mêmes
fonctions, cette combinaison est inadmissible. Tous également, ils doivent être élus, soit par le congrès national, soit par les fédérations. Sinon le congrès national
élit une commission permanente qui devient le véritable
comité général. Les délégués des fédérations ne forment
plus qu'une grande commission consultative.

Cette première conception fut donc écartée. La commission avait proposé le groupement des fédérations

par régions. Les délégués au Comité général devaient être élus par les fédérations groupées régionalement. L'élection au scrutin de liste était possible et aussi la représentation proportionnelle des minorités. Cette proposition réduisait à un chiffre relativement peu élevé le nombre des délégués. Les délibérations du Comité général auraient coûté moins d'efforts. La proposition de la commission fut repoussée. Les fédérations ne se sont pas toutes formées par régions. Puisque le groupement par régions ne s'est pas produit partout, il ne convient pas de l'imposer. Il ne restait donc plus qu'à assurer à toutes les fédérations une représentation directe. C'st ce que prévoit l'article 19 du projet du Comité général.

Le nombre des délégués de chaque fédération est proportionnel au nombre de ses mandats au congrès national. Seules les grandes fédérations auront plusieurs délégués, et pour elles seules, par conséquent, il y aura scrutin de liste et représentation des minorités. Les fédérations, pour la plupart, n'auront qu'un seul délégué. Elles sauront choisir le délégué qui représentera exactement leurs tendances et qui suivra fidèlement leurs instructions.

La seule objection est le nombre un peu élevé des membres du Comité général. Mais, avec une organisation du travail convenable, cet inconvénient peut être atténué. Le projet prévoit que, dans sa première réunion, le Comité général déterminera le nombre et les attributions des commissions qui, sous son contrôle, administreront le Parti.

Enfin le Comité général remet aux fédérations les cartes des adhérents, comme il reçoit les cotisations perçues par les fédérations au profit de l'organisme central. Entre les membres adhérents et le comité général, il ne doit pas y avoir d'autre intermédiaire que les fédérations.

L'article 23 n'est en partie que la reproduction d'une résolution du congrès de 1899 ; l'article 24 a été expliqué dans la section I.

On peut noter enfin que les rapports du Comité général et du groupe parlementaire seront adressés aux fédérations deux mois avant l'ouverture du congrès. Il importe, en effet, que ces rapports puissent être discutés dans les congrès des fédérations, qui se réuniront avant le congrès national.

Les attributions du Comité général consistent donc, avant tout, à faire observer la décision des congrès nationaux et des congrès internationaux, et à organiser la propagande et l'action d'ensemble du Parti.

SECTION V

Le groupe parlementaire

Le congrès de Paris de 1899 avait décidé que les députés socialistes forment à la Chambre un groupe parlementaire unique, que ce groupe est fondé sur les mêmes principes que le Parti lui-même.

Si la représentation du Parti socialiste se divisait en plusieurs fractions, elle serait réduite à l'impuissance. L'expérience a montré que, si elle est unie et résolue, son intervention peut être décisive. Enfin, les divisions et les querelles de la fraction parlementaire seraient une cause de conflits et de troubles pour le Parti. Pour qu'il y ait dans les manifestations du groupe toute l'unité qui est possible, il faut que les élus se concertent et se réunissent.

Les articles 26 et 27 déterminent les rapports du Comité général et des députés. Ils formulent les règles qui se sont établies peu à peu, soit pour les grèves, soit pour les réunions et les conférences.

Tous les articles de cette section ont été communiqués au groupe parlementaire. Ils ont été adoptés à la fois par le groupe et par le Comité général. Ils sont appliqués dès à présent, et l'on peut dire que les députés répondent d'une manière exacte et régulière aux demandes de concours qui leur sont transmises par le Comité général.

SECTION VI

Le congrès prochain. — Dispositions provisoires

Le Comité général devait rechercher le meilleur mode de convocation du prochain congrès. Il n'était pas possible d'admettre pour ce congrès l'organisation qui est prévue par les articles 13, 14, 15 de la troisième section. Les délégués du Parti socialiste révolutionnaire firent remarquer que le prochain congrès était encore un congrès des organisations.

On songea d'abord à n'accorder aux organisations qu'un délégué par cinq groupes ou fraction de cinq groupes. On pouvait réduire ainsi le nombre des délégués et rendre plus faciles les travaux du congrès. Mais les groupes avaient eu dans le passé droit à une représentation directe ; ils ne pouvaient être dépouillés de ce droit, avant la constitution de fédérations nouvelles, avec les garanties qu'elles offrent aux minorités.

Il importera seulement d'abréger les formalités préliminaires et de préparer avec soin les travaux du congrès.

Dès lors, il ne restait plus qu'à proposer pour le prochain congrès les mêmes bases que pour les deux congrès de 1899 et de 1900. Il faut observer encore que ces bases ont été acceptées deux fois et par toutes les organisations.

L'article 31 a été modifié comme il suit : « Le congrès se réunira à Lyon, les 26, 27 et 28 mai 1901. » Le projet a exigé une étude longue et approfondie. Sans cet ajournement les groupes auraient eu trop peu de temps pour répondre à la consultation du Comité général.

Le Comité général avait tout d'abord choisi Paris. Les raisons de ce choix étaient les suivantes : les grandes facilités de communication, l'attrait plus grand pour beaucoup de camarades d'un congrès qui se réunit à Paris, le fait que le congrès de 1901 n'est pas un congrès normal, mais un congrès exceptionnel, un congrès constituant. Toutefois, pour 'ôter tout prétexte à des discussions qui ne porteraient pas sur le texte de son projet lui-même, pour respecter dans sa lettre le statut du Parti, le Comité général propose maintenant que le congrès se réunisse à Lyon. Le Comité général prie les groupes de ratifier cette décision. Ils estimeront, comme le Comité général, qu'il vaut mieux écarter cette cause de discorde et donner cette satisfaction aux camarades qui la jugeraient nécessaire.

Les délégués de l'Alliance communiste, du Parti socialiste révolutionnaire, de la Fédération du Doubs, du Haut-Rhin et de la Haute-Saône ont formulé, le 2 janvier, les réserves suivantes :

Considérant la nécessité, pour les éléments socialistes révolutionnaires, de trouver au sein du Parti unifié les conditions suffisantes à leur existence et à leur propagande ;
Considérant que le projet ne comporte pas ces garanties indispensables ;
Les délégués de l'Alliance communiste, du Parti socialiste révolutionnaire et de la Fédération du Doubs, du Haut-Rhin et de la Haute-Saône ne signent le présent projet que sous bénéfice de réserves formelles sur tous les points où le projet du Comité général ne coïncide pas avec le projet commun élaboré par l'Alliance communiste, le Parti ouvrier français. le Parti socialiste révolutionnaire et la Fédération du Doubs, du Haut-Rhin et de la Haute-Saône, notamment en ce qui touche l'obligation pour les élus parlementaires de refuser le vote du budget, la participation des syndicats et coopératives au Parti, la base de représentation des diverses unités du Parti au Congrès et au Comité général, la constitution du Comité général, l'autonomie des groupes, l'organisation fédérale du département de la Seine.
Les délégués de l'Alliance communiste, du Parti socialiste révolutionnaire et de la Fédération du Doubs, du Haut-Rhin et de la Haute-Saône, font également toutes leurs réserves touchant : 1°. Le mode de convocation du prochain Congrès qui tend. par la multiplication des délégués, à rendre impossible tout débat sérieux et approfondi ; 2° Le siège

du Congrès qui ne peut se tenir à Paris qu'en violation du statut constitutif du Parti.

Les délégués de l'Alliance communiste, du Parti socialiste révolutionnaire et de la Fédération du Doubs, du Haut-Rhin et de la Haute-Saône se réservent en outre le droit de défendre devant le congrès leur propre projet, sous réserve des seuls amendements qui pourraient y être introduits d'ici là par les groupes de leurs organisations.

Il ne paraît pas nécessaire de discuter longuement les réserves de la minorité. Le refus de voter le budget de l'Etat n'est qu'une règle de tactique. Elle peut admettre des exceptions. On ne saurait, d'ailleurs, faire d'une question de tactique une question de doctrine. Le Comité général a prévu des garanties plus décisives. Il propose la préparation d'un programme pour les élections législatives et municipales. Ce programme serait précédé d'un exposé théorique des principes du socialisme. C'est ce programme que les candidats devront soutenir et qui inspirera en toutes circonstances les actes des élus.

On a montré pour quelles considérations il fallait maintenir l'admission, dans le Parti, des syndicats et des coopératives socialistes. Sur tous les autres points nous pouvons renvoyer au commentaire des articles de chaque section.

Camarades,

Tel est le projet que nous soumettons à votre examen. Nous estimons qu'il réalise dans le Parti une unité plus organique. On peut soutenir qu'il présente de graves défauts. Il exige d'abord des camarades une trop grande dépense de temps et de forces qu'il vaudrait mieux consacrer à la propagande. Mais la vie intérieure du Parti n'intéresse pas moins les camarades que la propagande proprement dite. Il suffira de répartir le travail avec mesure et de faire appel à tous les dévouements et à toutes les aptitudes.

C'est aussi un système trop compliqué que celui de l'union des groupes dans la commune, dans la circonscription et dans le département. Mais ce défaut est plus apparent que réel. L'organisation que nous vous proposons n'est pas arbitraire. Elle ne fait pas table rase du passé, elle ne détruit rien de ce qui est organisé. Elle consiste seulement à généraliser la constitution actuelle des fédérations. C'est par cette disposition que ce projet assure l'unité du Parti. En l'état actuel, il n'est pas possible d'y parvenir par d'autres moyens.

Enfin et surtout, le projet du Comité général ne réalise pas une unité assez profonde, assez irrévocable. Mais on ne peut faire plus sans décider la fusion complète des organisations anciennes. La plupart l'estiment prématurée; nous avons indiqué les raisons qui justifient cette croyance. Quoi qu'il en soit, cette fusion ne saurait être imposée par décret. Elle reste un idéal pour l'avenir.

Avec tous les ménagements qu'il comporte, toutes les garanties qu'il présente, ce projet nous rapproche de cet idéal. Il réalise toute l'unité qui est dès à présent possible et nécessaire. Le temps fera le reste, et, par la force historique des choses, le Parti socialiste français sera « un et indivisible ».

Maintenant, camarades, c'est à vous de répondre à la consultation du Comité général. C'est à vous de dire, en toute liberté, si vous approuvez ce projet, c'est à vous de faire connaître les amendements ou les projets originaux que vous proposez. Le Comité général recueillera toutes les réponses qui lui seront adressées. Ces réponses lui fourniront les éléments du projet définitif qu'il présentera aux groupes et au prochain congrès.

PROJET D'UNITÉ SOCIALISTE

SECTION I

Les principes du parti. — Conditions d'admission des groupes

Art. 1er. — Le Parti socialiste français est fondé sur les principes suivants :

Entente et action internationales des travailleurs; organisation politique et économique du prolétariat en parti de classe pour la conquête du pouvoir et la socialisation des moyens de production et d'échange, c'est-à-dire la transformation de la société capitaliste en une société collectiviste ou communiste.

Art. 2. — Il se compose des groupes d'études et de propagande, des comités politiques permanents, des syndicats et des coopératives qui adoptent avec ces principes la doctrine et la tactique du Parti.

Art. 3. — Les syndicats sont invités à adhérer aux fédérations d'industrie ou de métiers, et les coopératives sont obligées d'attribuer une subvention à la propagande socialiste.

Art. 4. — Les groupes d'études et de propagande, les groupes politiques permanents, les syndicats et les coopératives doivent adhérer à la fédération du département ou de la région.

Les fédérations sont tenues d'inviter de la façon la plus pressante les membres de leurs groupes politiques à adhérer aux syndicats et aux coopératives du département ou de la région.

SECTION II

Les unions de groupes, les sections et les fédérations

Art. 5. — Les groupes d'une commune ou d'un quartier forment une union de commune ou de quartier.

Les groupes des unions de commune ou de quartier sont convoqués en réunion plénière au moins une fois tous les trois mois.

Ils se concertent pour la propagande, désignent les candidats aux élections municipales et élisent le comité de l'union des groupes.

Art. 6. — Les groupes d'une circonscription législative forment une section unique. Ils peuvent désigner les candidats et nommer un comité de section.

Art. 7. — Les groupes d'un département ou d'une région forment une fédération unique. Les délégués des groupes se réunissent chaque année au congrès de la fédération et ils élisent un comité fédéral.

Art. 8. — Lorsque le nombre des groupes d'un département est inférieur à dix, ils ne peuvent former une fédération distincte et ils doivent se faire admettre à la fédération d'un département voisin. Cette disposition n'aura pas d'effet rétroactif.

Art. 9. — Les décisions du congrès de la fédération, du comité fédéral, de la section et de l'union des groupes sont prises à la majorité.

Art. 10. — Les élections des délégués du comité d'union de commune ou de quartier, du comité de section et du comité fédéral ont lieu au scrutin de liste avec représentation proportionnelle des minorités.

Art. 11. — Les groupes ne pourront désigner qu'un candidat ou qu'une liste de candidats par circonscription.

En cas de conflit entre les groupes, le comité fédéral servira d'arbitre.

Art. 12. — Nul ne pourra être considéré comme candidat socialiste, s'il ne rappelle dans ses professions

de foi les principes qui ont servi de base à la constitution du Parti.

SECTION III

Le Congrès national

Art. 13. — La direction générale du Parti appartient
au Parti lui-même, c'est-à-dire au congrès national qui
se réunit chaque année.

Art. 14. — Les délégués au congrès national sont
élus par les congrès des fédérations, au scrutin de
liste avec représentation proportionnelle des minorités.

Art. 15. — Chaque fédération aura :

1º Un délégué de droit et, si elle comprend plusieurs
départements, un délégué de droit par département;

2º Un délégué par 20 groupes ou fraction de 20
groupes ;

3º Un délégué par 5,000 suffrages ou fraction de
5,000 suffrages obtenus au premier tour de scrutin des
élections législatives qui précèdent immédiatement le
congrès.

Art. 16. — Le congrès nomme les délégués au secrétariat international.

Art. 17. — Le congrès fixera chaque année la subvention qui doit être attribuée à l'organisme central du Parti.

La part de chaque fédération est proportionnelle au
nombre de ses délégués au congrès.

Art. 18. — Le congrès ne peut se réunir deux ans de
suite dans la même ville. Le congrès désigne chaque
année le lieu où se tient le congrès suivant.

Art. 19. — Les coopératives socialistes établissent
dans leurs congrès les règles qui détermineront leur
contribution à la propagande du Parti.

SECTION IV

Le Comité général

Art. 20. — Les délégués au Comité général sont élus
par les fédérations.

Le nombre des délégués de chaque fédération est proportionnel au nombre de ses mandats au congrès national.

Lorsque la fédération a plus d'un délégué, l'élection a lieu au scrutin de liste avec représentation proportionnelle de la minorité.

Art. 21. — Le Comité général se réunit au moins une fois tous les trois mois en séance ordinaire.

Dans sa première réunion, il détermine le nombre et les attributions des commissions qui, sous son contrôle, administrent le Parti.

Le Comité général nomme les secrétaires, le trésorier, l'archiviste. Les délégués qui remplissent ces fonctions reçoivent une indemnité.

Art. 22. — Le Comité général remet aux fédérations les cartes d'adhérent des membres du Parti.

Il reçoit les cotisations perçues au profit de l'organisme central par les fédérations.

Art. 23. — Le Comité général prépare les rapports qui sont soumis tous les ans au congrès national.

Ces rapports sont imprimés et adressés aux fédérations deux mois avant l'ouverture du congrès.

Art. 24. — Le Comité général fait observer les décisions des congrès nationaux et internationaux.

Il contrôle la presse du Parti, conformément aux résolutions du congrès de Paris 1899, les élus et tous les militants (¹).

Sa fonction essentielle est d'organiser la propagande générale et l'action d'ensemble du Parti.

(1) Congrès de Paris, 1899. — *Contrôle de la Presse:* — Le congrès déclare qu'aucun des journaux socialistes n'est, dans l'état actuel des choses, l'organe officiel du parti ; mais tous les journaux qui se réclament du socialisme ont des obligations définies qui grandissent avec l'importance du journal et le concours que lui ont prêté, dans tous les pays, les militants.

La liberté de discussion est entière pour toutes les questions de doctrine et de méthode. Mais pour l'action, les journaux devront se conformer strictement aux décisions des congrès interprétées par le Comité général. De plus les journaux s'abstiendront de toute polémique et de toute communication de nature à blesser une des organisations.

Les journaux sont tenus d'insérer les communications du Comité général et celle des organisations adhérentes.

Art. 25. — Le Comité général préparera pour les élections législatives et municipales un programme qui sera précédé d'un exposé théorique des principes du socialisme.

Ce programme sera soumis à l'examen des fédérations et du congrès national de 1902, qui se réunira avant les élections législatives.

SECTION V

Le groupe parlementaire

Art. 26. — Les députés socialistes forment à la Chambre un groupe parlementaire unique. Ce groupe est fondé sur les mêmes principes que le Parti lui-même.

Les membres du groupe parlementaire établissent leur règlement intérieur. Ils doivent se réunir et se concerter pour réaliser autant que possible l'unité de vote; ils peuvent au besoin consulter le Comité général.

Art. 27. — Pour la propagande et pour les grèves, tous les membres du groupe parlementaire s'inscrivent à tour de rôle au tableau de service.

Le secrétaire du groupe dresse l'état des inscriptions et le communique au Comité général.

Art. 28. — Le secrétaire du Comité général fait connaître au secrétaire du groupe parlementaire les demandes qui ont été adressées au Comité général.

Pour les grèves, le secrétaire du groupe délègue d'urgence les élus inscrits; pour les réunions et les conférences, le groupe examine les demandes et désigne les orateurs.

Art. 29. — Le groupe parlementaire présente chaque année un rapport au congrès national. Ce rapport est

Si le Comité général estime que tel journal viole les décisions du Parti et cause un préjudice au prolétariat, il appellera devant lui les rédacteurs responsables. Ceux-ci étant entendus, le Comité général leur signifie, s'il y a lieu, par un avertissement public, qu'il demandera contre eux ou un blâme ou l'exclusion du Parti ou la mise en interdit du journal lui-même. Ces mesures seront renvoyées au congrès suivant.

transmis au Comité général, imprimé et adressé aux fédérations deux mois avant l'ouverture du congrès.

SECTION VI

Le congrès prochain. — Dispositions provisoires

Art. 30. — Le congrès prochain sera constitué sur les mêmes bases que les deux derniers congrès.

Art. 31. — Les groupes devront avoir notifié leur existence avant le 1er janvier 1901, soit directement, soit par l'intermédiaire de leur organisation.

Art. 32. — Le congrès se réunira à Lyon, les 26, 27 et 28 mai.

Art. 33. — Un délégué pourra être porteur de dix mandats au maximum.

Art. 34. — Il sera voté par tête sur les questions d'organisation intérieure du congrès, et par mandat sur les questions de principe, chaque fois que demande en sera faite par le dixième des mandats représentés.

Art. 35. — Tout délégué devra verser au Comité général 3 francs par mandat dont il sera porteur.

Pour le Comité général,
Le secrétaire,
ARISTIDE BRIAND.

ENQUÊTE

*Sur la situation politique et économique, en France.
envisagée au point de vue de la propagande socialiste.*

QUESTIONNAIRE

1° Quelle est la situation économique de votre commune, de votre canton, de votre arrondissement ?

2° Quel y est le degré de concentration capitaliste dans l'ordre commercial, industriel, agricole ?

3° Quel est l'état et la force de l'organisation ouvrière dans votre région (syndicats, coopératives, groupes politiques) ?

4° Comment croyez-vous que doive être organisée la propagande dans votre commune, votre canton, votre arrondissement ?

5° Quel rôle attribuez-vous dans la propagande au journal, aux brochures ?

Ce questionnaire, qui est destiné à ouvrir dans le prolétariat une enquête générale sur les conditions politiques et économiques de la vie militante, n'exige pas, comme le *referendum* sur le projet d'unification, des réponses immédiates.

Les groupes, syndicats, coopératives, adhérents au Parti socialiste peuvent donc, avant d'envoyer leurs réponses, employer à recueillir les renseignements utiles tout le temps qu'ils jugeront nécessaire.

COMPOSITION DU COMITÉ GÉNÉRAL

Au moment de la discussion et de l'adoption du projet d'unification et d'organisation du Parti socialiste français, dont le texte est, conformément à la décision du dernier Congrès, soumis à la ratification des groupes, le Comité général était composé comme suit :

Parti socialiste révolutionnaire

Délégués titulaires : Blum, Capjuzan, Dubreuilh, Landrin, Le Page, Létang, Tanger.

Suppléants : Génin, Guyot, Léon Martin, Noir, Pillot, Rossignol.

Alliance communiste

Délégué titulaire : Marchand.

Suppléant : Chéradame.

Parti ouvrier socialiste révolutionnaire

Délégués titulaires : Lévy, Reisz, Willm.

Suppléants : Séguelas, Dhur, Jollit.

Fédération socialiste révolutionnaire

Délégués titulaires : Briand, Camélinat, Clauzel, Gérault-Richard, Imbert, Charles Longuet, Orry, Puges, Révelin.

Suppléants : Bigot, Chaboseau, Chevallerie, Fillol, Lambert, Lagardelle, Le Grandais, Nelson, Rouanet.

Fédération des Travailleurs socialistes de France

Délégués titulaires : Dupetit, Huret, Patay.

Suppléants : Hermeline, Lozé, Paris.

Fédérations départementales

AIN

Délégué titulaire : Donier. — *Suppléant :* Francis de Pressensé.

AISNE

Délégué titulaire : Fournière. — *Suppléant :* Henri Turot.

ANJOU, POITOU, SAINTONGE, VENDÉE

Délégué titulaire : Henri de la Porte. — *Suppléant :* Paul Pillot.

ARDENNES

Délégué titulaire : Poulain.

AUVERGNE

Délégué titulaire : Parassols. — *Suppléant :* Mazelet.

BRETAGNE

Délégué titulaire : Brunellière. — *Suppléant :* Andrieux.

BOUCHES-DU-RHÔNE

Délégué titulaire : Carnaud.

CÔTE-D'OR

Délégué titulaire : Roland. — *Suppléant :* Toussaint.

DOUBS, HAUT-RHIN, HAUTE-SAÔNE

Délégué titulaire : Dejeante. — *Suppléant :* Roldes.

GARD

Délégué titulaire : Marius Richard. — *Suppléant :* Devèze.

GIRONDE

Délégué titulaire : Stern-Maydieu. — *Suppléant :* Cordé.

GUADELOUPE

Délégué titulaire : Légitimus. — *Suppléant :* Pierre Blanche.

JURA

Délégué titulaire : Ponard. — *Suppléant :* Allemane.

LOIR-ET-CHER

Délégué titulaire : Amilcare Cipriani. — *Suppléant :* Bertrand.

LOT

Délégué titulaire : Paul Louit. — *Suppléant :* Bras.

NIÈVRE

Délégué titulaire : Fribourg. — *Suppléant :* Lardillier.

RHÔNE

Délégué titulaire : Krauss. — *Suppléant :* André Lefèvre.

SEINE

Délégué titulaire : Joindy. — *Suppléant :* Jean Longuet.

SEINE-INFÉRIEURE

Délégué titulaire : Renaudel.

SEINE-ET-OISE

Délégué titulaire : Favrais. — *Suppléant :* Thuloup.

TARN

Délégué titulaire : Jaurès. — *Suppléant :* Gidel.

VAUCLUSE

Délégué titulaire : Gabriel Bertrand. — *Suppléant :* Fructus.

YONNE

Délégué titulaire : Lenormand. — *Suppléant :* Coutant.

Coopératives

Délégués titulaires : Bagnol, Béguin.
Suppléants : Henriet, Lefèvre.

Syndicats

Délégués titulaires : Bourderon, Chaucheprat, Fauga, Salembier, Semanaz, Ser.
Suppléant : Lebrun.

Bureau du Comité général

Secrétaire : Aristide Briand.
Secrétaire-adjoint : André Maurel.
Trésorier : Toussaint.
Archiviste : Cordé.

TABLE DES MATIÈRES

PITHIVIERS. — IMPRIMERIE L. GAUTHIER.